U0942724

校企“双元”合作开发丛书
山西省“双高”项目建设成果
“游山西·读历史·品文化”地方特色丛书

晋商寻踪

山西的晋商文化

主　编◎范志萍
副主编◎贾雪梅　裴　炜　魏莉霞　张　焱
参　编◎常敬忠　李　瑛　崔勇前

中国旅游出版社

编审委员会

总序

华夏古文明，山西好风光。山西是华夏文明的摇篮、著名的革命老区……“表里山河，伟岸气魄的三晋大地，散落着先人灿若繁星的智慧，也凝结着无数文明传续的印记，她被赋予了太多的历史标签。”不到山西，不懂中国；到过山西，才知华夏。

《山西省“十四五”文化和旅游发展规划》明确指出：要挖掘和弘扬优秀三晋文化，突出山西华夏文明植根地位，深入研究梳理中华文明、中华文化的起源和特质，开展黄河文化、长城文化、太行文化系统性研究。

为了讲好山西故事，我们策划了此套丛书。丛书以“文化·历史·旅游”为主线，以讲好山西故事、弘扬中华文化为目标，依托山西鲜明的地域特色文化资源，围绕“黄河·长城·太行”三大品牌，从“表里山河”“悠悠长河”“文明根脉”“民族脊梁”“边塞烽火”“晋商寻踪”“土木华章”“薪火相承”八个维度“品游”山西，让更多的人了解山西、走进山西，让旅游成为新时代人们感悟中华文化、增强文化自信的过程。

丛书适逢山西省文旅产业蓬勃发展之际，山西文旅“品牌时代”的到来，为培养复合型高素质的旅游人才、服务于地方经济建设、推动山西文旅“走出去”创造了很好的条件。

丛书是太原旅游职业学院山西省“双高”项目教材建设结晶。丛书体系完整、资料丰富并配有数字资源，编写人员以太原旅游职业学院的“双师型”教师为主，旅游企业、行业的专家、学者也参与其中，体现了“双元”特色。

丛书在编写过程中参考了大量的著作、文献和新闻报道，因篇幅有限，恕不能一一列出，在此谨向这些论著资料的作者表示真诚的谢意。丛书编写工作还得到了中国旅游出版社的支持，对此深表感谢。由于编者的知识、能力和水平有限，以及编写时间有限，书中不妥之处在所难免，还请广大读者不吝赐教，以臻完善。

丛书编委会

2023 年 10 月

前言

明清晋商“纵横欧亚九千里，称雄商界五百年”，在我国经济发展史上留下了浓墨重彩的商德文化和晋商精神，它积淀着中华民族最深层的商业精神，代表着中华民族独特的商业文化标志。习近平总书记四次莅晋考察指导，高度重视保护历史文化遗产。2017 年 6 月，习近平总书记在山西考察时将晋商精神高度概括为“诚实守信、开拓进取、和衷共济、务实经营、经世济民”。2022 年 1 月，习近平总书记在平遥古城考察时指出，“要坚定文化自信，深入挖掘晋商文化内涵，更好弘扬中华优秀传统文化”。

游山西就是在读汇通天下的晋商史。明清时期的晋商以敢为人先的商业胆识、不畏艰辛的创业精神，开辟了南起福建、北达俄罗斯、连接欧亚的国际贸易通道“万里茶路”，是如今“一带一路”大商圈的重要组成部分。清代的晋商独具慧眼、敢于创新、勇于探索，首创“山西票号”，并创设独特的经营管理制度、制定严格的号规，解决了银两异地汇兑的难题，将全国各地的商铺紧密联系起来，汇通天下，成为中国大地各式银行的“乡下祖父”。富裕起来的晋商，有远赴沙俄数年不归的思乡之苦，有披星戴月走西口的残酷经历，更多的是叶落归根、衣锦还乡、光宗耀祖的情怀。在他们积累了巨额的财富之后，就回家置地，在穷乡僻壤间盖起来一座座富丽堂皇的深宅大院。

晋商文化无疑是山西最好的名片。如今，络绎不绝的游客来到山西，看到保留完整的古城古镇、大院庄园、店铺码头，会忍不住让自己的脚步慢下来，静静品，细细读。在熙熙攘攘的平遥古城里，那些身着华美的明清两代服饰的游客们，展现出别样的气质与气场，仿佛穿越到了晋商的鼎盛时代。在古朴厚重的日昇昌票号旧址大门前，人们无法想象这里就是百年前中国的“华尔街”，日进斗金斗银的现象天天发生！来到被誉为“山西紫禁城”的王家大院中，游客们会被精美的三雕艺术所震撼，这是古人工匠精神的最好体现；也会被大院所营造的氛围所感染，生活在这样的诗礼传家的氛围中，必然会受到儒家思想的熏陶。在乔家大院里，游客能品读出晋商先辈创业守业留下的精神食粮，即诚实守信、开拓进取的晋商精神。而在残破的杀虎口堡的遗址中，在“活着”的碛口古镇的码头上，面对这些无法挽回的残破、衰败，游客又会被历史的沧桑感染……

晋商的光辉已经逝去，但留下来的物质的、精神的遗产却比比皆是。这本书从酝酿到付梓，前前后后 3 年有余，笔者曾多次去景区、博物馆，甚至乡村、遗址去考察，或许在博物馆查看当年一本本书写工整的账册时，或许在乔家大院默读“六不准”家规时，或许在触摸那厚重的晋商大院之墙时，能够短暂回到晋商大繁荣的时代，希望他们的历史荣耀与教训，能指引新时代的我们更好地前行。

创作这本书的目的，一是以游客的身份，从“游”的视角，期望读者能够“品”出与晋商有关的景区的文化内涵；二是希望将学术研究成果变成通俗易懂的读物，以具有深入浅出的广度和温度，进入寻常百姓家。

本书得到晋商博物院、平遥古城景区、日昇昌中国票号博物馆、乔家大院文化园区、渠家大院景区、三多堂博物馆、常家庄园景区、王家大院景区、碛口风景名胜区、杀虎口古文化旅游区等单位的大力支持，在此向这些单位一并致谢！最后特别感谢我的弟弟范志明先生、弟媳陈红女士近几年在晋商研究道路上的考察与陪伴，感谢女儿刘笑煊（新加坡国立大学建筑学院）提供的手绘图。

范志萍

2024年1月

目录

踪迹三　大红灯笼高高挂　乔家大院美名扬

踪迹四　济世扶危办教育　渠家大院真特色

踪迹五　多福多寿多子孙　太谷首富三多堂

踪迹六　明清儒商第一家　常家庄园尽风流

踪迹七 华夏民居第一宅 王家大院半座城

踪迹八 九曲黄河第一镇 水旱码头小都会

踪迹九 蒙汉互市进斗金 边关要塞杀虎口

踪迹十 精神家园慰乡愁 晋商会馆联乡谊

开篇　走进晋商博物院　感受晋商辉煌史

【引言】

督军府改为博物院

“唐风晋韵，锦绣太原”，在这座拥有5000年文明史和2500多年建城史的国家历史文化名城中，随处走走，都可以触摸到晋商遗迹、体会到晋商精神。

在府西街与解放路交接处，有一处红墙绿瓦、飞檐翘角、苍松翠柏的明清风格的院落，这里便是太原的一处网红打卡处——晋商博物馆。据清道光二十三年（1843年）《阳曲县志》记载，这里原为纪念春秋时期晋国的国君晋文公的“重耳庙”，北宋初年曾为潘美帅府，元代为中书省，明、清为抚院。1911年10月29日，同盟会山西分会策划武装起义，宣布独立，推举阎锡山为都督，成立了山西军政府，办公地点设于此；1916年7月，阎锡山任督军，此处遂改为“督军府”。1949年中华人民共和国成立后，这里为山西省人民政府所在地。

《2017年山西省政府工作报告》中提到“推进文物密集区体制改革试点工作，筹备建设晋商博物院，努力使文化记忆鲜活起来。”当年9月，山西省人民政府搬迁，这里开始闭园修缮。经过为期三年的筹划、建设，于2020年12月28日对外开放，并且更新馆名——晋商博物院。

01　千年府衙换新颜

2020年年末，这座千年府衙焕新颜，再一次成为人们瞩目的焦点。这个曾经戒备森严的大院，在大多数太原人眼里一直都是熟悉而陌生、神秘而未知的，如今太原市组织实施综合整治配套工程后，重新做了以“天下晋商”为主题的布展。在这里，人们既可以重游晋地宝藏，触摸历史脉搏，又可以把目光再次聚焦到曾经“汇通天下”“诚信天下”的晋商身上。

晋商博物院，占地总面积约10.3万平方米，总建筑面积约3万平方米，展览面积1.8万平方米，具有收藏、展示、教育、研究、游览五大基本功能。收藏有12万余件与晋商相关的账册、器物、文献、汇票、地契、钱币等史料和实物，涵盖政治经济、军事商贸、文化习俗等方面。

晋商博物院（原督军府大门）

晋商博物院坐北朝南，分为中、西、东三个区域，目前开放的是中区和西区。中区为《天下晋商》专题展，主要分为序厅、晋商源流、海内称雄、汇通天下、万里茶道、晋商精神六个部分，概述了晋商发展的重大事件和成果，全面再现了晋商纵横欧亚九千里、称雄商界五百年的辉煌业绩，多角度展现出以“诚实守信”为核心的晋商精神。西区为游客休闲服务区，以园林建筑景观为基础，形成开放式的区域游园，打造集休闲餐饮、文创产品、工艺展示于一体的服务空间。

序厅　渊谊堂为“天下晋商”展览的序厅，这里宽敞、大气、庄重，中间照壁展墙上呈现习近平总书记2017年考察山西时说过的话：“山西自古就有重商文化传统，形成了诚实守信，开拓进取、和衷共济、务实经营、经世济民的晋商精神。”左侧有一块动态投影，滚动播放的内容分别是：清朝晋商分布图、晋商票号（657家）分布图、晋商会馆（558所）分布图，以及万里茶道路线图。右侧有一幅长卷图，名为《辉煌晋商五百年史诗长卷图》，这幅画卷长18米，高3米，是由山西省老艺术家用了2000多幅与晋商主题相关的剪贴画，一点一点手撕并拼贴而成，上面都是晋商元素，有我们熟知的茶马古道、日昇昌票号、走西口、晋商管理制度等。

第一章“晋商源流”　分布于2号楼，主要讲述了华夏文明根祖的博大和雄浑，晋商的起源与辉煌。分为四个单元：“华夏文明、底蕴深厚”“钟灵毓秀、人杰地灵”“极临边境、错居杂处”“经商理财、人文传统”。展厅中，展示了精美绝伦、巧夺天工的青铜器，以及陶寺遗址的风采、尧舜禹的足迹等，它们都是山西——华夏文明发祥地的历史见证者，是5000年盛世伟业的华美篇章，折射出晋商辉煌500年的伟岸身影。

第二章“海内称雄” 分布于3号楼，主要讲述了晋商的崛起和发展，晋商抓住历史发展的机遇，捷足先登，迅速崛起，称雄海内，开启晋商持续500年辉煌的先河。分为五个单元：“九边重镇、历史机缘”“开中制度、巨大商机”“变中求进、贸迁四方”“汉蒙互市、百货纷集”“钱币世界”。展厅中有一个滚动播放的电子屏展示了“九边重镇图”，见证了晋商崛起于明初的开中法，从而创造了中国古代最成功的商业奇迹。旁边还有一个货币展，展出了山西3000年的货币发展历史，如商周时代的贝币，春秋时代的空首布、刀币，秦汉以后的方孔圆钱，反映了社会经济文化的变迁，蕴含着古代先民的工艺智慧和财富梦想。

第三章“汇通天下” 分布于内署院，主要呈现了晋商开启中国现代银行业先河——票号的辉煌。分为四个单元：“日升月昌”“镖局护商”“票房智慧”“制度力量”。“一纸之信符遥传，百万之巨款立集”，道光初年，中国历史上第一家票号“日昇昌”横空出世，创造出一种充满商业智慧的全新交易流通方式，卓然傲立于金融界。从展厅内的一幅动态地图中可以看到，山西票号遍及大江南北，构建起全国乃至海外的金融流通网络。时人有评：“数百年来，中国商业之盛，莫过于山西票商。”展厅里，陈列着一本本发黄的字迹工整的账本，由几十个算盘组合而成的算盘阵，大小不一的银子组成的元宝阵，在晋商博物院展出的汇票、钱币、玉器、印章、天平、茶具、典籍、墨宝、照片、字画等12万件文物，它们勾画出了500年晋商的真容。

【拓展阅读】清代黄花梨嵌宝福寿纹戥子

戥子为晋商使用的度量衡器，用以称量贵重物品。一般为行商使用，打开后有个小秤杆，小托盘以及小砝码，做工精细，造型独特。黄花梨嵌宝戥子外壳以黄花梨为主料，正面镶嵌骨头、水晶等材料，用料讲究，纹饰精美。

清代黄花梨嵌宝福寿纹戥子

第四章“万里茶道” 分布于5号楼，展示了晋商开拓万里茶道的艰辛和智慧。分为四个单元：“千年茶道、万里飘香”“晋商云集、开拓茶路”“朔漠都会、恰克图城”“惠泽八方、风靡欧亚”。雍正六年（1728年）中俄签订《恰克图条约》，晋商抓住这一商机，云集武夷山，与当地茶商茶农合作，购买茶山、土地，兴办作坊，加工包装，组织船帮、马帮、驼帮，千辛万苦开拓出一条由武夷山到恰克图的万里茶道。再由恰克图，在俄罗斯境内继续延伸，经伊尔库茨克、莫斯科，最终到达圣彼得堡，全长13000公里，成为亚欧大陆经济和文化交流的大动脉。在该展厅中，展示了一些茶叶生产工具、茶罐茶具、独轮车等与万里茶道及茶叶相关的文物。

第五章“晋商精神” 分布于御书楼主院，总结归纳明清晋商称雄商界500年，在创造巨大物质财富的同时，还凝聚而成“诚实守信、开拓进取、和衷共济、务实经营、经世济民”的精神之道。这是晋商以商制胜的秘籍和法宝，是晋商之魂。

漫步在庭院中，会被这里的一砖一瓦慢慢浸染，商路遥远，汇通天下；称富海内，名闻天下。晋商的辉煌虽然已经远去，但是晋商创造的物质财富和精神财富至今依然影响着一代又一代的人……

02 “海内最富”的晋商

明清时期，随着商品经济的发展，中国出现了十大商帮，其中以晋商和徽商规模最大、实力最为雄厚。而晋商被称为“海内最富”“富可敌国”，许多人都很好奇，晋商为什么会有这样的称号？我们先来看几个历史故事。

【故事1】龚自珍的“西部大开发”计划

“海内最富”出自清朝的文化思想家龚自珍。1820年，他提出一个极具超前意识的“西部大开发”计划，撰写成《西域置行省议》，提出把东部、中部、南部城市中的无业人员迁徙到大西北去创业，国家会给予政策倾斜。但龚自诊认为内地只有两个地方可以不考虑，一是江浙一带，那里的人民筋骨柔弱，吃不消长途跋涉；二是山西省，他觉得“山西号称海内最富，土著者不愿徙，毋庸议”。

【故事2】梁启超的演讲

1912年，梁启超先生结束了十几年流亡海外的生活，回到北京。1912年10月30日，山西的大德玉等22家票号在北京德昌饭店设宴欢迎梁启超先生，梁先生即席演讲，其中讲道：“鄙人在海外十余年，对于外人批评吾国商业能力，常无辞以对。独吾有此历史、有基础，能继续发达的山西商业，鄙人常以自夸于世界人之前。”这并不是客套话。梁启超对山西商人的评价，不局限于财富层面上，他更看重山西商人们创造出的一种独特的商业文化。

【故事3】宋霭龄太谷省亲

19世纪20年代，宋霭龄与孔祥熙婚后第一次回乡省亲时，她的内心感受是：“那里的生活是艰苦的，原始的。”可是，当她坐着一乘由十六个农民抬着的轿子，进入孔祥熙的故乡山西省太谷区时，她惊异地发现了一种前所未闻的最奢侈的生活。“仅在这个院子中服侍宋霭龄的佣人仆役就有七十多人。这样的事并不仅仅发生在孔祥熙一个家族之中，这座县城中许多商人家族都过着同样的日子。因为当时一些重要的银行家住在太谷，这里常被称为“中国的华尔街”。——美国传记作家罗比·尤恩森《宋氏三姐妹》

明朝的许多史籍文献、文人笔记中也都或多或少涉及了当时晋商的财富状况。明代的晋商主要集中在晋南的临汾、蒲州一带，靠“开中法”而崛起于贩盐业，成为盐商、粮商。明朝嘉靖年间内阁大学士严嵩的儿子严世潘曾对人说：“天下富家，积资满五十万以上，方居首等”，结果当时全国共有十七家列入，其中“山西三姓，徽州两姓。”明人沈思孝在这本《晋录》中说：“平阳、泽潞豪商大贾甲天下，非数十万不称富。”史籍文献和实物佐证都能够说明至少到明朝中叶的嘉靖万历之时，晋商已经开始在经营范围和财富积累的过程中崭露头角。

到了清代，晋商转移到了晋中，出现了以旅蒙商、茶商、票商为主的三大商帮。整个清代，晋商的足迹遍布世界各地，不仅涉足整个亚洲地区，甚至延伸到欧洲市场。从陆路对俄贸易最早、最多的是山西商人，在莫斯科、圣彼得堡等十多个俄罗斯城市，都有过山西商人开办的商号或分号。在朝鲜和日本，山西商人的贸易也很繁荣，榆次常家从中国输出夏布，从朝鲜输入人参，被称作“人参财主”；介休范家，几乎垄断了对日本的生铜进口和百货输出……

一个国家的排名要看GDP，看一个商帮最重要的就是他们创造的财富。那么，晋商的财力究竟有多雄厚？要把这个问题彻底搞清楚是有一定的难度的。因为一方面晋商是民间商人，其财富的多寡官方难以取得准确的数据；另一方面晋商本身就有不愿露富的习惯和风格，仅从表面难以看出晋商财富的全貌。

因此，笔者参考清末著名的学者徐珂所著的《清稗类钞》，该书记载了光绪时期中国最富有的15家晋商。

晋商排行榜（《清稗类钞》）

地点	家族资产
临汾（1家）	亢氏1000万两以上
介休（2家）	侯氏700万~800万两，冀氏30万两
祁县（2家）	乔氏400万~500万两，渠氏300万~400万两
太谷（5家）	曹氏600万~700万两，刘氏100万两内外，武氏50万两，孟氏40万两，杨氏30万两
榆次（5家）	常氏100多万两，侯氏80万两，王氏50万两，何氏40万两，郝氏30万两

晋商的财力有多雄厚

从上表可看出，居排行榜之首的是临汾的亢氏，资产在1000万两以上！介休的侯氏资产在700万~800万两，祁县的乔氏资产在400万~500万两，祁县的渠氏资产在300万~400万两，太谷的曹氏资产在600万~700万两，榆次的常氏资产是100万两，而且这还不是这些家族在最鼎盛时期的资产统计。我们再粗略地把这15家的资产加一下，3550万~3950万两，这是一个什么概念？《清史稿·食货志》记载，光绪年间全国的年财政收入为3000万两左右，晋商是否真的是“富可敌国”“海内最富”呢？答案不言而喻。

03 解州盐池与盐商

有一则流传很久的古老的神话，即“黄帝战蚩尤”的传说。黄帝是中原黄河流域的首领，蚩尤是南方九黎族的首领。据说蚩尤有八十一个兄弟，个个本领高强，他们不安于南方荒蛮的水土，便北进到中原与黄帝争夺天下。黄帝出师征伐，最后把蚩尤杀死，并且把他的躯体肢解了。据传蚩尤死后，他的血液流进了一片大沼之中，最后化作了盐池。

以上的传说从文化的角度来看，蚩尤的尸体被肢解，因此他被肢解的地方就叫作“解”（jiě），解字又被读为“解”（xiè），而“解”（xiè）的发音在运城当地被读作“解”（hài），这就不难理解“解（xiè）州”又读作“解（hài）州”了。而盐池是由蚩尤的血水化成的，解州的东边就是盐池，盐池的南面还有蚩尤城和蚩尤冢，现在蚩尤城已改名为“从善村”。

那黄帝和蚩尤为什么在解州盐池之畔打仗呢？在原始社会，人们为了吃饱穿暖，就四处寻找丰盛的水源、茂密的山林，并为争夺自然资源而产生纷争。而盐，作为五味之首，是当时人们能够生存下去的必需品，所以南方的蚩尤必须到产盐的北方向黄帝发起挑战！因此，黄帝和蚩尤的战争，归根结底是争夺盐的战争。最终，黄帝取得了胜利，更加牢固地控制了盐池，使黄帝部族与其他部族得以融合，从而形成了在春秋时期称为“华族”，汉朝以后被称为“汉族”的民族，黄帝也就成为今天华夏民族汉族的“始祖”了。

而那场战争的核心就是盐池，盐池位于运城城区的南侧，南临中条山，北滨峨嵋岭，是运城盆地的最低处，面积130多平方千米，从高空俯瞰，很像一个酣然入睡的蚕宝宝，又似一个天然的浴盆，或者又像一条洁白的玉带；放眼望去，碧波万顷，银光闪闪，素有“百里银湖”之称。

运城解州盐池

传说固然神奇，科学才是真理，如此浩瀚的盐池是如何形成的呢？早在几千万年前的新生代第四纪时期，由于地壳的不断运动，使得今天的运城一带发生大面积的地层沉陷运动，中条山北麓断裂，形成狭长的陷落地带，由于山出海走，大量含盐类的矿物质汇集在这里，经过长期的沉淀、蒸发，慢慢形成了天然的盐湖。盐池成盐速度极快，当地有“一年四季一场风”和“一夕成盐”的说法。冬季西北风一刮，一夜之间芒硝布满全池，白茫茫好似北国的雪原；夏天烈日的蒸晒，暖风的吹拂，一个晚上就孕育出犹如珍珠般的大颗粒盐。盐池的盐经天日暴晒即可结晶成盐，这给我们的远古先民提供了极为方便的采食条件。

远古的部落首领们一定发现了这“天赐的宝物”，所以黄帝之后的尧把都城建在了平阳（今临汾），距盐池140千米；舜把都城建在了蒲坂（今永济），距盐池60千米；禹把都城建在了安邑（今夏县），距盐池20千米。这三代都城都靠近盐池，原因显而易见。我们重点了解一下以“德”“孝”著称的舜，据《史记》记载，舜当上部落首领后，亲自到盐池视察，当看到盐池给他的部族带来了巨大的财富时，他高兴地抚琴唱起了《南风歌》。“南风之熏兮，可以解吾民之愠兮；南风之时兮，可以阜吾民之财兮。”诗歌的大意为：南风徐徐吹来啊，可以解除百姓的愁苦；南风应时吹来啊，可以带给百姓巨大的财富。这说明早在原始社会末期，舜的部民们就得益于盐的恩泽了。今天运城城区就建有“南风广场”，还有著名的“南风集团”。

夏、商、周三代的国都虽几经变迁，但大体都在盐池附近，盐池可以说是三代文明的经济基础。例如，曾经流亡在外 19 年的晋国公子重耳，当他 62 岁回国得到了君位之后，便致力于改革内政，其中一项重要的内容就是凭借山西南部“沃饶而近盐”的地理优势，依靠解州丰富的盐池资源，使国家迅速富饶、强大，很快成为当时继齐桓公之后的第二个霸主，称霸时间长达 160 多年，是春秋五霸中持续时间最长的。

大约到了春秋末期，山西人把盐拿到其他地方去卖，这应该是最早的“自由商人”了。日本有位研究河东盐池的学者，叫宫崎市定，他在《历史与盐》中考证出，商贾的“贾”字就是出于“盬”字，“盬”同“卤”。《说文解字》中也指出：“盐，卤也。天生曰卤，人生曰盐。”所以“卤”就是自然结晶状态下的天然盐。由此他认为，中国商业的起源，与盐有着密切的关系，河东的盐池就是中国历史上最重要的产盐区，最早的重要商品就是盐，因此中国最早的商人恐怕就是经营盐业的山西盐商了。

解州盐池与盐商

【拓展阅读】“陶朱猗顿之富”

人们常常用“陶朱猗顿之富”来形容富有。“陶朱”是春秋时期帮助越王勾践伐吴成功后，远走江湖的范蠡，据说他曾拜计然为师，范蠡受到计然的“积著（储）之理”的商业经营之道的启发，很快从商成为大富豪，后人便称之为“陶朱公”，他是中国老百姓公认的“财神”之一。“猗顿”是春秋时期的运城人，年轻时家境贫寒，后来向范蠡请教致富之道，范蠡告诉他“子欲速富，当畜五牸（zì）。”猗顿听后茅塞顿开，很快靠饲养家畜积累了一定的资本。之后他又把目光投向了制盐、贩盐的领域，最终成为富豪，后人尊其为商贸业的“鼻祖”。今天的临猗县，就是因猗顿而得名的，临猗县还建立了猗顿的塑像，来纪念这位晋商的远祖。

中国古代，人们对天、地、日、月、山、海、风、雨等种种自然现象，都会产生敬畏之情，因此盐被封为神也就不足为奇了，纪念盐池神的庙宇也就应运而生。全国唯一的池神庙坐落在盐池北岸卧云岗上，它的出现成为我国盐业及盐运史上的重要标志。从池势看，池神庙坐北朝南，背山临水，是一块难得的风水宝地。那么，“池神”是谁？据史书记载，“黄帝臣宿沙氏，始煮海作盐，死后人们尊敬他，在安邑建盬（gǔ）宗庙，纪念宿沙氏。”这说明黄帝的大臣宿沙氏被后人尊为“盬宗”，也就是盐神，并且还有纪念他的盬宗庙。到了唐代，唐代宗李豫封盐池神为“灵庆公”，大规模地修建起了灵庆公祠，以后历代都有修建。如今现存的建筑是明代重修的，主要建筑有前部的山门、过殿，中间并排三座戏台及东西配殿和套院，后面是三大殿并立，分别供奉着池神、日神、风神，体现了盐池生产与太阳、风的密切关系，从而使人民得到丰富的池盐资源。郭沫若有诗云：“唐代曾封灵庆公，盐池古海用途宏。”

04　开中纳粮到纳银

1368年，雄心勃勃的朱元璋把蒙古族驱逐出了中原大地，朱元璋称帝，国号大明。但是朱元璋也面临许多严重的问题，其中之一就是退居塞北的蒙古残余势力对中原仍然虎视眈眈，随时都有可能卷土重来。为了防范蒙古人的骚扰和入侵，朱元璋修复了从山海关到嘉峪关的长城，并沿线相继设立了九个边防重镇，历史上叫“九边重镇”，即辽东镇、蓟州镇、宣府镇、大同镇、山西镇、延绥镇、宁夏镇、固原镇、甘肃镇。

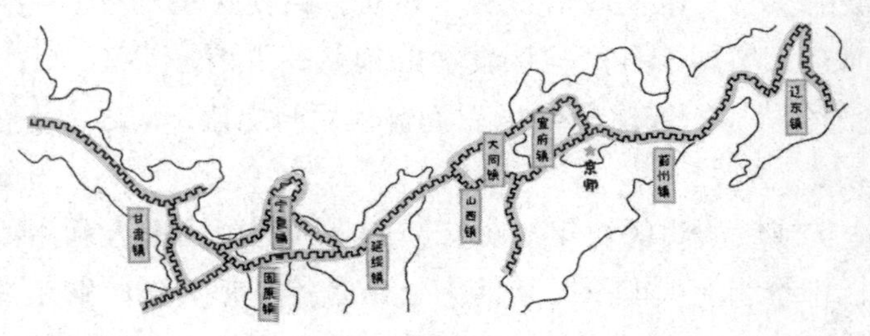

明朝北方九边重镇地图

这九个重镇相当于今天的九个军区，驻扎了86万多人的军队，34万多马匹。这样就人为地造就了一个军事消费区，如此庞大的军队和马匹日常的吃喝拉撒、军需粮秣都由国家拨付，时间一长，明王朝感到前所未有的财政压力。

为了化解这一压力，朝中的大臣提出各种建议。比如，推行“屯田制”，就是叫军队开垦荒地，耕种粮食，自给自足；但九边重镇远离中原，接近沙漠、荒原地带，自然条件恶劣，不适合开垦农业，当地所产的粮食根本不能满足军队的需要，“屯田制”无法实施。再比如，政府命令周边省份的百姓向九边重镇运送粮食，然而，运送粮食，道路险远，民力艰难，耗费巨资，也是下策。

明洪武三年（1370年），九边重镇之一的大同镇军需吃紧，运费极其昂贵。在燃眉之急时，山西省行省参政杨宪上书道：“大同粮储，自陵县（今山东长芦）运至太和岭（今山西马邑），路远费重，若令商人于大同仓入米一石，太原仓入米一石三斗者，给淮盐一小引（200斤）。商人鬻毕，即以原给引目赴所在官司缴之。如此，则转运费省而边储充。帝从之。”也就是让商人在大同纳粮一石或在太原纳粮一石三斗，就可以换给他们一份“盐引”，一份盐引可以领盐200斤。商人拿到盐后，在指定的地区销售；销售完之后，商人再次购买粮食，再次运输到边境；如此循环。要知道，从西汉起，汉武帝看到了盐利之厚，为了增加国库，实行“盐铁专卖制度”，这样，从汉代起盐和铁这两种商品就一直实行由国家生产、运输、批发和零售的经营政策，个人不能进入这个行业，否则叫贩卖私盐，那是要吃官司、坐牢狱的。而朱元璋推行的这个鼓励商人向边关运输粮食的政策叫“开中法”，这样，国家就把盐的专卖权转给了商人，允许商人加入盐业贸易。山西商人利用优越的地理位置，抓住这个机会，捷足先登。

开中法的实行，既使政府节省了运费，又使边境的粮草充足，而且又增加了各产盐区食盐的销量，可谓一举三得。《明史·食货志》如此记载：“召商输粮而与之盐，谓之开中。”

九边重镇与开中制

开中法实施后的明代初年，颇有经商头脑的山西商人利用贩卖食盐获取的利润，纷纷北上、南下，从河南、山东等产粮大省收购粮食，再运输到北部边疆换取盐引，获得了巨额利润。由此山西人淘得明清以来“第一桶金”。

开中法调动了大家的积极性，山西商人很快取得了河东、长芦、两淮盐的专卖权。随着经营范围的扩大，在异地他乡，山西商人之间需要互相帮助、互相合作，这就形成了“行帮”，即“纲”，“纲”是以商人的籍贯来划分的。《长芦盐法志》卷二《沿革》中记载："明初，分商之纲领者五：曰浙直之纲，曰宣大之纲，曰泽潞之纲，曰平阳之纲，曰蒲州之纲。"可见在明代，长芦盐商的五个纲中，除了浙直纲外，其他四纲都是山西籍的商人，而泽潞、平阳、蒲州以晋南人为主，这说明晋南是晋商的发源地。山西商人通过"纲"的组织形式，基本垄断了明代的长芦盐场。这一时期成功的盐商有蒲州的展玉泉、范世逵、王海峰、张允龄、王瑶等。

开中法本身并不是完美的，是政府将盐利让给商人换来的，减少了政府的收入，但是在明朝初年总体来说还是利大于弊。但到了明代中期，其缺陷就渐渐凸显出来，明弘治五年（1492年），户部尚书叶淇主持工作，提出"纳银"领取盐引的办法，被孝宗皇帝批准，这就是"开中纳银"，很快取代"开中纳粮"成为主流制度。从此，商人不再需要往边境运粮，只需要缴纳银两，就可以做食盐生意了。这个方法达到了立竿见影的效果，一年之内，国库增收白银百万两。

在"开中纳银"下，商人也不用再到北部边疆纳粮换取盐引了，而是在内地就可以到盐运司纳银换取盐引。盐业政策的变化直接影响到盐商，这样，一部分商人仍在北部边疆组织纳粮、纳布换盐引，称为"边商"，以山西人为主。另一些内地商人则在盐运司纳银换盐引，称为"内商"，以徽州人为主。这就形成中国盐业的两大商帮——晋商与徽商。以后盐商向扬州集中，成为历史上说的扬州商人。扬州盐商主要是晋商和徽商。晋商中著名的盐商有：代州人杨继美，迁到扬州后成为富商，同时被推为盐商祭酒；平阳府的亢氏，是扬州的大盐商，亢氏在扬州有大片房产，著名的"亢园"是今天扬州瘦西湖的一部分；太原望族贾氏由边商转为内商，举家迁往扬州。

【拓展阅读】清代山西第一富——亢百万

晋商中的首富是平阳府的亢氏，在《清稗类钞》中记载"资产额在千万两以上"，亢氏从清初发迹到清末衰败，主要体现在以下方面：①大盐商。清代盐实行专卖制，亢家得到了贩盐特权，获利颇丰。②大粮商。清代粮食的贸易规模很大，亢氏在平阳老家的"仓廪多至数千"，在京城的粮行储备有米粮万石，亢氏曾扬言"上有老苍天，下有亢百万。三年不下雨，陈粮有万石。"③大典当商。亢氏则是一个资本雄厚的大典当商，亢家到底开了多少当铺，无据可查，但是"500个金罗汉"的故事，却挤垮了竞争对手。

④大地主。亢氏在平阳府“宅第连云，宛如世家”；在扬州城小秦淮河附近临河建了一座“亢园”，当地人称为“百间房”，如今是瘦西湖公园的一部分；在小东门外，还有一处“亢家花园”。亢氏的资产到底有多少，是很难说清楚的，康熙时的钮琇指出：“江南泰兴季氏与山西平阳亢氏，俱以富闻于天下”。可见，亢氏在清朝初期已经是名扬天下的山西首富，亢氏之后才出现了其他诸姓晋商大户。

由此，晋商淘得了他们的“第二桶金”，完成了早期的资本原始积累。

05　恰克图城的贸易

恰克图，俄语意为“有茶的地方”，位于现在的俄罗斯与蒙古国的交界处，是俄罗斯布里亚特自治共和国南部城市。西汉时苏武曾经在此牧羊，唐朝时归北庭都护府管辖，元朝时归乌里雅苏台管辖，清朝时为中俄边境的贸易重镇。1728 年 6 月，中俄在此签订了《恰克图条约》，并划定两国以恰克图为界，南为买卖城，属于中国；北为恰克图，属于俄国。从此，这个城镇的发展、繁荣与晋商结下了不解之缘。

中国与俄罗斯有着漫长的边境线，两国的贸易源远流长，早在 17 世纪的清朝初年，资本雄厚的晋商便将中国的丝绸、茶叶、瓷器等生活用品贩卖到蒙古地区，俄国商人再从此地购得这些商品，运回本国销售。而此时的俄国已进入沙皇时代，开始利用国外市场来进行对外扩张。清顺治九年（1652 年），俄国人东入黑龙江，与清朝发生了军事冲突，这是中俄之间的第一场战斗。之后中俄之间发生多次外交和军事上的冲突。

康熙二十八年（1689 年），中俄两国为解决两国之间的纷争，在尼布楚进行了一场针锋相对的会谈，最后双方签订了《尼布楚条约》，这是中俄签订的第一份边界条约。该条约明确规定黑龙江流域归属中国，有效遏制了俄国在中国北部的殖民入侵；条约还规定了双方的通商事宜，允许持有护照的两国商人可以过界贸易。自此，中俄之间开始了正式的贸易往来，俄国商队纷纷来到北京、库伦（今乌兰巴托）、归化（今呼和浩特）、张家口经商，而当时这些地方的商业几乎完全被晋商垄断。因此，中俄之间的早期贸易主要是依靠晋商来进行的，这为后来晋商同俄商大规模的贸易打下了坚实的基础。

18世纪初，沙皇俄国进一步侵略中国西北和漠北地区，清政府给予严厉打击，将俄军赶出中国蒙古地区。同时，清政府禁止俄商在蒙古地区贸易，杜绝俄商来北京贸易，中俄贸易中断。俄国为了保住中国这个巨大的市场，清政府为断绝俄国与噶尔丹分裂势力的勾结，两国于雍正五年（1727年）签署了《布连斯基条约》。

在此基础上，雍正五年（1727年），两国又在恰克图正式签署了《恰克图条约》。这是关于中俄在蒙古北部边界及政治、经济、宗教等诸方面的相互关系的条约，其中关于双方的贸易规定：俄国来华经商人数不得超过200人，每3年来北京1次，免除关税；同时在两国边界的恰克图、尼布楚、祖鲁海尔设互市，“情愿前往贸易者，准其贸易。周围墙垣栅子，酌量建造，亦毋庸取税，均指令由正道行走，倘或绕道或有往他处贸易者，将其货物入官”。雍正八年（1730年），清政府批准在恰克图的中方边境地区建立买卖城，买卖城具有纯正中国风格，街道直线延展，两侧分布着院落，里面设有铺面和仓房。这样就将恰克图分为南北两市，南市为中国商民居住，称为“买卖城”；北市为俄国商民居住，称为“恰克图”。由于尼布楚、祖鲁海尔地理位置偏僻，恰克图就成为中俄贸易往来的重要据点。

恰克图老照片

恰克图的繁荣，是乾隆二十年（1755年）以后的事。这一年，清政府为避免俄商来北京贸易的诸多不便，宣布中止俄商来北京贸易。这样，中俄之间的贸易就全部集中在了恰克图。中俄恰克图贸易，实质上就是晋商与俄商的贸易，这种发展机遇是中俄两国政府提供的。《恰克图条约》的签订成为晋商史上具有划时代意义的事件。

嘉庆五年（1800年）开始，恰克图进入繁荣时期，中方销售的主要是茶叶、绸缎和棉布；俄方销售的主要是毛皮、呢绒、皮革和牲畜。恰克图已成为与广州遥相呼应的北方外贸码头，对清政府而言，俄国也成为仅次于英国的第二贸易大国。俄商和俄政府在恰克图的茶叶贸易中也大为获利，《山西外贸志》记载俄商“在恰克图以一磅二卢布的茶价，转运至圣彼得堡，以三卢布的价钱卖掉，赚利三成”，而俄政府在恰克图征收的关税就占全国关税总收入的20%之多。

中俄恰克图贸易市场从雍正初年到清末，一直持续了180多年，始终被晋商垄断，有足够的资料可以说明晋商在恰克图的贸易。乾隆二十四年（1759年），晋商在恰克图贸易的商户已有百余家，其中资本较雄厚者有60余家，依附在他们身上的散商有80多家。榆次车辋常家，是在恰克图经营历史最久、规模最大的山西商号，从乾隆时期开始一直到清末，都在恰克图设有商号，如大升玉、大泉玉、大美玉、独慎玉等，营销的主要商品是茶叶。其次是太谷区北洸村的曹家，在恰克图设有锦泰亨、锦泉涌商号，主要营销的也是茶叶。汾阳牛允宽的壁发光商号也颇具规模，以经营皮毛为主，在国内外极负盛名。

由此，有人得出这样的结论："所有恰克图贸易的商民，皆晋省人。由张家口贩运烟、茶、缎、布、杂货，前往易换各色皮张、毡片等物。"所以在与俄国的贸易上，晋商远涉戈壁、沙漠，在恰克图与俄罗斯商人进行贸易，促进了恰克图的繁荣，也推动了俄国经济的发展。随着晋商的介入，恰克图由一个名不见经传的小村落一跃成为商贾云集之地。

恰克图的贸易

进入19世纪中叶，两次鸦片战争之后，晋商在恰克图的贸易开始衰落，白丈刚、胡文生在《寻找晋商》中说"一夜之间从大赢家变成了大赔家，晋商这一叱咤风云五百年的商界奇葩从恰克图开始了退出历史舞台的悲怆历程。"同治元年（1862年），第二次鸦片战争中清政府惨败，俄国以"调停有功"为名，强迫清政府签订了中俄《天津条约》《北京条约》等一系列不平等条约，不仅掠夺了中国东北、西北150多万平方千米的土地，还取得了从恰克图进入库伦的经商特权，并与喀什葛尔、乌里雅苏台等地通商，俄商在上述地区享受免税的待遇。恰克图顷刻间就褪去了往日的繁华，晋商也就失去了在恰克图的贸易对象。之后的打击接连不断，1905年，俄国西伯利亚铁路开通，恰克图贸易遭到重创；1911年，外蒙独立，在恰克图、库伦的很多晋商被杀，资产全部被没收；1917年，俄国爆发"十月革命"，晋商手中的卢布变为废纸一张，财产全部充公。此时晋商与俄国的边境贸易的衰败局面已无法挽回，恰克图贸易就此宣告结束。

今天的恰克图依然默默矗立在俄罗斯边境，是一座安静的小城，谁还会想起当年晋商在这里叱咤风云的场景呢！

06　重商轻仕的观念

一个家族要长久兴旺，靠权力、靠财富都难以传承，但良好的家风却可以代代相传。中国的传统思想是儒家思想，“学而优则仕”是其核心，儒学要求人们读书做官，光宗耀祖。因而有“万般皆下品，唯有读书高”“天下四民，士、农、工、商，士为首，商为末”的价值观。

明清时期的山西，自然条件恶劣，人多地少，使外出经商成为必然，价值观念也随之转变。清代纪昀称“山西人多商于外，十余岁辄从人学贸易。”《山西通志》及许多县志，都有很多关于山西人重商的记述，这些地方志中还记述了许多弃儒从商的人物，他们或因家境所迫，或谨遵父命，都放弃了考取功名，转向了商贾领域。许多尚未入学的孩子，也把经商视为成才之路。

晋中有许多商谚，如“生子可作商，不羡七品空堂皇”“好好写字打算盘，将来住个茶票庄”“有儿开商店，强如坐知县”“良田万顷，不抵日进千文”“要想富，庄稼带店铺”等。人们认为经商可以致富，于是纷纷弃学经商，弃农经商，去改变自己和家乡的落后面貌。如平遥达蒲村李氏是由仕宦之家专营经商而发展起来，祁县乔家堡乔氏始祖乔贵发早年被迫走西口、做小买卖而起家。

总之，由于价值观念的转变，人们或“弃儒就商”或“弃农即商”，重利轻名观念非常强烈，使每年参加乡试的人数减少，几千年来“士、农、工、商”的顺序被倒过来，成为“商、农、工、士”。雍正年间，山西巡抚刘于义上奏说：“山右积习，重利之念，甚于重名。子弟俊秀者多入贸易之途，其次宁为胥吏，至中材以下方使之读书应试。以故士风卑靡。”雍正阅此奏章后批阅：“山右大约商贾居首，其次者尤肯力农，再次者谋入营伍，最下者方令读书。朕所悉知，习俗殊属可笑。”但是，没有这种习俗或观念，山西不可能有那么多的人经商，其人民也不可能改善家庭生活并积累相当的财富，而使山西成为一个比较富裕的省份。“学而优则商”，开启了古代中国多元价值取向的人生格局。

明代蒲州（今永济）商人王现，字文显，他在经商致富之后，根据自己的人生经历提出“异术同心”理论：“夫商与士，异术而同心。故善商者，处财货之场，修高明之行，是故虽利而不污；善士者，引先王之经，是故必名而有成。故利以义制，名以清修，各守其业，天之鉴也。如此则子孙必昌，身安而家肥矣。”也就是说经商与做官一样，只要道德高尚，其人格是不分高下的。这是他对自己人生的总结，也是教育后代的依据。后来无数成功的商人在巨富之后对王现的论断产生回应，并慢慢成了商人的一种理念支柱。

学而优则贾

“学而优则商”，是特定时代下特定的价值观，造就了一个个富商巨贾，也造就了精明、诚信的晋商群体。

【拓展阅读】清代全国状元分布表

山西省“学而优则商”的价值观，直接导致参加科举考试的人数锐减，当然优秀者也就凤毛麟角了。整个清代科举考试中，全国共选拔出114个状元，其中江苏人数最多，有49人，浙江其次，有20人，而山西一个状员都没有。

清代状元分布表（部分）

排名	省份	人数	排名	省份	人数
1	江苏	49	7	湖北	3
2	浙江	20	7	广东	3
3	安徽	9	12	湖南	2
4	山东	6	12	贵州	2
5	直隶	4	14	河南	1
5	广西	4	14	陕西	1
7	福建	3	14	四川	1
7	八旗	3	17	山西、甘肃、云南、新疆、台湾	0
7	江西	3	合计		114

踪迹一　世界文化遗产地　平遥古城千古韵

【引言】

“刀下留城”救平遥

平遥，有诸多称号：世界文化遗产、国家历史文化名城、国家5A级旅游景区，先后获得中国优秀旅游目的地、中国最值得外国人去的50个地方之一、全国5A级旅游景区品牌百强、首批国家全域旅游示范区等殊荣。你可知，20世纪80年代初的平遥，差点毁于城市的开发建设。

当年，全国各地大兴土木搞发展，许多古建筑被拆除，平遥古城墙也被挖开了口子。中国古建筑专家阮仪三得知这一情况后奔走疾呼，组织同济大学师生编写了《平遥县城市总体规划》，为平遥绘制了“新旧截然分开，确保老城，开发新区”“在旧城外开辟新城”的总体规划蓝图，及时纠正和阻止了一场“建设性破坏”，住建部高级工程师、著名古建筑专家郑孝燮在平遥保护古城规划方案上写下了“这个规划起到了‘刀下留城’的作用，为保护祖国文化遗产做出了重要贡献”的评价意见。“死里逃生”的平遥古城迎来了旅游发展的契机，1997年被列入《世界遗产名录》，成为享誉世界的文化名城。

2022年1月27日，习近平总书记考察平遥古城，再次强调“敬畏历史、敬畏文化、敬畏生态。”“守护好前人留给我们的宝贵财富，深入挖掘晋商文化内涵，弘扬中华优秀传统文化。”悠悠古城，给我们留下深深的启示。

01　世界遗产委员会的评价

山西有三处世界遗产，其中最早申报成功的世界遗产是——平遥古城。我们不能忘记：1997年12月3日，联合国教科文组织，在意大利那不勒斯举行的第21届世界遗产大会上，审议、通过了平遥古城列入世界文化遗产的决议时，那激动人心的时刻。

世界遗产委员会这样评价："平遥古城是中国境内保存最为完整的一座古代县城，是中国汉民族城市在明清时期的杰出范例，在中国历史的发展中，为人们展示了一幅非同寻常的文化、社会、经济及宗教发展的完整画卷。"

世界遗产委员会的评价

俯瞰平遥古城

一座古城的兴衰，就是一部社会变革的历史。

平遥古称"古陶"，相传是帝尧的封地。相比较始建于南宋末年的纳西族的丽江古城，平遥古城始建于西周宣王时期（公元前 827—782 年），距今已有 2800 多年的历史了，比意大利的罗马古城还早，当时为夯土城垣，为西周大将尹吉甫在此驻军而建。自公元前 221 年秦朝政府实行郡县制以来，平遥城就一直是县治所在地，延续至今。

明朝初年，为防御外族南扰，开始修建城墙，洪武三年（1370 年）在旧墙城垣的基础上重筑扩修，并全面包砖。以后景德、正德、嘉靖、隆庆和万历各代都对古城进行过补修和修葺，更新了城楼，增设了敌台。清康熙四十三年（1703 年）因皇帝西巡路经平遥，又增筑了四座大城楼，使城池更加壮观。道光三年（1823 年），历史上第一家票号——日昇昌在城内诞生，从此执中国金融界之牛耳，显赫一时。明清时期，平遥商业发达，商贾云集，一度成为重要的商贸集散地。后因世事动荡，很快跌入谷底。直到进入改革开放之后，平遥古城才又以其特有的魅力重返世界舞台。

历尽千年沧桑的古城，在新时代展示着包容与开放的魅力，声誉大增，早在1986年就被国务院批准为国家历史文化名城，1997年12月又被联合国教科文组织正式确定为世界文化遗产。2009年，平遥古城被世界纪录协会评为“中国现存最完整的古代县城”。2015年7月，平遥古城被评为国家5A级旅游景区。2017年11月，被教育部评定为第一批全国中小学生研学实践教育基地。2021—2023年连续3年荣列“国家5A级旅游景区影响力100强”榜单前十。

今天的平遥城依然保留着古朴的明清县城的风貌。古城被总周长6163米、被高约12米的城墙环绕。漫步古城中，浓浓的明清时期汉民族风情扑面而来。在封闭的城池里，以市楼为中心，有四条大街、八条小街及七十二条蚰蜒（yóu yán）巷，它们经纬交织在一起，功能分明，布局井然。城内古居民宅全是清一色青砖灰瓦的四合院，轴线明确，左右对称，特别是砖砌窑洞式的民宅更是具有很浓的乡土气息。全城保存着3797处明清时期的民居院落，其中400多处保存相当完好。此外，城池内还保留着许多大小庙宇、老式铺面，这些古色古香的建筑原汁原味地勾勒出明清时期市井的繁华风貌，被称作研究中国古代城市的活样本。

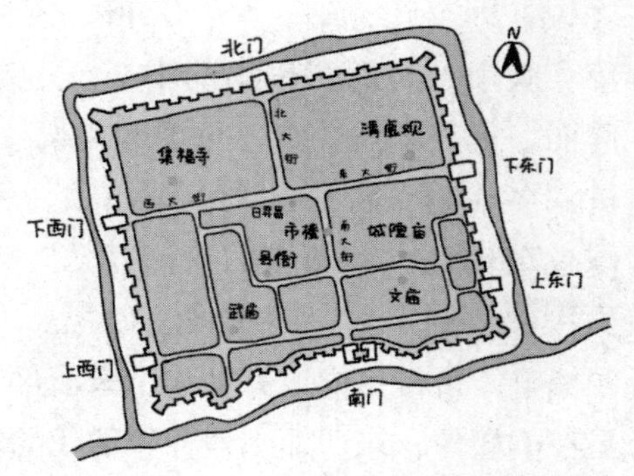

平遥古城示意图

走进古城，恍若时光倒流。雄伟壮观的古城墙，中国第一家票号“日昇昌”旧址，古色古香的明清一条街，以及数量众多的古寺庙、古市楼、古店铺、古民宅；非物质形态的晋中民俗、晋商文化等；城外不远处还有被称为“东方彩塑艺术宝库”的双林寺，古朴典雅的镇国寺……这些都是我们领略平遥悠久历史的最好见证。

金井市楼　到了平遥，在城内的各个角落都可以看到古城中心的金井市楼。它横跨南大街北段街心，贯通南北，是城内最高建筑，也就成为古城的标志性建筑。但市楼最早修建于哪个时代，已无法考证，但作为守望古城的古建筑，与古城荣衰共存，确实是不争的事实。

“金井”，顾名思义就是金色的井，它在市楼东南脚下，相传“井内水色如金”，故市楼又名“金井市楼”。其实是否“水色如金”并不重要，原来古人笃信风水，在建城时要按风水理论选址“点穴”，据说古市楼东南角下的“金井”为“龙穴”，为全城风水所在。金井存在的真正价值，是它所反映的中国古代营造城市所特有的传统文化和古代哲学观、生态环境观。

市楼的形象最早出现在汉代画像砖、画像石和壁画中，是古代政府为管理市场而修建的一种楼阁。平遥南大街在古代就有“一日三市”之说，即“朝、午、夕”三市，俗称早市、午市、晚市，是商贸聚集的中心。市楼造型挺拔秀丽，华美壮观，为三重檐木构架楼阁，面阔、进深各3间，高18.5米，歇山顶，屋顶覆盖黄绿色琉璃瓦，南面屋面镶嵌“囍”字图案、北面屋面镶嵌“寿”字图案，以祝愿全城百姓增福添喜。市楼室内设有神龛，南面供奉关帝，北面供奉观音，西北角还有魁星爷的塑像，东西面则残存着清代的精美壁画。所以说，市楼不仅有管理市场的职能，还兼有鉴赏人文景观的审美效果。

平遥市楼

平遥县衙 中国自秦朝实行郡县制以来，“县”就成为最基层的政权，被老百姓称作“七品芝麻官”的县令是最基层的领导。在基层，县衙是古代县级政权机构的所在地，县令直接面向老百姓施政，他们就是皇权政治在基层的体现。

平遥古城从秦朝设置县开始，一直就是县治所在。现在的县衙位于南大街的西侧，与城隍庙遥相对应，占据古城的中心位置，反映皇权至上的礼制思想。平遥县衙创建已久，但由于历史原因，早期的建制已荡然无存，现存建筑是在申遗成功后在原址上重新复建的，基本上原汁原味地再现出明清时期的规制和风貌。

平遥县衙同所有的官署一样，坐北朝南，南北轴线长200余米，东西宽100余米，占地2.66万平方米，是古城内规模最大的一处建筑群。按照清光绪八年（1882年）的《平遥县志》记载，当时县衙内有30多座明清建筑。重新修建后的建筑布局依照礼制布局，中轴对称，左文右武，前朝后寝。中轴线上一共有6进院落，依次为大门、仪门（牌坊）、大堂（亲民堂）、宅门、二堂、内室和大仙楼；东侧由南而北分别建有土地祠、酂侯祠、钱粮厅、花厅；西侧建有洪善驿、马王庙、十王庙、督捕厅、公廨房、牢狱。整座县衙布局严整，职能机构齐全，俨然是京城皇宫的缩影，为人们了解县治、认识古代吏治，提供了珍贵的实物形态和形象史料。

城隍庙　在古代，我国各地城市无论大小，都建有一座城隍庙，城隍庙里香火很旺，是城里最热闹的一个去处。城隍庙里供奉着城隍神，“城隍”是上天派来守护古城的神灵，它能庇佑地方、除恶扬善、救灾济民、调和风雨，与天下百姓息息相关，是城镇百姓普遍信仰的神明。城隍神的起源很早，明代朱元璋把对城隍神的崇祀推向了巅峰，按照礼制，把城隍神分为都城隍、府城隍、州城隍、县城隍四个等级，都城隍庙由皇帝亲自敕建，各府、州、县则按照等级，依次效仿，规模等级完全参照地方官署衙门。平遥古城的城隍属于县城隍，所以是县级的形制和级别。

城隍庙坐落在南大街的东侧，与县衙遥相对应。它创建于北宋，现存的为清代规制，坐北朝南，由城隍庄、财神庙、灶君庙以及真武楼四进院落组成。总体布局既有寺庙建筑的特色，又有官置建筑的意趣，前朝后寝的功能区划分得十分鲜明。城隍庙最大的特色是琉璃艺术，庙内建筑的屋顶大多采用蓝色、绿色、黄色相间的琉璃瓦进行装饰，营造出一种神秘的意境，其仙人、走兽、瓦件、鸱吻等大小构件，造型精美，色泽如初，可以说是清代琉璃工艺的杰出范例。

文庙　中国古代有两位圣人，“文圣人”孔子和“武圣人”关羽。孔子是儒家学派的创始人，创立了以“礼”“仁”为核心的儒家学说，使之逐渐成为国家的理念和人们的精神支柱，被后世尊为“大成至圣文宣王”“万世师表”，上至帝王，下至百姓，莫不顶礼膜拜。由于尊儒的需要，原本专门用来从事宗庙祭祀活动的庙宇，也由祭祀祖先延伸到了祭祀文圣人孔子，称作“文庙”或“孔庙”。而“尊儒祭孔”也被列入国家祀典，从天子脚下的都城到每个府、州、路、县，文庙遍布全国各地，有着严格的等级区分。

平遥文庙按照“左文右武”的形制，建在了古城东城隅，城隍庙南面，它既是专门祭祀孔子的场所，又是平遥县学的学堂，将尊儒祭祀活动与学堂教育结合在一起。清光绪末年废除科举制后，县学停办，改为新式学校。1923 年，一些商贾财东捐资在文庙办起了“平遥励志中学校”，即现在平遥中学的前身，直至 2003 年平遥中学全部迁至东城外的新校址，文庙得以重新复原，2004 年正式向游人开放。因此，平遥中学凭借着文庙这块风水宝地，成为山西省首批重点中学，并连续两次入选第九届（2021 年）、第十届

（2023 年）《中国百强中学》名单。

文庙始建于唐贞观初年，现存建筑除大成殿为金代原构外，其余都是明清所建。文庙坐北向南，布局均衡对称，主次分明，保留着元明以来文庙祭祀建筑的特征。整座建筑由东、中、西三组建筑群组成，中轴线上的建筑有棂星门、泮池、大成门、大成殿、明伦堂、藏经阁、敬一亭等。其中大成殿是文庙的主殿，为金大定三年（1163 年）重建，大成殿面阔五间，进深五间，单檐歇山顶，斗拱硕大、出檐十分深远，体现出宋金风格。大殿的四周围以石栏杆，屋顶两端覆以绿色琉璃瓦，在阳光下熠熠生辉。大成殿内部宽敞，中间供奉高达 4.5 米的孔子塑像，他头戴十二旒（liú）冕，身穿十二章服，手持镇圭，长髯齐胸，令人肃然起敬。孔子像的两侧为“四配”，即复圣颜回、述圣孔伋、亚圣孟轲、宗圣曾参。东西两侧神台上还有“十哲”，他们是颜渊、闵子骞、冉伯牛、仲弓、宰我、子贡、冉有、季路、子游、子夏，他们都是孔子最有名望的弟子。

清虚观　中国传统文化由儒学、道教和佛教三部分组成。平遥古城这座小小的县城内有着这三种不同信仰的崇祀建筑，反映了老百姓朴素实用的心态。其中的道教建筑不胜枚举，有玉皇庙、真武庙、帝尧庙、五道庙、二郎庙、城隍庙、土地庙、财神庙等。

清虚观是古城内最大的道观，按照“道东佛西”的传统布局，位于东大街东段路北。清虚观始建于唐显庆二年（657 年），现在基本上保存的是元、明、清三代的建筑。清虚观在布局和规格营造上，官式特征明显；在建筑选址和建筑构思上，体现了古代“礼制”的建置思路；在布局上追求“人、天地、建筑”之间的和谐。清虚观最大的看点是观内的碑刻、石雕，如宣谕碑、文告碑、记事碑、经文碑、符篆碑、画像碑、题字碑（碣）等 30 通（方），内容丰富，史料价值珍贵。

1998 年，清虚观被开辟为“平遥县博物馆”，观内中轴线上的道教遗存展示了中国的道教文化，东西厢房的平遥城史文化展示了平遥从远古的洪荒时代开始的悠悠历史和灿烂文化。2006 年，清虚观被国务院批准列入全国重点文物保护单位。

双林寺　同平遥古城一起被列入《世界遗产名录》还有两座寺庙——双林寺和镇国寺，这两寺同属佛教建筑，有着异曲同工之妙，共同营造了弘传佛教文化的完美意境。

双林寺在平遥县西南6千米的桥头村，原名“中都寺”，因为春秋时期在这里设有“中都”邑而得名。宋朝时，取佛祖“双林入灭”的故事，更名为“双林寺”。寺庙建筑在历经1000多年的风雨兵灾之后，于明清两代经过了大规模的重修、重建。现存建筑主要是明清两代的遗存，由11座殿堂组成的三进院落，布局紧凑而和谐。双林寺最大的特色在于各殿中布满了元明时期的精美的彩色泥塑，大的丈余，小的近尺，总计有2052尊，保存完好的有1566尊。采用圆雕、浮雕、高浮雕、悬塑、组雕、壁塑等各种艺术表现手法，雕刻有人物、山水、动物、花卉等内容，栩栩如生，形神兼备，被专家誉为“东方彩塑艺术宝库”。

这些泥塑彩塑中，值得看的有天王殿廊下“四大天王”彩塑，他们个个顶天立地，虎视眈眈，隆起的肌肉充满张力，气势逼人，令人产生敬畏之感。释迦殿中的四壁雕塑取自“佛本生故事”，整个场景用连环画的形式表现佛祖释迦牟尼波澜壮阔的一生，人物的服饰、发型已经完全中国化，建筑、山石等背景也具有十足的古典园林趣味，摆脱了宗教作品冰冷的味道。释迦殿后的“渡海观音”彩塑，她盘腿侧坐于莲舟之上，面容安详，神态自若，与背景波涛汹涌的大海一静一动，形成强烈对比。罗汉殿内的“十八罗汉”各不相同，有酒意未消的“醉罗汉”，有滔滔不绝的“多言罗汉”，有面颊消瘦的“病罗汉”，也有欲言不能的“哑罗汉”，充满浓郁的生活气息。千佛殿的“韦驮像”，他身披甲胄，眉头紧锁，双目圆睁，不怒自威，全身几乎所有的关节都扭曲着，从头到脚形成一条极富力度的“S”形曲线，仿佛积蓄了无尽的能量，一触即发、挺身而出……

双林寺的“韦驮像”

双林寺中的2000多尊塑像，以其写实的手法、世俗化的倾向、精湛的技艺，精美绝伦地呈现在世人的面前，塑造了一批个性鲜明的艺术形象，是现实主义和理想主义的完美结合，成为最具代表性的不朽之作。

镇国寺　镇国寺位于平遥县城东北的郝洞村，因位置偏僻，鲜为人知。但是，镇国寺内的五代建筑与同一时期的11尊彩塑，却是两项不可多得的瑰宝。

镇国寺始建于五代北汉时期，五代十国战火纷飞，只延续了53年，全国保存下来的有据可考的五代时期的木构建筑只有5座，镇国寺便是其中之一，弥足珍贵。镇国寺在金、元、明、清历代的修葺中，不断择隙而建、重修，逐步形成现存的明清佛教寺院的格局。寺院的核心建筑是五代天会七年（963年）的万佛殿，万佛殿面阔、进深各三间，单檐歇山顶，最引人注目的是它的房檐和斗拱。万佛殿的出檐将近3米，可以较好地保护下面的墙体和地基不被雨水淋毁，同时飞檐翘角给人带来巨大的视觉冲击力。出檐大了，檐下的斗拱自然也硕大，斗拱高达1.74米，出挑达1.43米，形制古朴，气势壮观，上下共有四层，继承了唐代硕大雄壮的风格，体现了建筑功能和结构艺术的完美统一，堪称“千年瑰宝”。

万佛殿内，宽大的佛坛上共有11尊彩塑，是五代北汉天会年间建殿时的作品。正中为释迦牟尼佛，形体高大，神态安逸，结跏趺端坐其上。旁边站立的分别是大弟子迦叶和二弟子阿难，迦叶是一位饱经风霜、睿智豁达的老人，阿难是一位充满朝气、才华横溢的年轻人。前面坐着的两尊菩萨分别是文殊、普贤；站立的两尊供养菩萨形体丰满、线条优美。菩萨的前面是两位天王和两个供养童子。这些塑像，面目丰满、腴润，身躯高大、健壮，躯干微曲，塑造手法近似唐塑风格，饱含五代时塑像的风韵。全国除敦煌莫高窟中有少量五代彩塑外，这11尊彩塑，是全国寺观庙堂中保存至今的唯一五代作品，堪称“稀世珍品”。

02　汇通天下的商业传奇

“出镖嘞——”500多年前，一句带着浓重平遥口音的吆喝，抒发了山西人一往无前的豪情壮志。这一声吆喝，道出了晋商当年背井离乡的艰辛和非凡胸怀，也成就了晋商“货通天下、汇通天下”的商业盛况。

平遥是晋商的发源地之一。清道光三年（1823年），中国第一家票号——“日昇昌”在平遥诞生。多年之后，在日昇昌票号的带动下，平遥的票号业发展迅猛，鼎盛时期全国共成立了51家票号，而平遥城里的票号竟多达22家，一度成为中国金融业的中心。

著名学者余秋雨先生在《抱愧山西》中曾说：“山西最红火的年代，财富的中心并不在省会太原，而在平遥、祁县和太谷，其中尤以平遥为最。”

在古城的墙壁上，到处可以看到墙缝隙间夹着铜钱、铁钱。据当地人介绍，这是当年平遥商人取“铜墙铁壁”的寓意，寄托建筑稳固的希望。这也从侧面说明平遥商人在当时的富足程度。

汇通天下的商业传奇

那么，是什么让平遥的商人具有如此惊人的财富呢？我们走一走具有“中国古代华尔街”之称的明清街，或许能找到答案。

这是一条南北走向的步行街，也称南大街，居于古城中的位置，是整座古城的中轴线。在这条750多米的古街上，却密布了78家店铺，从当铺到药铺，从肉铺到绸缎庄，还有古时的票号、武馆、镖局、报馆、钱庄等传统老字号，甚至还有烟店、杂货铺、洋货行等，几乎包容了当时商业的所有行当，足见当时商业之兴旺、街市之繁华。因此，早在180多年前的平遥，商业繁荣，门类齐全，信誉卓著，享有“小北京”的美誉。

平遥在明清时期曾经形成了一大批老字号，如日昇昌、蔚泰厚、协同庆、永隆号、云锦城、天元奎、百川通、长昇源等，大多开在南大街和西大街。从道光年间开始，古城的大街上集中了平遥的22家票号总部，一时成为全国金融汇兑业务的中心。如今这条街上，整洁宽阔的街道两侧，依然矗立着厚重古朴的门店，门前各式各样的招牌、幌子琳琅满目，招徕着南来北往的游客。每个体面门庭的花岗岩门槛上都有着两道很深的车辙印痕，由此可以想到曾经平遥的繁华——来自全国各地的商客们驾着马车，驮载着货物与银钱，在古城的青石板上碾下深深的车辙印，在南腔北调的方言中、车马往来的不绝中贯通出一条明清时期名声显赫的金融大道。

长昇源　这是一家专营黄酒的店铺，位于南大街41号，紧靠市楼。长昇源最早叫“聚昇源”，创建于明崇祯1628年。相传，1900年慈禧太后西行长安，途经平遥，小憩本店，饮黄酒道“吾到长安，途饮美酒，甚感欣慰”，赐名“长”字，从此改名“长昇源”，世代相传。长昇源于2011年6月被列入山西省非物质文化遗产，2019年被评为首批三晋老字号。长昇源黄酒之所以得名天下，是经淘、泡、蒸、晾、发、榨、煮、藏传统手工工艺制作，讲究色、香、味，具有一定的地域性、独特性、原复性。黄酒含有18种氨基酸，其中8种是人体自身不能合成而又必需的，不烈不淡，醇厚淳朴，誉为“液体蛋糕”，老少皆宜，尤对老人及产后妇女有滋补作用。

世昌永　位于明清街的黄金位置，南大街53号，紧靠市楼南侧，是平遥的一个百年老字号商铺。据平遥民间流传的说法，世昌永始创于清康熙末期，东家姓阴，早期经营药材、皮毛、马匹等，票号生意红火的时候也曾经营过票号。如今主要经营平遥推光漆器，包括首饰盒、屏风、桌椅等多种推光漆器产品。平遥推光漆器在唐代即有盛名，位列“中国四大名漆器”之一。用的是从漆树中分泌出来的天然大漆，滴漆入土，千年不腐。2006 年，“平遥推光漆器髹饰技艺”入选《国家级非物质文化遗产名录》。

【拓展阅读】推光漆器的制作流程

平遥推光漆器的制作过程主要包括：（1）用特殊配方、技艺及设施炼制大漆；（2）以大漆和天然桐油炼制罩漆；（3）木胎披麻挂灰，生漆灰须褙布，猪血灰须披麻，黄土胶则需褙纸；（4）以人发、牛尾制作漆栓（髹饰工具）；（5）在特设的阴房内阴干漆器；（6）描金彩绘，包括平金开黑、堆鼓罩漆、勾金、罩金和蛋壳镶嵌等传统技法；（7）用砂纸、木炭、头发、砖灰、麻油等逐次推光，使漆器光亮如镜；（8）采用镶嵌、镂刻、罩金、刻灰等技艺进行装饰。

推光漆最重要的一道面漆工序是用手掌推磨抛光的，通常的做法是：先用细砂纸把漆面打磨光滑，接下来要用优质椴木烧制的木炭块细细蘸水打磨增加漆面的黑度，再用头发蘸油打磨，最后用手掌蘸上特制的细砖灰（用水将砖灰反复过滤）和麻油推光。漆面要达到光亮如镜的效果，推磨次数越多出的光越亮，以后也会越擦越亮。

协同庆　是中国票号业中一家独具特色的票号，位于南大街 188 号，是全国十大票号之一。财东是榆次聂店的王姓和平遥王智村的米姓，创办于清咸丰六年（1856 年），歇业于民国二年（1913 年），运营 58 年，其间成立了 33 家分号。票号旧址于 2000 年 10 月开始全面修复整理，现已开辟为“协同庆钱庄（票号）博物馆”。协同庆作为平遥规模最大的钱庄院落，前后共有相互独立又联系的七进院落。建筑之宏伟、规模之庞大、讲究之豪华、功能之齐全，在平遥商铺院落中实属典范。协同庆钱庄博物馆内设有 7 个院落 30 个展室，依托大量翔实的史料，运用光、电等现代手段充分展示协同庆耐人寻味的兴衰历史。

晋升炉食铺　位于南大街 72 号，创办于 1910 年，财东姓庞，主要制作、经营油茶、油麻花等炉食。2014 年 7 月，庞家第四代传承人庞中元在平遥古城最繁华的南大街上，重新开张“晋升炉食铺”，推广追求食物的本真香甜的东方炉食文化，吸引中外游客纷纷打卡。百年老店，百年老味道，“炉食套餐”汇聚了平遥古城所有特色，包括12份平遥特色小吃：谷奶奶、晋升甜茶、平遥牛肉、平遥碗秃、莜面栲栳栳、卤干子、串串牛肚、丸子汤、沙棘开口笑、油花花、牛肉拌面、香椿腊肉饭。简简单单一桌菜，拂过了平遥2800年的历史。晋升炉食铺也曾多次被央视报道过，这款套餐也被誉为“驰名中外的地方美食风味”，曾被评定为“山西省非遗美食”。

天元奎饭店 位于南大街73号，始建于清乾隆五十六年（1791年），历经200多年的沧桑蜕变，如今的天元奎既保留传统的古韵味道，也是平遥古城的特色网红店。天元奎饭店是平遥经典的民宅古院，由数个大小套院组成，步入厅门，古朴雅致，坐在窗前，品一杯清茶，享一顿美餐，看南大街上车水马龙，内心顿觉清静释然。天元奎饭店传承的是平遥的地方特色菜，传统老味道唇齿留香，招牌菜肴有牛肉铜火锅、长龙茄子、山西过油肉、牛肉栲栳栳、泉水碗脱、麻花花拌汤、牛肉刀削面等上百种当地菜肴及面食，每一道菜都能体现出地道平遥味道。天元奎人气火爆，是平遥人气最旺的晋菜馆。

东湖老醋坊 位于南大街98号，是一座古香古色的店铺，一进门，一股浓香陈醋味扑鼻而来，这里就是——东湖老醋坊。醋是老祖宗留给山西人最宝贵的财富，历史上的老字号很多，如美和居、益源庆、宁化府等几十个品牌。1956年，美和居、福源昌等20余家酿醋坊公私合营，1957年申请“东湖”注册商标，成立了“山西老陈醋集团有限公司”。集团历经60多年，承袭着传统精酿工艺，精选优质高粱、大麦、豌豆、麸皮、谷糠五种制作原料，以蒸、酵、熏、淋、晒五大工艺和数十道工序为根本，经过“夏伏晒，冬捞冰”的天然酵化，凭借色、香、醇、浓、酸的独特品质和丰富的营养价值、保健功效，成为中国四大名醋之一。山西老陈醋酿造工艺于2008年被认定为国家级非物质文化遗产。

兴盛雷 兴盛雷在南大街就有经销店。平遥有加工牛肉的传统，其中名气较高的为道光年间开设的“兴盛雷”牛肉铺、同治年初开设的“自立成”牛肉店。改革开放后，兴盛雷家族人雷秉义组建了平遥县牛肉集团公司，在继承和发扬兴盛雷、自立成老字号的同时，创新发展了“冠云”品牌。平遥牛肉传统加工技艺有2000多年的历史，有相、屠、腌、卤、修五大工艺流程，每一道工艺流程都十分考究，不加色素，其色红润；不用佐料，绵香可口。2008 年，平遥牛肉传统加工技艺被列入《国家级非物质文化遗产名录》。

这条不长的商业古街，虽然经过百年浸润，处处已显苍老，但那曾经号令天下的风骨犹在。走在明清一条街，也便会深深理解联合国教科文组织对平遥的那句评述："中国古都，是把历史浓缩为宫殿，而古城平遥，是把历史溶解于民居。"

03 礼制思想与龟城布局

中国古代建造城市有着严格的等级标准和布局程式。大体来说，有两种截然相反的规划思想指导。

一个是西周时期成书的《周礼·考工记》，书中记载"匠人营国，方九里，旁三门。国中九经九纬，经涂九轨，左祖右社，面朝后市，市朝一夫。"它的意思是：古代工匠营建都城时，城市平面呈正方形，边长为九里，每面各大小三个城门。城内有九条南北大道、九条东西大道。每条大道宽度皆能同时行驶九辆马车。王宫的左边（东）是宗庙，右边（西）是社稷。

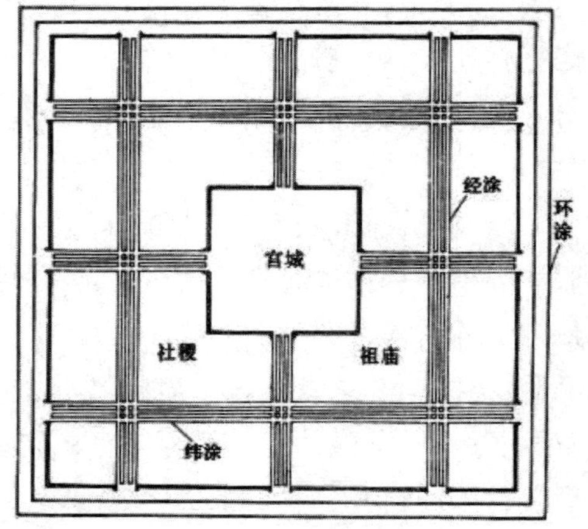

周王城形制

宫殿前面是群臣朝拜的地方，后面是交易的市场。市场和朝拜处为一百步见方，古代一步为 1.4 米，100 步就是 140 米，也就是说市场和朝拜处都是边长为 140 米的正方形。这种城市规划思想在古代一般用于政治性城市的建设，像西周都城、隋大兴城、唐长安城、元大都，还有明清北京城都是按照这种思想建造的。这种思想注重秩序和礼制，强调皇权至上、尊卑有序的概念。

另一个是春秋战国时期的《管子》营建城市的思想："立国凡立国都，非于大山之下，必于广川之上；高毋近旱，而水用足；下毋近水，而沟防省。因天材，就地利，故城郭不必中规矩，道路不必中准绳。”这句话的意思是：凡是建立大小都市，不是在大山之下，就是要在靠近大河的上部，地势高的时候不要接近干旱之地，而要接近水源，地势低的时候不要靠近江河，从而可以省去建沟渠。城市建设不必中规中矩，要根据地形和环境的条件建设，道路也没有必要笔直。很明显，管子的建城思想是强调根据自然，因地制宜，灵活建设城市，这种思想与《周礼·考工记》恰恰相反。历史上，一般多用于经济城市和较次级的城市，比如齐都临淄、唐代的扬州城、南宋的临安城等。这种思想受老子的“道法自然”思想影响较大。

而地处中原地带的平遥古城，是严格按照《周礼·考工记》的思想营造的，也就是严格依据汉族传统的“礼制思想”规划建设起来的，完全反映出明清时期汉文化的历史特色。从城池的规模来看，为“城方三里”。古代城市的等级与规模都遵循国家典章制度的“礼”序标准，不能逾越。最高等级的城市为国都，也就是天子居住的城市，即“城方九里”；其次为诸侯都城或后来的州郡府城，大的为“城方七里”，次的为“城方五里”；县城则一般为“城方三里”。平遥古城完全符合这一“礼”序等级，城墙的每一边长都是3里，也就是1.5公里。

再从平遥古城布局来看，体现了《周礼》“辨方正位”的思想。辨方正位在布局上，大至整个古城区、小至四合院落无不追求“人、天、地、建筑”之间的和谐，即“天人合一”思想的支配。这种关系主要体现在“五方四象、突出中心，强化中轴、西南为尊”等一系列汉族文化传统的“礼”序与习俗的布局程式。“五方”即东、西、南、北、中，“四象”指古代标志四方及四色的四种灵兽的符号，即左青龙、右白虎、前朱雀、后玄武。四方之内就是“中”，“中”是统治者的象征。“古之王者，择天下之中而立国，择国之中立宫，”象征帝王一统天下，平遥古城将象征政权的县衙，布置在了全城的中心。

平遥古城还设置了一条南北走向的中轴线，城内所有的建筑都以这条中轴线为基准，两侧对称排列。这条中轴线就是南大街，一座高耸的市楼统领全城建筑的中心。南大街的左方即东侧有文庙、县学、书院、文昌阁、魁星楼等文系列建筑；南大街的右方即西侧有县衙、武庙、教场等武系列的建筑。人们还会发现，城隍庙在东侧，在传统文化中，城隍被看作上天派下来的古城的守护神，地位要高于朝廷的命官；县衙在西侧，是统治者行使权力的地方。这样的布局形成了二衙并设，人神共治的格局。

礼制规划思想

此外，道观和寺庙的布局，也有着同样的文化渊源。道教是中国土生土长的宗教，有“道出东方”之说；而佛教起源于西方的古印度，有“佛自西来”的说法。所以古城才会有“左道右佛”的空间关系。南大街的东侧有清虚观、真武楼、火神庙、雷神庙等道教建筑；南大街的西侧有集福寺、白衣庵等佛教建筑。这种布局，既符合儒家的礼制要求，又融入了道教和佛教的文化内涵。

当然，平遥古城也不是100%中规中矩，把四面城墙都修成直线。因为在城池的南面有一条中都河蜿蜒流过，从而引发了古代文人“龟前戏水，山水朝阳，城之攸建，依此为胜”的感慨，把它筑为“龟城”。所以从高空鸟瞰整座古城，平面呈方形，犹如一只巨大的“神龟”，静静地卧在晋中盆地。一般古城有四个城门，而平遥古城却有六个门。这六座城门，南北各一座，东西各两座，分别是：南门迎薰门，象征龟头，面向中都河，城外原有两眼井水，井象征龟的双目；东西四座城门和瓮城两两相对，北门拱极门，象征龟尾，是全城的最低处，城内所有积水都要经此流出；上东门太和门，下东门亲翰门，上西门永定门，下西门凤仪门。六个城门都建有瓮城，十分有趣的是，上西门、下西门、上东门的瓮城城门均向南开，形似龟爪前伸，唯独下东门瓮城的外城门径直向东开，这又是为什么呢？原来，为了不让这只“神龟”溜走，带走当地的如意风水，古人发挥想象，在下东门外修了关城，把神龟的后腿（下东门）拉直，又用绳子绑好了拴在距城10公里的麓台塔上。因此，今天看来，平遥古城的东西四座瓮城里外门皆呈90度，唯下东门是直线的，借此象征着“神龟”向前爬行。平遥古城内还保存有四大街、八小街，七十二条蚰蜒巷，这些大街小巷犹如龟背纹图，构成了城内四通八达、井然有序的通行网络，体现出古人倡导的“天人合一”的思想。

龟城布局

这个传说和想象，表达出古人对神龟的崇拜。在民俗中，乌龟被赋予长寿之意，古城布局成“龟城”，寓意是希望借神龟之力，使平遥古城坚如磐石，金汤永固，永世长存。生活在新时代的我们，也借助神龟的寓意，期盼国家安康，人民幸福，世界和平。

04 三位一体的城墙结构

说到我国的古城墙，耳熟能详的就是南京古城墙和西安古城墙，毕竟从城市发展历史、发展地位和知名度等角度来看，这两座城市都是其中的佼佼者。而在山西省境内，也有几个名气很大的古城墙，比如近年来重新修缮、复建的大同古城墙、太原古县城、忻州古城等，但是最重量级的还是世界遗产——平遥古城墙。

这些古城墙，是古代的军事防御设施，由墙体和其他辅助军事设施构成。在以农耕文明为主的古代中国，人们过着定居生活，为了对外敌进行防御，也就自然而然发展出了城墙建筑，以守护自己的家园。人们常说的“城池”，实际上就是以作为防御设施的城墙和护城河来指代整座城市。城墙主要由墙体、女墙、垛口、城楼、角楼、城门、瓮城、护城河等构成，城外的护城河与蜿蜒的城墙、高大的城门共同构成三位一体的城防建筑体系。

平遥古城墙，最早建于西周宣王时期，当时为夯土城垣。明洪武三年（1370 年）重筑时由原来的“九里十八步”扩大为“十二里八分四厘”，即 6.4 公里，将夯土城垣改为砖石城墙，明清两代先后有过 25 次维修。今天看到的城墙平面呈方形，包括观敌楼、角楼、瓮城、垛口、墩台、护城河等设施。城墙规模大，保存完好，在古代军事防御和建筑技术上都有很高的研究价值和文物价值。

城墙的建筑材料 中国的古代城墙与西方的城堡不同，是用夯土打实、夯筑而成。古代工匠用熟土、砂石、石灰按一定比例混合就成了三合土，一层一层地打紧打实，每层打到 8~13 厘米时，就要加一层竹片、竹丝作为筋料，形成了“加筋土”。城墙上下并不是一般粗，而是下粗上细，这是为了把城墙做得更加坚固耐久，城墙坡度一般是 70°~80°，从横切面看，它就是一个梯形。到了明代，国力强盛，经济繁荣，所以有能力烧砖，对各地夯土城墙外皮进行包砖，成为砖城墙。今天看到的万里长城、南京古城墙、西安古城墙、平遥古城墙、大同古城墙等城墙，它们的内部都是夯土的，到了明代，才在外部包砌了青砖，成为巍峨凌空、气势宏伟、防御性更强的城墙。

古代夯土、包砖技艺

城门与城楼　“城门”是城墙防御工事的标志性建筑，也是城墙最为脆弱的地方，城门的基本功能为人们进出的通道。城门一般不只有一个，最基本的会在城池的四个方向各设一个城门，而城门的具体数量，视城市规模及周边地形而定，同时也受宗教信仰的影响。“城楼”指城墙上的门楼，是“城”的标志，其雄伟壮丽的外观显示着城池的威严和民族的风采。在古代的战争中，城楼处于城墙的制高点，是士兵登高远望的瞭望所，同时又是守城将领的指挥部。

平遥城墙的城楼共有六座，南北各一座，东西各两座，均创修于明代，清康熙四十二年（1703 年）补修重筑。建筑形制为三重檐二层檩歇山回廊式，通高 16.14 米，面阔五间，进深四间，采用抬梁式做法，造型古朴典雅，结构端庄稳健。登高远眺，城内外景物尽收眼底。南门是平遥古城的正门，叫“迎薰”门，“薰”有暖热的意思，“迎薰”是迎纳着东南方的和薰之风，隐含祥和美好、喜庆大吉之意。北门叫“拱极”门，“拱”是环绕、拱卫，“极”是北极星，意思是围绕着北极星，如众星捧月。上东门叫“太和”门，“太和”是中国古代哲学中的术语，寓意保持着自然的和谐，才能使万物各得其所，保证万固之安宁。下东门叫“亲翰”门，“翰”通“捍”，有“抵御、防卫”之意，暗喻武装满身、手持兵器的武士以浩然正气守卫着古城。上西门为“永定”门，为江山永固、城池永葆青春之意。下西门称“凤仪”门，“凤”即凤凰，是百鸟之王，意思是古代相传的吉祥瑞应。每个城门的文雅名称，读之古朴娴雅，品之则意味深长。

瓮城　又叫月城，是建在城门外的小城，它是为保护城门而设立的，城门是城墙上的薄弱环节，有了瓮城，就极大增强了城池的防御能力。瓮城里很小，四周又有高墙围护，所以侵犯的敌军一旦攻入瓮城内，一方面延缓了敌军的进攻速度，一方面城墙顶部的守军则可居高临下，四面组成交叉射击网，给瓮城内的敌人以致命的打击，正所谓“关门打狗”“瓮中捉鳖”。

平遥古城的瓮城，设计更为独特，它共设里外两道门，两个门不在一条直线上，而是呈 90° 的直角，这是有一定道理的：从科学角度讲，平遥位于山西省中部，黄土高原地区，风沙比较大，这样的修建可以防止风沙直接侵袭到城内；从军事角度讲，一旦瓮城的门被攻破，90° 的门缓冲了来敌的进攻力量，同时守城士兵还能居高临下，来个“瓮中捉鳖”。

角楼 在城墙的转角处，会建一方形或圆形的平台，再在上面修建角楼，它的功能与城楼相似，是供士兵和将领瞭望与指挥的场所，主要用以弥补守城死角即城墙拐角处的防御薄弱环节，从而增强整座城墙的防御能力。

平遥城墙的四个角楼均为砖木结构的二层楼阁，集防御和美观于一体。从建筑的外观效果来看，角楼介于城楼和敌楼之间，无论是军事上、还是建筑上来看，都具有过渡和呼应作用。从美学效果上讲，这些角楼点缀于厚重、笨拙的城墙上，增强了城墙起伏多变、虚实相间的空间效果。这四座军事据点还嵌有文化品位很高的匾额，分别是西北角的“霞叠”、东北角的“栖月”、西南角的“瑞霭”、东南角的“凝秀”。

马面与敌楼 “马面”是平遥古城墙上最独具匠心的设计。一般城墙外侧的墙面都是平直的，而平遥古城的城墙外侧每隔 60~100 米就有一个向外突出的方形城台，因为它形体修长，如同马的脸面，故称“马面”。马面上筑有瞭望敌情的“敌楼”，敌楼在平日可供士兵休息避雨，战时则存放烟火设备和檑木礌石等武器，借助凌空的建筑，组织抗击敌人的进攻。这样的敌楼共有 72 座，和城墙上的 3000 个垛口组合起来，隐含了孔子“三千弟子、七十二贤人”的历史典故。当马面和敌楼组合在一起就显示出强大的威力。一旦敌人兵临城下，每两座马面与大墙又形成了“凹”形，相邻的马面上的士兵可以组织成交叉射击网，让来犯敌人陷于三面包围之中，而一败涂地，彻底消除战场上的死角。60~100 米这样的距离正是古代弓弩有效的射击范围。

女儿墙 城墙上靠近城内的一侧有一道短墙，叫女儿墙，它主要起到对士兵的保护作用，减少他们遭受城下敌军攻击的概率，以及防止从高墙上掉落。宋代的《营造法式》上解释说：“言其卑小。比之于城，若女子与丈夫也。”意思是说城墙高大厚实，像大丈夫；女墙单薄短小，像弱女子。

【拓展阅读】女儿墙的故事

在平遥，女儿墙还流传着一段故事：早先在城墙上并没有女儿墙，有一次一位老人带着他的小孙女来到工地上做工。有一天，小女孩在城墙上看到一个昏昏欲睡的民工快要走到城墙边上，为了保护他，小女孩上前用力向里推他，不料用力过大，由于反作用力，民工得救了，但小女孩却摔到了城墙下失去了生命。为了纪念她，工匠们就在城上修起了矮墙，并把它叫作“女儿墙”。这是个感人的故事，但确实说明了女儿墙的保护性功能。

城墙本是战争的产物，平遥城的建设最早也是出于军事防御的目的，但是建成之后，宋朝经历过焚毁，金兵也曾攻入过这座古城，明清时期对古城进行了修建，民国时期经历了军阀混战、抗日战争、解放战争等，神奇的是平遥古城居然安然无恙。历经2800年的洗礼，平遥古城依然保持着原有的风貌。于是平遥人给它抹上一层浓浓的文化色彩，城墙上共有3000个垛口、72座废敌楼，那是象征着文圣人孔夫子的3000弟子72贤人。在庞大的军事设施上体现出浓厚的儒家思想，隐含着古人厌恶战争、祈求和平的理想。“敬畏历史、敬畏文化、敬畏生态”，是对社会历史发展规律、对自然界客观规律的深刻认识。

城墙结构

05　实景体验剧《又见平遥》

不看一场大型情景剧《又见平遥》，就等于没来平遥旅游。实际上《又见平遥》是平遥县于2011年投巨资建设的一个大型文化旅游产业区，总占地面积350亩。产业区共分三大板块，一是以《又见平遥》剧场为主的演艺区，二是以停车场为主的旅游服务功能配套区，三是以主题步行街为主的文化旅游展示区。2013年2月18日，《又见平遥》迎来正式首演，从此一炮而红。

《又见平遥》演艺区是一个下沉式大广场，沙瓦剧场矗立其上。它的设计灵感来源于古城内绵延起伏的屋面，同时运用平遥最具代表性的“土”与“瓦”，建造成一座标志性剧场。有高潮，有低谷，一波三折，起起落落，仿佛在演绎着一幕幕人生大戏，也展示着古城曾经的辉煌与沧桑。剧场建筑总高度为15米，为表示对平遥古城的尊敬，建筑单体将6米高度埋在地下，地上部分仅为 9 米，低于古城墙 12 米的高度。且单体建筑与古城墙的距离控制到 100 米，做到了新建筑临古城而不突出。

《又见平遥》演艺区

《又见平遥》由著名导演王潮歌执导，剧情是王潮歌在平遥采风后提炼和挖掘出来的故事，其背景取材于俄国十月革命时期，在沙俄做生意的平遥人受到巨大影响，家被抄、人被杀。在这种情况下，平遥城同兴公票号东家赵易硕宁愿抵尽家产，雇用 232 名镖师一同前往，不惜牺牲所有人的性命，也要保回分号王掌柜的一条血脉。结果 7 年过去，赵易硕本人连同 232 名镖师全部客死途中，而王家的血脉得以延续。整个演出通过“镖师洗浴”“选妻”“灵魂回家”“面秀”等几个片段，凸显了平遥人的道德传统，以及由这种传统而阐发的悲壮情怀。剧情最后升华到中华民族的“民族情”与“民族义”。它是一个关于血脉传承、生生不息的故事。

《又见平遥》首创了国内演出的观演模式——行走式，剧场内不设座席，没有舞台，观众边走边看，跟随剧情的发展变化，行走在不同的演出场景中。在这样的观演模式中，传统的观、演关系被打破，演员深入到观众中间，观众既是置身事外的看客，又是故事的亲历者。

【开场】观众进场，瞬间感觉穿越到 150 年前的平遥，古街上熙熙攘攘，人来人往，人在戏中，戏中有人。卖酒的商人会招呼你来尝尝新酿的好酒，出征的镖师会邀你共同祈祷神灵保佑，街上的行人会向你打听今时是何年何月，门口的管家会亲切地招呼你前来参加婚宴……你是剧中人！你跟着其他剧中人，走着、笑着、哭着、时而惊喜，时而难过。此时的你走进剧情，去亲历平遥城逝去的岁月，去参与古城人的离合悲欢，去见证历史留下来的瞬间。

【送镖师 · 洗浴】镖师半裸着身体，泡在大缸中，他们即将离乡押镖，洗个大澡，是镖师临走前的隆重仪式。村子里的人（观众）聚集在一起，参与这场隆重的送别。女人们为镖师擦去身上的水，用力在镖师的臂膀上咬上一口，据说，留下这样的印记，即使死了，也能找到回家的路。镖师悲壮上路，为的是仁义，从此山水迢迢，归家路遥遥无期。所有的人，明知是死镖，赵易硕接了，232位镖师也认了。汉子们将自己淹没在洗澡桶中的那几秒，是看破生死的沉溺。女人为男人擦身，在男人手臂上留下深刻的齿印，这可能是男人远走他乡，对家乡思念、对归期可盼的唯一希望。

【逛闹市·繁华】一眨眼七年已经过去，人们（观众）穿行在繁华的大街，染坊、剪纸、油纸伞、私塾，应有尽有，人们可以讨价还价，可以品尝美酒，可以练习剪纸……演绎着不同的角色，体味着情景体验剧带来的别样感受。突然，人们都涌向了南门广场，听说，七年前的镖师们，有消息了。

【还魂·安息】来到村头，本盼着200多镖师凯旋，却只看到14岁的王家小爷一个人带着232名魂魄回来了，城墙被血水染红，镖师们的魂在城墙上挣扎呐喊。原来镖师们都在路上牺牲了，那些忠魂伴着电闪雷鸣踏月归来，他们在城墙上踟蹰，念着家的温暖，恋着梦中的心上人，游魂不甘的倾诉与独白后，他们的魂能回来了，也就安息了。这一幕城墙上的演员众多，以灵魂的形式来表现，他们死了，可是他们也回来了，围绕在城墙周边。支撑他们回来的也许是信念，也许是对家乡、对家人的思念。

《又见平遥》“还魂 安息”

【选妻·起源】时光逆转，人们又回到镖师出行前的时光。这里是赵家大院，热闹非凡，原来是赵东家今天要选妻。数个妙龄女子站在幕后，依次看各个部位，脚、腰、臀、手、面，最后留下的，也就是万里挑一的女人，成为赵家的女人。完婚之后，赵易硕再无牵挂，筹措白银30万两，毅然离家远行，为的是保王家的一条血脉，赵易硕为此散尽家财，从此生离死别，家道中落。所幸，十月之后，贤妻不负众望，生得一子，但是自己却难产而死，这个坚强的女人临终悲言：“我生都生了，死就死了吧。”赵东家的妻子为了给赵家留下一条血脉，难产身亡是心甘情愿付出的牺牲；而赵易硕没同妻子诀别，是恰逢危局，且身不由己，夫妻二人都是为了同一个目标，都是顾全大局。

【穿越·责问】赵易硕魂回赵家，管家对他说，你不该去沙俄，虽然保全了王家的血脉，但自己却命丧沙俄，从此家族衰落。赵易硕却说他不后悔，干的就是这个事，做事就要讲诚信。“我复字分号王掌柜全家十三口，已经在沙俄没了，只留下一个独苗儿，我必得保他回来，让王家不断了血脉，这是平遥城的仁德，也是我赵易硕的仗义。”为仁义而去，却也亏欠了自己的家人后代。赵东家奔跑着，忏悔着，朝着家乡的方向，魂归故里，落叶归根。最后赵动情地说：“我就这么不停地跑，刮风我跑，下雨我跑，我就这么不停地跑，我要——回——家！”说罢，黑场，耳边传来“掌灯”的口令，侍女分列两排，手举红灯笼从高处下来，红灯掩映下，赵家大院气派的建筑还在，晋商诚信的灵魂还在，血脉传承的历史还在！只是赵家大院不再是曾经的赵家。

【面·故乡】最后，王家后人归乡认祖，一段段面舞，诉说着面和山西这片土地的渊源。“离家在外，吃到了面，也就算回家了。”一场别开生面的“面秀”之舞就此开始了。此舞另辟蹊径，由50余名舞蹈演员共同完成，通过阵阵飞扬的面粉，尽情宣泄游子对家乡的眷恋。一张张桌子上摆放着的雪白的面粉，演员们深深俯首其中，再陡然高高扬起，轻轻将其捧起又缓缓从指缝流淌，那种深情真是令人百感交集。“面”是山西大地最传统的文化符号之一，舞者以面诉说故事，面则以舞尽展春秋。这不仅仅是一场面舞，更是舞者在用面演绎岁月，那里有感恩、缅怀和敬畏。幕终是一碗面条，这碗面是叶落归根的需求！

《又见平遥》展示了对中华文化核心价值的传承和传播。这是平遥城的仁德，也是山西人的仗义，更是中华民族的传统美德。

踪迹二　中国票号第一家　汇通天下日昇昌

【引言】

日昇昌票号诞生200周年

平遥日昇昌票号诞生于1823年，被誉为中国“近代银行业的乡下祖父”，2023年是日昇昌票号诞生200周年。

2023年5月11日，由山西省晋商文化基金会举办的“日昇昌票号创建200周年纪念会”在太原迎泽宾馆召开。当天，来自省内外的政界、学界、金融界、企业界及各驻外商会的领导、教育家、银行家、企业家等近百人齐聚一堂，共同缅怀日昇昌票号的辉煌历史，讴歌山西票商的创新性贡献，为提振山西文化自信，建设数字引领平台，推动山西高质量发展出谋划策。

2023年7月23日，又见日昇昌·中国文化金融平遥大会在平遥古城举行。中国金融领域专家学者、金融机构负责人、新晋商代表、企业家等各界嘉宾相聚平遥，共享文化新盛宴、共启金融新空间。

2023年7月23日，由中共平遥县委、平遥县人民政府主办，平遥县文化和旅游局、平遥县文物所承办的“纪念日昇昌票号创立二百周年主题展览”在日昇昌票号旧址拉开了帷幕。“践行领袖嘱托 弘扬票号文化”纪念日昇昌票号主题展览，分为三个主题展览馆——“继往开来”“保护传承”“挖掘价值”。以文物资源为核心，以保护传承、挖掘整理为纽带，继往开来，全面深化对晋商精神的认知和影响力。

这些大会的召开，旨在讲好晋商故事、日昇昌故事，增强文化自信，挖掘晋商文化内涵，弘扬晋商精神；搭建文化、旅游与金融合作交流平台；建设中国金融业教育培训基地，打造文化金融领域品牌，助力山西高质量发展。

01　百年沧桑日昇昌

著名的文化学者余秋雨盛赞过平遥，他在《抱愧山西》中说“山西最红火的年代，财富的中心并不在省会太原，而在平遥、祁县和太谷，其中尤以平遥为最。”而在平遥的西大街，有一家百年老字号——日昇昌，被余秋雨评赏为“中国银行的乡下祖父”，这是中国历史上第一家票号，可以说世界上还没有华尔街的时候，这里已开创华尔街的事业。票号，是中国古代的一种金融机构，也被称作“票庄”或“汇兑庄”，因由山西人首创，又有“山西票号”“山西银行”的称号。票号即汇兑银票的处所，在中国封建社会中有着类似近代银行的功能。

日昇昌票号从道光三年（1823 年）创办建号，到发展壮大、繁荣兴旺以及衰落倒闭，一直延续到 1923 年，整整 100 年，曾经执中国金融界之牛耳，开中国银行业之先河。在它创立之后，山西富商大贾竞相效仿，而后南方的票号也相继崛起，形成了全国性的金融网络，促进全国金融流通，加速资本周转，对清末民初商业贸易的发展做出了杰出的贡献。日昇昌票号堪称中国金融业的典范。

★ 从颜料庄到票号

时间回到 200 多年前的清朝，平遥城西 3 公里处的达蒲村，有一家姓李的富商大户，经营着一家叫“西裕成”颜料庄的颜料生意。当时，经营颜料是平遥商人的一项主要财源，李氏以平遥为根据地，大力拓展颜料庄的生意。先是在达蒲村设立有加工颜料的手工作坊，继而又在平遥的西大街设立总号，后又在北京崇文门外草厂十条南口设立分号，还相继在四川、沈阳、天津等地设立了分号。嘉庆年间，传到李大元、李大全兄弟俩继承祖业，没过几十年，颜料庄在北京的分店已经形成了垄断的经营态势，以其规模大、资力雄厚而居众商之首。

当时，平遥、介休、祁县、太谷、榆次等县的商人，也在北京开设各种商号，每逢年终结账，他们都要往老家捎银两，在当时这些银两都是靠雇用镖局运现，运费既高，又不安全，还容易出差错，商人们颇感不便。于是有人将银钱交给北京的西裕成分号的经理——雷履泰，原因是雷履泰的人品好、信用好，大家放心。然后请他给平遥总号写信，待他们回到平遥总号后，再从总号取款。起初不过是朋友、亲戚之间的两相投兑，没有费用。时间一长，人们感到这种方法既方便又保险，愿意支付一定的手续费，当时大约是 1%，这个费用既比镖局运现要少得多，又安全可靠。

【拓展阅读】镖局运现

古代的货币是白花花的现银，那么，这些现银怎样安全地从一个地方运输到另一个地方呢？过去，山西商帮遍布全国各大商埠，白银的流通量很大，就出现一种专门为人保护财物或人身安全的机构，叫作“镖局”。开设镖局的以山西人居多，著名的如北京兴隆镖局、太谷曹家镖局、平遥同兴公镖局、张家口三合镖局等。比如，商人想把10000两银子从北京运到平遥，就得找镖局雇用武艺高超的镖师，谈好价格，镖师押送这些现银到达目的地。当时的运输工具是骡子，叫“骡驮子”，每一驮可驮银3000两。

“日昇昌记”匾额

等到年终财务结算时，雷履泰不算不知道，一算吓一跳，原来不经意间的手续费反而比苦心经营的颜料庄的收益还多！精明的雷履泰感到这个生意获利的空间很大，如果能大力发展，开创一个全新的商业领域，必然会生意兴隆。他把这个大胆的设想汇报给财东李大全。而此时，李大全正发愁呢，原来由于经营理念和处世观点不同，李大元、李大全兄弟之间摩擦不断，最终分了家，分家后，哥哥李大元分到了达蒲村的作坊；弟弟李大全分到了商铺的总号和各地的商号，却因为没有货源，经营上遇到了困难。此时，天赐良机，李大全、雷履泰一拍即合，于是李大全放弃了颜料生意，改为专营汇兑业务的票号，投资30万两白银，并且重新起了一个响当当的名字——日昇昌，是希望票号“旭日东升、繁荣昌盛”，这一年是清道光三年（1823年）。而此时的西裕成确实已具备开设票号的条件，一是有雄厚的资金，二是有良好的信誉，三是有干练的人才，而雷履泰在日昇昌的创办和发展中成为不可或缺的关键人物。

结果可想而知，日昇昌票号日进斗金，盈利颇丰，成为中国历史上第一家票号，它历经一百多年，曾经“执中国金融之牛耳”，以“汇通天下”而著名，创造了山西商业史上的奇迹。

日昇昌票号的创立

★ 日昇昌票号第一个发展时期

从 1823 年创办到咸丰年间，是日昇昌票号第一个发展时期。在这个时期，日昇昌的经营业务以汇兑为主，存款、放款则寓于汇兑之中。经营对象则以工商铺户为主，主要是晋商中的江南米帮、丝帮、盐商，还有一些零星的小商小贩，也有官吏，但为数不多。

日昇昌票号成立后，雷履泰深入调查了晋中商人所经营的药材、棉布、茶叶、绸缎、杂货等商品的进货特点，选派了一些精明干练、诚实可靠的伙计，先后在汉口、天津、北京、济南、西安、开封、成都、重庆、长沙、厦门、广州、桂林、南昌、苏州、上海、扬州、镇江等地设立分庄，并与这些城市的山西商人建立联系，招揽汇兑生意。此处交款，异地取钱，手续既简便，信用又可靠。这样一来，不但晋商开设的商号与日昇昌票号交往频繁，而且外省人所开的商号，特别是沿海一带的米帮、丝帮、盐商等也喜欢和日昇昌票号打交道。于是，日昇昌票号门庭若市，一片兴旺景象。特别是咸丰年间，我国商业发展很快，日昇昌票号的业务量也很大。据日昇昌清江浦（今江苏淮安）、苏州、江西等 4 家分号 1852 年、1853 年、1856 年的汇兑收交统计，收汇款达 693967 两，交汇款达 678528 两，可见其繁荣昌盛。

★ 日昇昌票号第二个发展时期

从咸丰末年（1861 年）到辛亥革命（1911 年）前夕，是日昇昌的第二个发展时期。第二次鸦片战争以后，清朝官吏腐败骄奢，贿赂成风，社会动荡，盗匪丛生。这时候票号的服务对象转向以官吏、豪绅和工商铺户并存为主。尤其是经过太平天国革命之后，官府与票号的关系更加紧密，军饷、赔款、丁粮、厘金、赋税和官府财政款项等也都由票号过局。这个时期是日昇昌发展的极盛时期。

据 1906 年对日昇昌票号 14 个分号汇兑的统计，收汇款高达 1633660 两，交汇款达 15891544 两，日昇昌票号的汇兑额扩大了，规模也更加扩大。一纸汇票一到，10 万、100 万两的现银立即到手。但是这种依靠封建政府而获利的业务模式也为日昇昌日后的衰落埋下了隐患。光绪二十六年（1900 年），八国联军进攻中国，慈禧太后和光绪皇帝逃往西安，路经平遥，日昇昌票号是当时主要筹款的票号之一。为此，山西巡抚岑春煊给日昇昌送了一块“急公好义”的牌匾。另外，洋务运动中，日昇昌票号与近代工业企业挂钩，为近代工业的发展也做出了很大贡献。

★ 日昇昌票号日落西山

随着辛亥革命的成功和清王朝的灭亡，日昇昌和其他票号一样都遭到了前所未有的打击。当时，票号面临的危机主要有以下几个方面：一是外国银行的入侵，中国银行、官银钱号的相继设立，使票号的竞争对手增多，处于不利地位；二是帝国主义不断侵略，国内战乱连绵不断，动荡的社会环境严重破坏了还很脆弱的商品经济，票号受到了很大影响；三是国内交通、通信的发展使得金融流通加快，票号的优势开始减退。

人们常说“富不过三代”，辛亥革命前后的日昇昌已经没有了雷履泰时期的创新、开拓精神，而安于现状、不思进取、故步自封则是日昇昌衰败的内在原因。日昇昌曾经多次失去历史给予的机遇。1904 年，清廷组建大清户部银行。1908 年，户部银行改组为大清银行。其间，清廷两次邀请包括日昇昌在内的山西票号参与入股，都被平遥总号拒绝了。就这样，山西票号错失了改组成现代银行的机会，也失去了做大做强的机会。特别是，大清银行成立以后，绝大多数官银汇兑业务都交给了大清银行。这对于严重依赖于官银汇兑业务的山西票号来说，几乎是致命的打击。

辛亥革命后，山西票号迎来倒闭关门的潮流。就连有“汇通天下”美誉的日昇昌票号，都不可避免地走向了衰落。1914 年农历九月，日昇昌北京分号经理侯垣因担保祁县合盛元票号受到牵连，被债权人起诉，潜回平遥，当时的日昇昌大掌柜郭树柄胆小怕事，怕被牵连，连夜潜逃，致使在金融界活跃 90 余年的日昇昌被查封，面临破产的危机。就在这危难关头，早已离职的二掌柜梁怀文回到日昇昌，1915—1923 年，梁怀文用了 8 年的时间清理账务工作，日昇昌终于还清了所有债务，避免了彻底倒闭的命运。1923 年，日昇昌重新复业，经债权人同意，以债权入股，保留日昇昌的招牌，梁怀文任总经理，勉强维持经营，不过此日昇昌已非彼日昇昌，东家也并非李家，规模也大大缩小，分庄除北京、天津等外，其余全部收撤。1932 年，日昇昌票号改为日昇昌钱号，此时 75 岁的梁怀文告老还乡。直到 1953 年公私合营，苦苦支撑了 100 多年的日昇昌彻底关门歇业。“天下第一号”也随着时代的变迁，退出了历史舞台。

【拓展阅读】日昇昌之殇

1914年10月，天津《大公报》刊出了一条轰动中国商界的大新闻，报道日昇昌倒闭。如下："彼巍巍灿烂之华屋，无不铁扉双锁，黯淡无色；门前双眼怒突之小狮，一似泪下，欲作河南之吼，代主人喝其不平。前日北京所传，倒闭之日昇昌，其本店耸立其间，门前当悬日昇昌金字招牌，闻其主人已宣告破产，由法院捕其来京矣。"

02　拔乎其萃雷履泰

票号的创始人——雷履泰，是一个商业奇才，金融界泰斗。雷履泰生于清乾隆三十五年（1770年），卒于道光二十九年（1849年），山西平遥县龙跃村（原细窑村）人，从小读书，聪明好学，学识超群。年轻时因父亲早逝，不得不中断学业，来到平遥城内的商号当学徒，学做买卖。后来到了城内北门头拐角一家"宝房"——押宝的赌场当看宝盆的把式时，因为他精于计算、办事干练，被西裕成的二少爷李大全闲逛时看中，请到了西裕成颜料庄。他先从跑街做起，之后被派到汉口当执事，又回到京师当分号经理，最后回到总部当了大掌柜。

雷履泰塑像

雷履泰最大的贡献是创办了中国历史上第一家票号——日昇昌。作为封建商人的雷履泰，能抓住时机转营票号，不仅开创了我国金融史上专管存、放款和汇兑业务的金融机构，而且在总结前人经商经验的基础上，制定出了许多经营管理制度，诸如两权分离制、顶身股、严格的号规、学徒培训、抽疲转快等经营方法和规章制度，这些方法、制度至今还对我们有所启示。可以说，他把毕生的心血都倾注给了票号。雷履泰70岁寿诞时，平遥商界赠其"拔乎其萃"金字牌匾，以褒扬其首创票号之功绩。下面是几则关于雷履泰的传说故事。

"拔乎其萃"
雷履泰

★ 中国第一张汇票的产生

李大全请雷履泰进了西裕成颜料庄不久之后，又安排他去了北京分号。刚开始，雷履泰每日都和京城的富家子弟吃喝玩乐，并且用200两银子买了一只百灵鸟，巨大的开销让分号入不敷出，分号掌柜向李财东告急，李财东告知分号，不要去干涉雷履泰，但要知道他每天都和谁在玩，在做什么事。

话说雷履泰将百灵鸟送给的不是别人，而是当时的爱新觉罗·旻宁太子，也就是后来的道光皇帝。一日，雷履泰进宫，见太子愁眉不展，问及缘由才知道，由于年成不好，救灾粮草和饷银时常被劫，导致国库空虚。雷履泰心念一动，告知太子，如能见到皇上，他有办法解决此事。就这样，雷履泰就把不用劳师动众，又能防止现银被抢劫的汇票的想法告诉了皇帝，嘉庆皇帝十分认可，但因为以前从来没有这种先例，就让雷履泰以西裕成颜料庄为名誉，向民间筹储银两放贷获利，以资国库空虚。就这样，中国第一张汇票就在雷履泰的策划下诞生了。而在雷履泰的精心打理和运营下，国库日渐充盈，雷履泰也得到了更多支持，终于在道光三年，成立了日昇昌票号，中国历史上第一家票号就这样诞生了。

★ 雷履泰与毛鸿翙之争

在日昇昌，雷履泰作为票号创始人，总理日昇昌业务，主管票号的大方向，他老成持重，深谋远虑；二掌柜毛鸿翙，主管票号的具体实施，他年轻有为，思想活跃。他俩都是很有作为和才干的人，开业之初，他们能团结一致，相处融洽，同舟共济，使票号越做越大，日昇昌的名号在票号界越来越响亮。

但是随着日昇昌业务繁忙，分庄增加，用人甚多，二人之间开始有了分歧，雷履泰认为日昇昌的产生与发展壮大为自己一人的功劳，踌躇满志，唯我独尊，分配人员、处理业务时，每每颐指气使，独裁专断，从而引起毛鸿翙的强烈不满。随着二人互相猜疑，“一山容不得二虎”，二人的矛盾日益尖锐，甚至到了水火不相容的地步，毛鸿翙就萌生了取代雷履泰的念头。

有一次雷履泰病了，但是他并没有离开票号，而是在票号内一边养病，一边办公。毛鸿翙向年少的少东家李箴视建议，让雷履泰回家养病。他想借此机会取代雷履泰，执掌票号大权。不经事的少东家不解其意，居然让雷履泰回家养病。雷履泰表面答应，却给各分号写信，准备撤取自己建立的分号。少东家看到雷履泰案头放的那些撤分号的信，不由大吃一惊，跑到雷履泰的房间再三解释，甚至跪下恳请雷履泰，僵持了很久，雷履泰才让他起来，说：“让我回去，大概不是你的主意，其非毛某乎？”此时的少东家才知道雷、毛之间的矛盾。之后，雷履泰虽然答应不撤分号，但长久不到号内，少东家自知理亏，就每天派人送酒席一桌、白银50两。这时的毛鸿翙看到少东家如此看重雷履泰，便辞职出号。

毛鸿翙被排挤出日昇昌后，被介休“蔚”字号财东侯荫昌发现。侯氏家族是到苏杭一带贩卖绸缎起家的，极盛时商号达60多处，资产有七八百万两，看到日昇昌日进斗金，也想经营票号，苦于没有人才。当得知毛鸿翙被迫辞职的事情，便第一时间高薪把毛鸿翙聘请过来，委以重任。毛鸿翙则感激侯氏的知遇之恩，在他的精心策划下，道光六年（1826年），侯氏投资9.5万两白银，将蔚泰厚绸缎店改组为票号，这是中国历史上的第二家票号。随后，侯氏把蔚丰厚、新泰厚、蔚盛长、天成亨均改为票号，这就是山西票号史上著名的“蔚”字五联号。

至此，雷、毛的阵营已经基本排布好了。刚开始，雷履泰和毛鸿翔的争斗还局限于个人意气之争，相互间以对方的名字作为其子孙的名字进行攻击。例如，雷履泰给自己的儿子取名雷鸿翙；毛鸿翔反戈一击，给自己的四个孙子起名叫毛履泰、毛履祥、毛履廷、毛履恭。两人真是水火不容，这种争斗直到雷履泰去世才告一段落。与此同时，雷履泰、毛鸿翙在各个城市进行激烈的竞争，毛鸿翙处处以日昇昌为竞争对手，日昇昌在哪开设分号，蔚字号也开在哪里，毛鸿翙还利用他原来的人际关系，到处招揽生意。雷履泰亦暗自加劲，毫不示弱，他用雄厚资金，减息放款，加息存款，汇费少收等法，广争顾客。结果，两人的这种激烈竞争，反使山西票号业迅速发展起来。

★ 道光皇帝赐字“汇通天下”

在日昇昌最深的院落里，挂着一块蓝底金字的匾额——“汇通天下”，据民间传说是道光皇帝亲笔所书。1840年6月，第一次鸦片战争之后，清政府被迫签下了第一个不平等条约——《南京条约》。条约里有一项规定，便是清政府向英国赔款2100万银圆。当时的清政府完全没有能力支付高额的战争赔款；而各省被摊派的税收任务，需要很长时间才能运到上海。此事很快传到雷履泰的耳中，他凭借全国的30多个分号，在极短的时间内将全国各地的资金如数汇解到日昇昌北京分号。当道光皇帝手持日昇昌的一纸汇票时，不禁感叹道：“好一个日昇昌，竟能汇通天下！”从此，日昇昌北京分号写为“京都日昇昌汇通天下”，名声大振。从此，“汇通天下”成了日昇昌的金字招牌。

我们来分析一下这个故事：第一，这段民间逸事，口口相传，历史上没有文字依据。但必须承认，在封建社会，皇帝的御笔赐字，绝对具有轰动的广告效应，这也是在金融机构林立的状态下，日昇昌票号能够一枝独秀的重要原因。第二，日昇昌票号步入鼎盛阶段时，设立的分号增加到35个，同时与外国来华设立的银行，如英国汇丰和麦加利、美国花旗、俄国道胜、德国德华、日本正金等银行也经常发生业务往来，“汇通天下”也名副其实了。第三，晋商在明清商界驰骋500年，足迹不仅遍布中国大陆，而且远涉蒙古、俄罗斯、日本、新加坡等地，他们经营项目广泛，尤以金融业名震海内外，山西票号被称为“汇通天下”，山西票商被誉为“第一商人”。“汇通天下”四字，是对日昇昌票号的最高褒奖与肯定，是票号的志向，是票号的主要业务，也是它收入的主要来源。

03　成功之道启后世

日昇昌票号经营时间长达一个多世纪，经历太平天国、甲午狂飙、庚子风云的洗礼，能浪里泛舟，历久不衰，盛极一时，自与其经营管理制度、严格的用人制度、诚信经商的理念分不开。

★ 两权分离制

晋商足迹遍布全国，店铺丛生，涉及行业众多，但各个商号、票号运行高效有序，用人是最关键的因素，特别是东家与大掌柜之间的精诚合作聘用，完全是建立在信用和才干基础上的。晋商商号经理的聘用标准是“用人唯贤，唯才是举”。在这方面，晋商们总结出了一套经验，形成了两权分离制，即所有权与经营权的分离：财东（东家）拥有商号的所有权和利润的分配权，类似现在企业的董事长，大掌柜拥有资金运用权、职工调动权和业务经营权，类似现在企业的总经理，二掌柜相当于副总经理。

掌柜是由财东经过多方考察后、凭信义出重资聘请的，他在号内享有至高无上的权力，经营决策、分号设置、职工录用、人员调配皆由掌柜决断，与财东无关。这样，掌柜的在任期内，可以最大限度地发挥他的才能，能够从容地调动人、财、物，从而达到最高的经营水平，取得最佳的经营成果。如果业务有起色，财东则加股加薪，反之则减股减薪，如反复没有亮点，用不着财东谈话，掌柜自知无趣，就请辞了。

晋商财东

聪明的财东知道，要想让掌柜最大限度地发挥他的才能，就必须最大限度地给他自主权。这样，在严格的制度和充分的信任之下，在漫长的两权分离过程中，晋商很少有掌柜坑害东家，甚至卷款逃走的现象。晋商的票号分号遍布全国各地，甚至开往日本、朝鲜、俄罗斯等地，从未出现过内外勾结、假票套现等行为。

同时，票号给财东也制定了严格的号规：财东平时不得在号内住宿、借钱，不得指挥号内人员为其办事，不得保荐学徒，不得干涉号内用人事宜，也不得用票号的名义在外活动，享有所有权的财东只能在年底结账的时候，行使任免掌柜的权力。这个用今天的话来说，就是“三大纪律八项注意”了，约束了财东，掌柜才能放开手脚干起来！

两权分离制

★ 人身顶股制

现代企业里，我们经常听说“股份制”，就是有股就有分红，你投资的钱，相应地会有红利。但是你听说过“人力”也会分红吗？

其实，在历史上的晋商商号里，就普遍采用“人身顶股制”，俗称“顶生意”，简称“人身股”。根据史料记载，人身顶股制萌芽于明代的贷金制、伙计制，发展和兴盛于清代及至民国初年，是晋商独创的一种劳资组织形式。徐珂在《清稗类钞》中指出：“出资者为银股，出力者为身股。”正所谓“有钱出钱，有力出力，出钱者为股东，出力者为伙计，东伙共而商之。”人身股是职工以在商号的劳动所顶的股份，不交银两，却与财东投资的银股一样，享有同等分红的权利。类似今天的干股、技术股、职工股，只是这些人不需拿真金白银去买股，也不负盈亏责任，在店里工作的时间越长，股份越多。晋商的人身顶股制包括以下内容：

第一，顶人身股的条件。一般来说，商号里的学徒成为正式员工之后，才具备顶身股的资格。通常是大掌柜最高，顶 1 股，其次是二掌柜、三掌柜，顶九厘或八厘，其余以此类推，最低是普通员工，顶一二厘。

【拓展阅读】大盛魁的身股

在大盛魁里，顶一二厘者可管点杂事、接待客商等；顶三四厘者可在柜上应酬买卖，但大事不能做主；顶五厘生意者，就已经进入中层，可以定夺一些较重要的生意，独立开展业务；顶七八厘者，已是商号的里外一把手，大宗交易可直接拍板，盘点分号，核算盈亏，甚至掌管全局；顶九厘者，非大掌柜、二掌柜莫属，他们不管日常营业，专决断重大疑难，进行战略决策。大盛魁比较特殊，没有顶整股的，顶九厘就是最高的。

第二，人身股的考核与晋升。谁可以顶股，股份顶多少，由财东根据职工的任职时间、能力、贡献大小决定。每遇到大账期（3~4 年），商号都要进行人事考核，把考核的成绩计入股本账。成绩好的，在账期期满后都要晋升一级。这说明，当时晋商已经把劳力当作资本，对劳动力资本的衡量与考核，说明他们已经注意到了劳动者的数量和劳动的质量。

第三，人身股的分红。人身股在账期结束的时候与财东的银股一起参加分红，赢利越多，分红越丰。分红一般按“银六身四”的比例，即银股分红利的 60%，身股分红利的 40%。不同的商号，一股的货币资本的数量是不同的，有的商号一股高达一万数千两白银，如票号等大型金融类企业；有的只有数百两，如一些中小型商号。所以不同商号人身股的含金量是不同的。

第四，人身股的继承和退出。人身股不能转让，享有人身股的职工被辞退、解雇或者自动离职，人身股当即终止。享有人身股的职工退休以后，其原有股份照常分红；死亡之后仍可以享受 1~2 个账期的分红，但是家属子女不能继承。

第五，人身股职员的薪酬保障。顶有人身股的职员，没有薪金，每年发给一定的“津贴”，即每年可按其所顶股份领取一定数量的“支使银”，又称“应支银”。应支银多者四五百银两，少则一二百银两，分四季支用。到账期分红时，无论应支多少，都从个人应得的红利内扣除；倘若营业很差，无红利可分，则顶身股者每年的“应支银”由号内支付，其余毫无分文。

票号就通过上述做法，把员工的个人利益与商号的利益、财东的利益紧密联系在一起。人身顶股制以“以人为本”的理念大大调动了员工的工作热情与上进心，使全员利益捆绑，共存共荣，是一种好的人力资源激励制度。

在当时，7 两银子就可以供一个家庭一年的普通开销，一个知县一年的俸禄也只有几十两至一百两银子而已，所以当时出现了很多秀才争着去票号工作而不愿意参加科举考试的现象。

人身顶股制

★ 人才的培养——学徒制

当今世界日新月异，已经把世界各国的发展从资源、资本的竞争推向人力资源的竞争。而500年前的晋商，就已经注意到人才的培养了。

新员工进入商号，称为学徒，晋商商号对学徒的选拔有严格的规定，必须具备两个条件：①必须是山西本地人，这样既便于管理，易于了解学徒的基本情况；又惠及同乡，伙友的乡土观念和感恩思想，增强了店铺的凝聚力。②必须有同人担保，即由家境殷实者或德高望重者担保，一方面确保选出来的员工是优秀的，同时确保对员工的约束力。

选拔员工还有三条原则：①用乡不用亲，“用乡”就是选用本乡本土的人，是为了利用乡情加强凝聚力；“不用亲”是要回避亲戚，为了严格管理制度。②择优保荐，指录用人必须有保证人推荐，这样可以杜绝人情干扰，优化人员素质。③破格提升，即一旦发现人才，会打破常规，破格提升，委以重任。

商号选拔好人才后，还要进行考查和考试，主要包括：①考查身世。要考查新员工的家庭，要求三代以上没有偷盗等恶劣行为，身家清白，相当于进行政审。②面试学徒。由主考人当面考察新员工的相貌、语言、举止，甚至珠算、书写等方面的技能。据说在晋商票号中的考查环节中，还设有一双铁鞋，新员工进号时，要先让他穿一下这双鞋，如穿不进去，说明年龄已经超过规定；如果穿下太大，说明年龄太小。一双铁鞋，说明商号选人制度的严苛。

有了上述条件、原则和考察后，才保证了晋商在人才的引进、培育、使用，能在清晰的模式之下进行，为晋商商号开遍全国乃至全世界提供了人才质量的保障。新员工通过层层考核后，名曰“请进”，称为学徒，学徒需要经过少则3年，多则5年、8年的训练后，才能成为商号的正式员工。学徒的训练分以下三个阶段。

第一阶段，日常杂务和职业道德训练。

学徒首先进行的是基本的日常礼仪的培训，一般是1年左右。日常生活礼仪培训包括：打水、烧水、扫地、冲茶、铺床叠被、侍候掌柜等，这些都是学徒每天的基本功。同时还要经过严格的“站”“坐”“睡”的训练。站要做到：一般从早上六点开门，到晚上十点左右关门，每天要站十四五个钟头，俗称“站柜台”，而且必须是“挺身稳立，沉重端严，不可倚墙靠壁、托腮咬指”。坐则要求：“务必平平正正，只坐半椅，鼻须对心。切勿仰坐偏倚，仰腿赤足。”睡要做到：“屈膝侧卧，闭目吻口，最忌者瞌睡岔脚，露膊弓膝。”

同时，还在道德和修养方面进行训练，考查其是否忠诚勤奋，有无潜力，是否适合做票号生意。比如，把银子放在不起眼的地方，看学徒如何处理。职业道德培训这一年要做到“重信义、除虚伪、节情欲、敦品行、贵忠诚、鄙利己、奉博爱、薄嫉恨、幸辛苦、戒奢华”。学徒第一年的培训，其艰苦辛勤，从学徒工作规矩可略知一二：黎明即起，侍奉掌柜；五壶四把，终日伴随；一丝不苟，谨小慎微；顾客上门，礼貌相待；不分童叟，不看衣服；察言观色，唯恐得罪；精于业务，体会精髓；算盘口诀，必须熟练；有客实践，无客默诵；学以致用，口无怨言；每岁终了，经得考验；最所担心，铺盖之卷；一旦学成，身股入柜；已有奔头，双亲得慰。

第二阶段，业务学习，包括文化课和专业课的学习。

文化课有习字、四书五经，学习蒙、汉、俄语等；业务课有珠算、抄录信稿、记账、写信、了解商品性能、熟记银两成色等。通常是由老员工或掌柜口传训练，教念“平砝银色折口诀”和其他商业教科书，也可以做一些帮账、抄信的事务。

写字，一般是学写小楷，学徒必须练就工整、好看的字，俗称“买卖人字”，文字必须大小均匀、清秀。抄写的主要内容是商号的往来信件，抄写的过程中能够了解整个分号与总号之间的业务关系往来，借此熟悉商号、票号的运作流程。珠算，要在晚上关门后练习，背口诀、记位数，要求既快又准，一般是管账先生结账时，让伙计们打算盘，他故意把数字念得特别快，看谁出手快、打得准，数字念完后，让各人报数，看谁打得对。

第三阶段，在柜上跟着师傅学习做生意的技巧。

学徒经过以上两年的艰辛但扎实的基本功的训练，经过“考试”并合格后，就可以跟着师傅“实战”了。这一阶段的训练，一般只限于有培养前途的学徒，一旦训练完成，即可派往分号独当一面，成为骨干力量。

从以上各个环节可以看到，晋商对新员工的培训，不仅在技术方面有基本要求，而且在道德方面有要求，通过德才的全面培养，为晋商储备了源源不断的骨干人才。

人才的培养——学徒制

★ 票号的防伪方法

山西票号为了保证异地汇款所用汇票的真实性，且不发生使用假票、伪票冒领款项的事情，创立了一套巧妙的防伪方法。

下图是一张光绪二十六年（1900 年）日昇昌票号京都（北京）分号的汇票，要想拿着它在日昇昌汴城（开封）分号兑换成白银，票号的账房先生是怎么操作的？

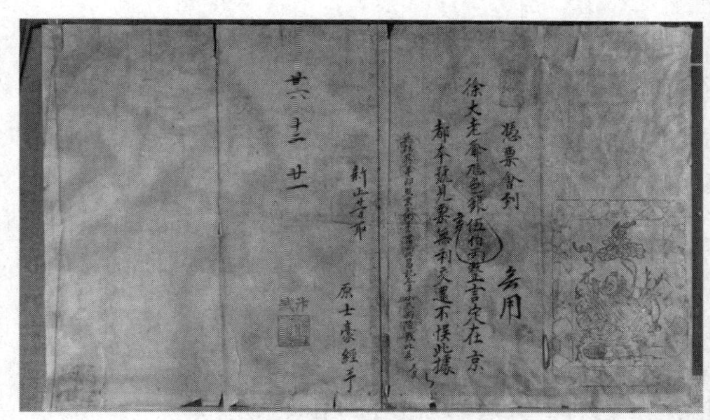
日昇昌票号的汇票

山西票号为了保证异地汇款所用汇票的真实性，创立了一套巧妙的防伪方法，主要有以下四种：

第一种，辨识水印。各家票号的汇票要用专业纸，统一在平遥印制，内加“水印”，如日昇昌票号的汇票在四个角上分别印有“日”“昇”“昌”“记”四个水印字，以防盗版。今日各国所发行的纸钞，几乎无一例外地采用了水印作为防伪手段之一，说明此项技术在国际上得到了普遍认可。

第二种，辨识笔迹。中国的毛笔字千变万化，各分号书写汇票，会指定专人用毛笔书写，其字迹在票号及各分号预留备案。平遥总号和北京分号的文牍先生和账房先生彼此熟悉对方的书法及写字习惯。制作汇票的时候，由一个文牍先生誊写票券，汇兑的时候，北京分号的账房先生可以轻松辨认是否是平遥总号的文牍先生的笔迹。

第三种，查看印章。汇票书写完成，还要盖上票号的专用印章。晋商的印章有一个严密的用印体系，比如按照功能分类，有抬头章（福、禄、寿、喜等）、压数章（菱形）、落地章（商号名称）、骑缝章、防伪章等，它们形状不同、纹饰多样，体现了功能性和艺术性的结合。信纸起首有一个印章是抬头章，在票号上的数字上盖章是压数章，信纸落款处会有落地章，一式两份的信纸，会在两份中间加印一个骑缝章，章印吻合才可以取出。此外，商号书信中的某个位置还会加盖一个微雕印章，用来防伪。

【拓展阅读】微雕印章

微雕印章是在比巴掌还小的印章上，用蝇头小楷刻满《兰亭集序》或财神等图案，一般用牛角或犀牛角刻成，可谓精美绝伦。票号甚至在刻印防伪章时还要“留一手”，让工匠故意刻错字，让不知情的外人更加难以仿造。如果涉及金额数量特别大的，大掌柜还要亲自签字并加盖印章。

第四种，汉字密押。为了防伪，票号还普遍采用一种类似于今天密码的防伪方法，即每张汇票的汇款日期、金额都采用汉字代表数字的密押，这就是“汉字密押”。由于各票号的汉字代号各不相同，所以大幅提升了汇票的安全系数。

【拓展阅读】日昇昌票号博物馆的一份防假密押

“谨防假票冒取，勿忘细视书章”，听起来像是叮嘱小伙计谨防假票冒取，其实 12 个字代表一年的 1~12 个月；

“堪笑世情薄，天道最公平。昧心图自利，阴谋害他人。善恶终有报，到头必分明”，表示 1~30 日；

“坐客多察看，斟酌而后行”，表示银两数字的 1~10；

“国宝流通”，表示——万、千、百、两。

如：某年九月十五，某票号签发了一张 28400 两的汇票，那么在券上就会有这样两行字“客国而宝察流通”与“细利”，这样，除了票号内部的专门人员能看懂之外，别人一概不知。

实行汉字密押，是很难伪造的，并且定期改变和更换，一般是 3 个月换一套，以防泄密。如日昇昌票号经营了 95 年，就换了 300 套“密押”。汇款人、持票人是无法知道的，只有票号内部专人才能辨认真假。由于采用了这样一套严格的保密手段和挂失制度，用假汇票冒领的事件绝少发生，这样就保证了主客双方的利益；而且各票号对汇票管理极为严格，汇兑后的汇票立即予以销毁，所以现存使用过的汇票实物数量极少。

04　晋商精神耀神州

晋商“纵横欧亚九千里、称雄商界五百年”，最终形成了独具特色的晋商文化和晋商精神。习近平总书记曾在考察调研山西时，赋予晋商精神“诚实守信、开拓进取、和衷共济、务实经营、经世济民”的新内涵和新要求。笔者对此进行了如下解读。

笃实不欺，信义为本的诚信精神。诚信是商业的首要秩序，也是晋商精神的精髓。晋商讲究“重信义，除虚伪，节情欲，敦品行，贵忠诚，鄙利己，奉博爱，薄嫉恨，喜辛苦，戒奢华”，经商虽然是以营利为目的，但一定要坚守道德信义的根本，才能成功。日昇昌创办的异地汇兑银两的票号，就是源于大家对雷履泰、日昇昌的信任。一纸符信遥传，万两白银立集，诚信精神贯穿始终。诚信为本，童叟无欺，为日昇昌赢得了极高的商业信誉。雷履泰以他的实际行动向世人昭示了“信义”在票号业中至高无上的地位，“以义制利”的古训被晋商透彻地理解并贯彻在实践中。讲诚信、讲信誉、讲信任，是“日昇昌”的取胜之道、成功之道，也是社会主义核心价值观的体现。

不畏艰辛，敢冒风险的开拓精神。日昇昌的前身是经营颜料的西裕成颜料庄，想当年财东李大全、掌柜雷履泰，一个台前，一个幕后，抓住每一个稍纵即逝的机会，运筹帷幄，决胜千里，终于开创了日昇昌票号的百年基业。如果没有超前的眼光，没有开拓创新的胆识，也就没有山西票号的辉煌。日昇昌创办后，雷履泰把毕生的精力都倾注到了日昇昌的发展上，创立了诸如两权分离制、学徒制、顶身股、“酌盈济虚，抽疲转快”等制度架构、管理方法和运作模式。形成了一套独具超前意识，与现代企业制度相近的企业结构和治理方式。

和衷共济，团队合作的群体精神。山西是华夏民族的发祥地之一，晋商用宗法社会的乡里之谊彼此团结在一起。通过讲义气、讲相与、讲帮靠，协调商号间的关系，形成大大小小的商帮群体。日昇昌的组织架构分为三种：东家、掌柜、伙计。东家是出资人，就是老板，负责出钱和选掌柜，掌柜选好后，就把商号的经营权全权交给掌柜；掌柜就是总经理，负责处理票号内外的一切事务，忠实地为东家服务；伙计就是员工、学徒，工作到一定年限，就可以和东家、掌柜一样，享受顶身股的待遇了。三者团结合作，这种让全员共同富裕起来的经营模式，必然能让上下齐心合力去做成一件事，进而才能走得更远。“天下大同”“同舟共济”“共同富裕”，是千百年来中华民族对幸福生活、美好生活永不停歇的追求。

审时度势，灵活多变的务实精神。明清晋商成就斐然，与其善于审时度势，灵活机动的经营谋略有关。日昇昌第二代领导人程清泮胆识过人，被称为商界奇才，接任总经理不久，从咸丰三年（1853 年）到同治二年（1863 年）整整十年，中国先后发生了太平天国运动和第二次鸦片战争，内忧外患，整个社会处于严重的动荡时期。刚走上发展道路的票号面临空前的灾难和危机，当时，在南方的票号分号，不但财产银钱时常遭劫遇险，而且号内伙计的人身安全受到威胁。面对重重危机，程清泮审时度势，在征得财东同意后，当机立断采取措施，分步骤大举收撤南方各分号，同时又裁汰了一批南方伙友，避免了日昇昌遭受较大的经济损失，为后来日昇昌的再度发展奠定了稳固的基础。

爱国爱民，兼济天下的奉献精神。在晋商兴盛的 500 年中，晋商继承了民族自强的优良传统和爱国主义精神。1900 年八国联军入侵北京，跟随慈禧太后仓皇出逃的王公贵族，逃到山西要求兑换银两，日昇昌在分号账目无法核对的情况下，依然一分不差地兑换银两。当乞丐老太太拿着一张皱皱巴巴的汇票来日昇昌兑银子，日昇昌掌柜马上派人进行查询，从堆积如山的陈年账簿里找到了原始记录，兑换了 12000 两银子汇票，还支付了多年的利息。上至王公贵族，下至平民百姓，日昇昌童叟无欺，一视同仁。

总而言之，诚实守信是晋商精神的灵魂，开拓进取是晋商精神的力量源泉，和衷共济是晋商的环境支持，务实经营是晋商精神的内在品质，经世济民是晋商精神的永恒追求，这五种精神的相互促进成就了晋商五百年的商业辉煌。如今，晋商当年的辉煌虽然已经远去，但是这份商业精神却值得我们恪守、传承，从而在新时代中扬帆出海，再续辉煌！

05 日昇昌票号旧址

以“汇通天下”著称于世的日昇昌票号是中国历史上第一家专营银两汇兑、存放款业务的私人金融机构，1995年10月18日，日昇昌旧址上成立了中国票号博物馆，并正式对外开放。

★ 紧凑的庭院布局

日昇昌票号旧址，位于平遥古城西大街的繁华地段，面阔五间，厚木排门，满目的青砖灰瓦、精巧的飞檐雕壁、鲜亮的灯笼金匾，既体现了晋中民居的传统特色，又吸收了晋中商铺的风格，达到了建筑艺术和使用功能的和谐统一。整座旧址占地1963.6平方米，院落分为三进，西侧还有一个狭长的南北小跨院，是日新中票号旧址。但就是这样一座小小院落，开中国民族银行业之先河，并一度把控19世纪整个清王朝的经济命脉。

进入院落是第一进院，左右两侧设置“柜房”，是对外的营业大厅，左侧办理存款、取款、汇兑等业务，右侧收支实物、银两。里间的柜房，还有一座地下窖式金库，金库内有排列整齐的银锭，金库建在人来人往的柜房里，正应了那句“最危险的地方就是最安全的地方”。第二进院为内部的办公机构，东西各有三间，东侧为“账房”，总理全号账目，是负责银钱出纳的重要内部机构；西侧为“信房”，是总号统辖分号业务往来、行市要情、发布指示、组织人事调配的内部机构；正面为中厅，面阔三间，是接洽大宗客户且商讨总、分号事宜的地方，正中是大掌柜雷履泰和二掌柜毛鸿翙的蜡像，左右两侧是他们的卧室。第三进院为生活区，东西各有房间三间，东侧为“厨房”，日昇昌票号的内部饮食全部来源于此；西侧为“客房”，是招待贵宾及高级职员的住处；南面是面阔五间的正厅，为当年东掌伙友逢年过节聚餐的场所，现为票号史陈列室，展示了票号发展的曲折历程，还有票证、印章等展品。主体建筑西侧的院落，是日昇昌的联手商号——创立于1838年的日新中票号旧址，2023年日昇昌诞生200周年之际，在这里举办了“纪念日昇昌票号创立二百周年主题展览”。

综观整个院落，墙高宅深，布局紧凑，设计精巧。如今深宅大院昔日的辉煌不再显现，新时代的我们可以通过穿越、探寻等方式来传承日昇昌的创新之韵、文化之魂，牢记“三个敬畏”，肩负起历史文化遗产保护传承的责任和使命。

★ 珍贵的文物藏品

据不完全统计，馆内有藏品 1500 多件，其中，票证资料类 300 多件，木器家具类 100 多件，实物器件类 600 多件，古玩字画类 100 多件。

“永远成”票号水牛角组合票版 约 18 世纪的清乾隆年间，中国的货币金融领域，开始流通纸质民间信用货币——票帖。出现于光绪年间的“永远成”票号水牛角组合票版，比早期木质票版质地细密、坚硬，因此可以雕刻繁复精细的花草、人物，使其具有防伪功能，同时由于其质地不易干缩开裂的特殊性，也适应了大量反复印制的需求。晋商票据遗留下来的实物很少，保存下来的票版更是凤毛麟角，而这块距今 140 多年前的“永远成”水牛角组合票版，长 18.9 厘米，宽 9.7 厘米，厚 4 厘米，质量 0.98 千克，保存基本完整，被称为“晋商票版之王”。

“怡神养素之轩”匾额 在日昇昌中厅挂有“怡神养素之轩”枣红色金字牌匾一块。据说，在“文化大革命”时期这块匾额不翼而飞。幸运的是，1998 年 5 月，原匾失而复得，被征集回馆。匾上所书“道光四年孟夏”，是证明日昇昌票号诞生时间的重要历史依据，匾上阴刻金字，仍然金光灿灿，熠熠生辉，这是一件珍贵的馆藏文物（见下图）。

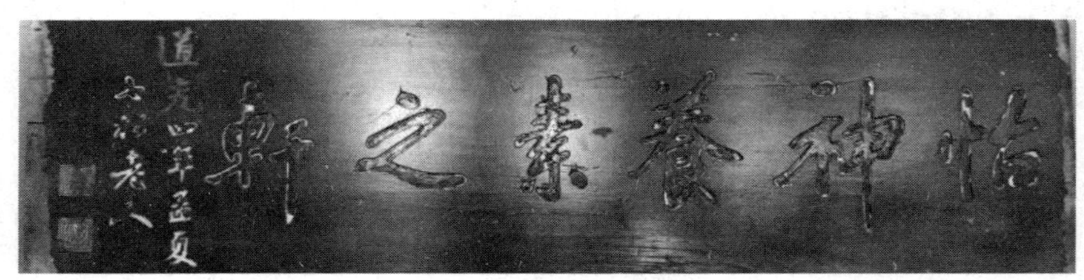

“怡神养素之轩”匾额

水牛角抬头印章 这枚刻有“日昇昌”字样、“和合二仙”图案的印章，是清道光年间所刻。该印章为长 2.5 厘米，宽 1.8 厘米，高 4.2 厘米，质量 0.02 千克，材质为水牛角质地。印模上，寒山手捧一盒，内刻有“昌”字，盒内打开飘出“日昇”二字；拾得手执一荷，与寒山同心和睦。票号的名称“日昇昌”与传统吉祥图案完美融为一体。“和合二仙”是中国文化的传统题材，用于山西的商业金融领域，体现了山西人对于中国传统文化的继承与发扬，象征票号以和为贵、和气生财的经营之道。该藏品为国家三级文物。

清代空白汇票纸 馆内收藏着一张珍贵的清代空白汇票纸。该空白汇票纸长 46 厘米，宽 25.8 厘米，四角楷书水印“日昇昌记”四字，汇票纸选用上好的宣纸制成。据相关资料，票号商人制作汇票纸不惜工本，他们用上好的青檀皮、蚕丝等原材料做纸浆，并雇用能工巧匠巧妙地通过纸浆的密度变化将“日昇昌记”四个字暗藏在汇票纸的四个角上。平放着时看不见，只有将汇票纸对着强光才能看到。小小的汇票纸反映了票号精英的智慧及当时精湛的水印造纸工艺。

今天看来，日昇昌这个小小的院落无法与现代银行的摩天大楼相比，日昇昌遍布全国的分号也无法与当代覆盖全国的金融网点相比，但是，这座院子，在 100 多年前确是平遥领导全国各家分号的枢纽中心，叱咤金融界的鼻祖！我们可以从日昇昌领略到中华民族的智慧，感受到一种锐意进取的精神，听到一个时代进步的声音！

踪迹三　大红灯笼高高挂　乔家大院美名扬

【引言】

乔家大院被摘牌

乔家大院是“清代北方民居建筑史上一颗璀璨的明珠”，作为晋商文化的代表之一，素有“皇家有故宫，民宅看乔家”之说，誉满海内外。这是一个时代的缩影，是晋商 300 年文化的归属，这里有绝美的砖雕、木雕、石雕，有高耸冷峻的深宅大院，有醒目的大红灯笼，还有乔家六代人“诚实守信”的经商奋斗史。

随着知名度的迅速提升，2014 年 12 月 27 日，乔家大院通过了国家旅游局的审核，正式挂牌成为山西省的第 5 家国家 5A 级旅游景区。名气越来越大，游客越来越多，利润越来越高，然而，在快速发展的背后，也产生了许多导致景区日后被摘牌的隐患。2019 年 7 月 31 日，乔家大院国家 5A 级旅游景区的称号被取消。

原因主要有：旅游产品单一、过度商业化、交通游览不足、安全卫生投入不足、综合管理需提高、资源保护有缺陷，其实都是指景区的运营理念和运营管理能力不足。祁县文化和旅游局成立了综合整治领导组，从景区环境提质、沿线秩序整治、安全隐患排查、服务能力提升等方面展开整治行动，整治后的景区内外环境有了极大改善。希望乔家大院汲取前车之鉴，争取将国家 5A 级旅游景区的牌子再次拿回。

01　影视作品的轰动效应

山西的晋商大院充满沧桑与传奇，其中的佼佼者当属乔家大院。乔家大院原名“在中堂”，是清代商业金融资本家乔致庸的宅院，大院始建于清乾嘉年间，到如今已有 300 多年的历史。乔家大院是晋商文化的代表，是最早进入游人眼里的大院。三十多年来，许多热门的电影、电视剧在此拍摄，不仅影视作品火爆出圈，更使这座北方大院一夜闻名。

★ 电影《大红灯笼高高挂》

1991 年，电影《大红灯笼高高挂》上映，从此，这个名不见经传的大院火遍大江南北，“乔家大院”走进人们的视野，也成为晋商大院的代名词。

电影《大红灯笼高高挂》是根据苏童的小说《妻妾成群》改编，描写的是一个封建家族中的三妻四妾，为了博得老爷的宠幸，钩心斗角，最终迷失了自我，后院的女人成为封建社会的牺牲品。影片由著名导演张艺谋执导，巩俐、何赛飞、曹翠芬、金淑媛等著名演员参加演出，女主角四姨太由巩俐扮演。《大红灯笼高高挂》在当时的电影界引起了不小的轰动，影片曾获得第 48 届威尼斯国际电影节银狮奖等多个国际奖项。

尽管影片的内容与晋商毫无关系，但取景于具有浓厚晋商氛围的乔家大院，加之导演张艺谋、演员巩俐的名人效应，以至 1991 年此片一播，乔家大院一夜成名。从此，探访乔家大院的游客接踵而来，乔家大院的知名度与日俱增，“晋商”也慢慢地走出深宅大院，来满足游客对晋商豪门生活的猎奇心理。

2001 年 6 月，乔家大院被国务院批准列入第五批全国重点文物保护单位，成为最早列入“国宝”的晋商大院。

★ 电视连续剧《乔家大院》

2006 年春节期间，以晋商乔家的传奇人物——乔致庸为原型创作的一部 45 集的电视连续剧——《乔家大院》在央视一套热播，乔家大院再一次成为焦点。

《乔家大院》讲述的是清朝中后期著名晋商乔致庸的故事，乔致庸是乔家的第三代传人，在家族危难之际放弃对功名利禄的追求，接手乔家商业。乱世出英雄，成就了他一生的辉煌。电视剧一明一暗两条线索，以乔致庸弃文从商后，怀抱“以商救民、以商富国”的梦想，与商家同行、达官显贵、慈禧太后乃至土匪强盗、太平军之间，展开长达一生的错综复杂、波澜迭起的斗争为主线，以他与青梅竹马却由爱生恨的恋人江雪瑛、情深义重的夫人陆玉菡之间的缠绵悱恻、痛苦挣扎的爱恨情仇为副线，商战斗争中纠缠着复杂的情感纷争。众多性格鲜明、可爱可恨的人物交织其中，伴随着一波未平一波又起的矛盾冲突，将晚清的社会面貌与晋商的风采一一展现。电视剧并未局限于晋商大院内的家族恩怨，而是把重点放在乔致庸闯荡天下，开辟商路，为追寻“汇通天下、货通天下”的理想而积极奋斗、永不放弃的历程。电视剧以烽烟弥漫的晚清社会为背景，场面大气开阔，情节跌宕感人，是一部不可多得的商战题材大片。

这部电视剧由中国第五代导演中最有代表性的杰出女导演胡玫执导，以陈建斌、蒋勤勤、马伊琍等一大批实力派演员领衔主演，成为2006年最受观众欢迎的电视连续剧之一。随着《乔家大院》这部电视剧的热播，乔家大院很快便蜚声海内外，这座晋商老宅也就当之无愧地成为晋商大院的一个文化符号。2014年12月27日，乔家大院正式挂牌成为国家5A级旅游景区。

★ 影视作品的“风水宝地”

乔家大院，这座典型的北方封建地主庄园，高高的围墙、长长的通道、高耸的角楼……整个建筑气势雄浑古朴，格局精巧严谨。近年来，许多影视剧组在乔家大院拍摄了四十余部影视作品，这里成了影视界的“风水宝地”。拍摄的影片有《康熙王朝》《上党战役》《石评梅女士》《昌晋源票号》《吕梁英雄传》《大校的女儿》《赵四小姐与张学良》《狄仁杰》《解放》《龙虎斗》《龙城正月》《中国有个工人旅》《再世情缘》《晋魂》《晋剧崔秀英》等影视剧。现在，乔家大院利用自身得天独厚的条件和丰富的馆藏文物，正在打造当代影视基地。

02　囍字合院的营建历程

人们常说“皇家有故宫，民宅看乔家。”乔家大院位于祁县东观镇乔家堡村，距省会太原54公里，是清代乔家“在中堂”的宅院。这是我国保存下来的最完整的民居建筑之一，也是晋商兴盛的历史见证。

★ 大院的修建历史

“在中堂”是一个全封闭式城堡建筑，大院大门坐西朝东，寓意紫气东来。大门对面是一条长80米、宽7米的石铺甬道，甬道尽头是乔家祠堂，祠堂与大门遥遥相对，这条甬道把大院分成南三院和北三院。整个大院的建成经过了乔家五代人，跨越260余年，分三期完成。

第一期工程为一号院，修建于乾隆年间，距今已有260多年的历史。始祖乔贵发在包头赚得第一桶金致富后，在原来乔家堡老宅的原址上翻建了一个四合院，大约是乾隆二十年（1755年）。第二代乔全美又对四合院进行了扩建，在宅院的西侧新建了一个主院，原来的四合院就成了主院的西跨院。新修的宅院基本格局为偏正跨院，如今被标记为一号院。

第二期工程为二号、三号、五号院。到了同治年间，随着人口和财富的渐增，乔家达到鼎盛，第三代乔致庸对宅院进行了大规模的扩建。他首先在第一院（老院）的西侧隔小巷购置了一大片宅基地，盖了一座与第一院风格相同的新院，也是“里五外三穿心楼”。这样，一个老院，一个新院，东西两楼对峙，气势恢宏，这个新院就是今天的五号院，是乔致庸的住所，距今已经有140多年的历史。新院竣工后，乔致庸又在与两院隔街相望的南侧新建了两个横五竖五的四合斗院，分别是东南院和西南院，就是今天的二号院、三号院。这样，这四座院落正好位于街巷交叉的四角，为日后连成一体打下了基础。到了光绪中晚期，清政府日趋腐败，地方治安不稳，乔家为了自身的安危，颇费周折，买下了当时四个院落围绕的街巷的占用权。接下来，南北向的小巷分别改建成五院和二院的跨院。街道一分为二，北侧分别改建为一、五两院的外跨院，南侧则留作堡院的内部巷道。巷道东侧开启堡门，西侧则为祖宗祠堂。四座合院就此连为一个堡寨式宅院，堡墙上部设有更房、眺阁，供守夜瞭望之用。至此，乔家大院的主体格局基本形成。因为四个合院成四角排列，又连为一体，从高空看像一个“囍”，乡民称之为“囍”字院。

【知识链接】里五外三穿心楼院

里五外三穿心楼院是祁县一带四合院的典型布局，即里院的正房、厢房为五开间，外院的正房、厢房为三开间，里外院由穿心过厅相连，除厢房和过厅外，倒座和正房都是二层楼房。

第三期工程为四号院和花园院。民国十年后，伴随着人口的增多，“在中堂”又一次面临扩建之需。在第五代乔映霞及其堂弟乔映奎的主持下，购买地皮，向西扩张延伸，在“囍”字院的西南侧新建了四号院，格局和东南院相似。乔映霞信仰天主教、倾慕西方文明，四号院出现了利于通风采光的大玻璃窗、西洋式的装饰风格，这个院子也被称为“新院”。新院中西合璧，距今也已经有 90 多年的历史。在增建的同时，乔映霞还主持改建了五号院，把外跨院与一院相通处封闭，改建为一个现代化的西式客厅。还在客厅旁建了浴室，修了“洋茅厕”。原计划在四号院以北，就是今天的六号院，准备修建花园，却因 1937 年日寇的入侵戛然而止，留下了如今六缺一的残局。

★“四堂一园”的布局

现在的乔家大院在 2010 年又进行了修复、复建，形成了目前“四堂一园”的布局，这四堂分别是“德兴堂”“宁守堂”“在中堂”“保元堂”四堂，一园是中心花园，总面积由原来的 8725 平方米增至 24065 平方米，共 18 个大院，41 个小院，731 间房屋。

这几个堂是怎么来的呢？原来，在乾隆以后，民间士庶之家起堂号之风盛行。当时祁县、太谷、平遥一带，中等家庭中一般在男子成家后会另设堂号。乔贵发有三个儿子，致富后就给三个儿子都盖了宅院，分了家，各立门户，并且给孙辈起了堂号。

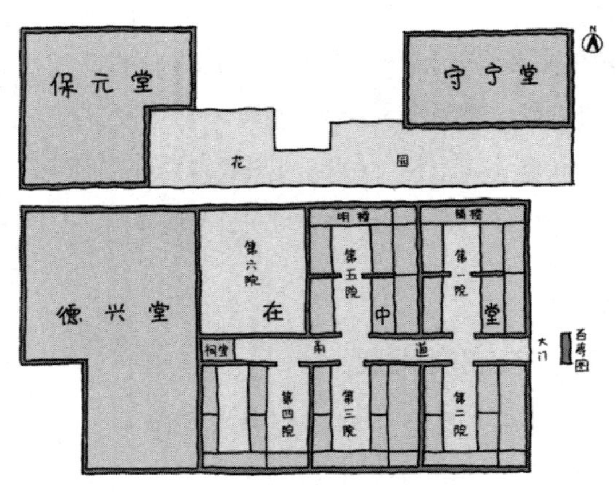

乔家大院平面示意图

老大乔全德的儿子乔致祥，堂号叫“德兴堂”，取《诗经》的“长发其祥”与《中庸》的“唯有德者居之”之意。这一堂商业经营逊色，后因缺乏子嗣而家势渐衰。德兴堂总体布局为隶书“寿”字，借此祈福长辈多福多寿，院落群布列有致、层次分明，共分四个院。一号院，陈设着各式各样的算盘，可以说是算盘的王国。二号院，再现了在乔家大院拍摄的一些影视剧的场景。三号院，展示的是晋中饮食用具和民俗家居的场景。四号院原来是乔家的总账房，在这个院子有一座别致的戏台，所以人们也把这个院子称为“戏台院”。

老二乔全义的儿子叫乔致远，堂号叫“宁守堂”，乔致远自小聪颖过人，乔贵发十分喜爱，给他取名“致远”，字“守约”，取“宁静致远，取信守约”的意思。宁守堂坐北朝南，三处大院一字排开。一号院，展示的是乔家开拓万里茶路的情景；二号院，展示的是乔家在经商的过程中使用过的各种器具与物品；三号院，陈列的是当年拍摄《大红灯笼高高挂》《乔家大院》等部分影视剧的场景与道具、晋中的民间服饰、3D立体画馆体验区等。

老三乔全美的长子乔致广，英年早逝；次子乔致庸是乔家一位出类拔萃的人物，乔全美给他取名为“致庸”，希望他以“中庸”立德、立世、立家。果然，乔致庸不负父亲的期望，无论做人还是经商，他都遵循“不偏不倚，执两用中”的理念，把家族以及家族的事业做到了极致。它的堂号叫“在中堂”，取“中庸之道，不偏不倚，执两端而用其中”之意，“在”就是坚守，“在中”就是要一生坚守和谐、圆融、稳健、包容的中庸之道。

在中堂是保留最好的一处院落，整体布局为“囍”字，形如城堡，布局规整、结构严整，雕梁画栋，也是游客最感兴趣的地方。共六个大院，第一院展示的是乔家的起居陈设，再现了乔致庸、三子乔景俨、孙辈乔映南的居家陈设。第二院展现了乔家的发家史，从始祖乔贵发走西口，到开办复盛公，到乔致庸开辟万里茶路，创办大德通、大德恒票号，再到乔映霞接班，到1937年日本侵华，乔家包头的“复”字商号名存实亡，最后到1953年“公私合营”，共历时200余年的乔家商业的辉煌历程。第三院，是乔家的珍宝馆，展示了三件珍宝：梨木九龙屏风、犀牛望月镜、两盏九龙灯。第四院，展览的是乔家、同时也是晋中的“商贸习俗”。第五院是乔致庸的孙子乔映霞居住的地方，再现了乔映霞、乔映霞的侄子乔任、乔映霞的同父异母的弟弟乔映磺、乔致庸的次子乔景仪等的日常居家陈设。第六院是花园院，花园内草木葱茏、假山叠石、小桥流水，尽显私家园林的特色。

“保元堂”是乔全义的孙辈乔超五当家时所建，取“秉承科举，保元登科”之意。保元堂通过花园与宁守堂相连，曾是乔家老院所在地，原为乔家举办喜庆大事和祭祀祖先的地方。保元堂是乔家最有文化的一支，由大小三个院落组成，院落建筑规制较高，体现了乔超五官衔品级的特点。目前陈展的内容主要是昔日乔家的生活风貌。一号院，展示的是晋中一带的农事生产、节庆习俗等；二号院展示的是晋中一代的传统婚庆习俗；三号院展示的是晋中一代的人生礼仪与寿康文化。

“四堂一园”的布局

03　百年传奇的发家历程

在内蒙古包头市东河区，有一条街叫乔家金街，这是百余年前晋商乔家在包头的发家之地、商脉宝地。至今在包头城还流传着“先有复盛公，后有包头城”的佳话。乔氏凭借包头这块发祥地，进而垄断、操纵了内蒙古市场，并陆续将其商业字号延伸扩展至平、津、东北，直到长江流域。极盛时期，国内各大小城镇几乎都有它的字号，且独领风骚200余年，到中华人民共和国成立前延续六代。下面是祁县乔氏之世系（部分）。

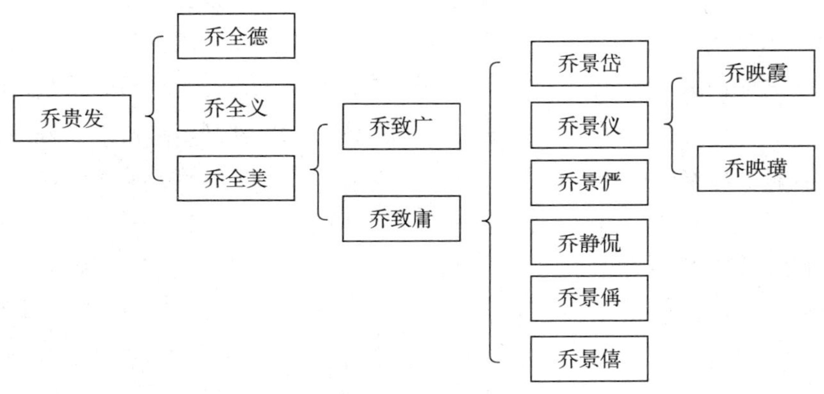

祁县乔氏之世系（部分）

★ 乔贵发怒走西口

乔家起初并不像如今我们看到的这样，是一个了不起的晋商巨族。那时候乔家在乔家堡是一个再普通不过的农户。传到乔贵发，十几岁时父母双亡，家中一贫如洗，不得不寄食在舅舅家中。乔贵发在舅舅家干活勤快，不惜力气，但还是难免受到舅母的歧视，乔贵发长大后就回到了乔家堡村，守着父亲给他留下的一处破败的宅院独自生活。

有一年，他的一个侄子娶媳妇办婚事，乔贵发被邀去做帮工，结果新人行礼时，却对乔贵发视而不见；入席就座时，把他安排在了打杂的末席；还受到管事人冷言冷语的讽刺。受到屈辱的乔贵发回家之后，左思右想，感觉不能再这样糊里糊涂活下去了，他必须走出乔家堡，到外面去寻找活路。最后，乔贵发横下一条心，决定走西口。正是他这一走，不仅改变了他自己的命运，同时也改变了整个家族的命运；正是他这一走，成就了乔家 200 余年商业长盛不衰的基业；正是他这一走，使乔家成为晋商团队中不可或缺的一支劲旅；正是他这一走，书写了乔家一段起伏跌宕的商业传奇。

乔贵发离开家乡的那一年是乾隆初年，他来到口外后，先在旅蒙商号“大盛魁”里拉骆驼，这是个十分劳累的工作，拉骆驼的人需要有吃苦耐劳的品行，当时归化城有句俗语：“世上三般没奈何，赶车、下夜、拉骆驼。”可见创业初期的艰难。经过几年的拉骆驼生涯，他吃了许多苦，受了许多罪，却也见了许多世面，长了许多知识，明白了许多道理。

有了些许积蓄后，乔贵发离开了商队，辗转来到了萨拉齐（今包头市土默特右旗），这里是许多驼队与蒙人进行贸易的必经之地，也是长途跋涉的驼队补充给养的地方，他在这里的老官营村的合成当铺做了一名伙计。不久之后，遇到了太原徐沟县的秦肇庆，两人一见如故，拜为异姓兄弟。几年后，他们来到了一个叫“西脑包”的地方，开了一间草料铺，自己当上了老板，还兼做豆腐、豆芽、食品、蔬菜等生意。二人精打细算，苦心经营，经营范围越来越广，生意也越做越大，资金积累逐年增长。最终把一个冷冷清清的西脑包，变成一个熙熙攘攘的村落，奠定了老包头的根基，他们在这里赚到了创业的第一桶金。

在生意做得风生水起的时候，乔贵发还创造了一种“买树梢”的方式。所谓“买树梢”，就是春天在地里的庄稼刚刚长成苗时，商户就和农民签订收购协议，等到秋收后，无论行情如何，双方都按议定的价格交易。乔贵发创造了这种极需胆量、冒险精神和战略眼光的期货交易的雏形，很快他的店铺就成了包头地面上财力最雄厚的商家。实际上这是一种比较原始的粮食期货交易，这种买卖需要极强的市场预测能力与雄厚的资本，成则一夜暴富，败则一贫如洗。乔贵发财星高照，接连两年的“买树梢”，都大有斩获，几乎抵得上这么多年来拉骆驼、磨豆腐和经营店铺的全部收益。但商场风云多变，扑朔迷离，接下来的一次“买树梢”失手，亏损巨大，几乎倒闭。心灰意冷的乔贵发收拾好行囊，回祁县老家种地去了，留下老秦守摊，勉强维持生意。

★ 乔秦创立“广盛公”

乾隆二十年（1755 年），风调雨顺，口外粮食丰收，老秦趁粮价低时购存一批黄豆，不料第二年黄豆歉收，价格陡涨，老秦便把黄豆高价抛出，获得巨额利润。乔贵发从祁县回来，决定把店铺从西脑包迁到了繁华的东门大街，开设了一家兼做货栈、客栈及中介生意的商铺，取名“广盛公”。数年之后，二人再次审时度势，重新购买地皮，调整经营项目，扩大营业范围，经过这一时期的发展，广盛公日益壮大，成为包头商界屈指可数的巨富。随着岁月的流逝，二人也日渐衰老，于是另聘掌柜经营，自己则当起了财东。

天有不测风云，就在乔秦兄弟俩先后辞世十余年后，广盛公陷入了一场灭顶之灾。这一年的买树梢，广盛公掌柜本想为财东和店铺大赚一笔，结果，乔贵发当年惨败的情形，再次重现。盘点下来，广盛公亏损现银达 10 万两余。紧接着，挤兑者蜂拥而至、催款还债者不计其数，广盛公可谓危在旦夕。面对这种局面，广盛公的大掌柜一方面派人稳住各路人等，另一方面连夜赶回晋中求援。先往秦家告罪，秦家后人满脸愠色，摆手拒援。乔家后人闻讯之后，乔全义兄弟三人连夜计议，决定动用父亲留下的资本，加上家族积蓄共计四万两现银应急。大掌柜自然感激涕零，连夜起运返回包头。靠着这四万两银子，大掌柜先弥补了最急迫的亏空，随后凭借广盛公多年的良好信誉，和各路债主达成以三年为期的延期还款协议，总算渡过了眼前的危机。

★“广盛公”更名“复盛公”

危难过后，大掌柜既羞愧更感激，此后，更加尽心尽力经营广盛公。三年之后，不但将亏空补齐，而且盈利颇丰。嘉庆六年（1801 年），经大掌柜提议，乔秦两家财东首肯，广盛公更名为“复盛公”，取基业“复兴”之意；店内股份也由当初的乔、秦各半，改为乔家 11 股、秦家 3 股。以此为分水岭，秦、乔两家的命运开始迥然不同。

复盛公成为乔家的商号后，乔家子弟恪守祖训，定有家规，因此家业兴旺，事业蒸蒸日上。随后的20多年间，复盛公的历任掌柜锐意进取，至清道光年间，在中堂独立出资设立复盛西、复盛全两号。咸丰之后，又增设复盛菜园、复盛协、复盛锦、复盛兴、复盛和、复盛油坊、通和店、广顺恒等19个店铺，职工四五百人，成为包头城开办最早、实力最为雄厚的商号，真正形成了一个以复盛公为核心的商业网络。复盛公的发展壮大，对包头这座城市的形成影响深远，所以今天包头城还流传着“先有复盛公，后有包头城”的民谚。

秦家后人则不思上进，吃喝嫖赌，挥霍浪费，没多久便把偌大的家业折腾得入不敷出，渐渐从号内将股份抽出，秦氏抽出的股份均由乔家补进，到民国年间，复盛公14个财股中秦姓只留1.25分，其余全部为乔姓之股。秦家由此从一个占据半壁江山的大股东，变得不如一个刚开始分红的小伙计。

先有复盛公，后有包头城

★ 乔致庸光大门庭

乔家的事业传到乔致庸时，开始了最辉煌的时期。乔致庸，字仲登，号晓池，人称“亮财主”，是乔全美之子、乔贵发之孙，乔家的第三代掌门人。他出生于嘉庆二十三年（1818年），光绪三十二年（1906年）去世，享年89岁，是乔家最长寿的一个。乔致庸一生历经嘉庆、道光、咸丰、同治、光绪5个朝代，这一时期正是大清帝国逐渐走向衰落、中国社会动荡不安的时期，而乔致庸却纵横捭阖、趋利避害，把乔家的生意推向了顶峰。

乔致庸幼年时，父母双亡，只得由兄长乔致广抚育长大。到了少年时期，哥哥也病故，乔致庸临危受命，弃学从商，开始掌管乔氏家族的生意。事实证明，乔致庸是一个商业奇才，在他执掌家务时期，在中堂的事业突飞猛进，如日中天。徐珂在《清稗类钞》中记载，乔氏共有资产四五百万两。实际上远远不止，清末乔氏在全国各地有票号、钱庄、当铺、粮店等200多处，有流动资金700万~1000万两，加上土地房产等不动产，资产可达上千万两，是全国有名的巨商富豪。

在包头，乔致庸在原有复盛公、复盛全两大字号的基础上，清同治三年（1864年）投资6万两白银开设复盛西典当铺，之后又相继开设复盛西粮店、复盛协钱铺、复盛锦钱铺、复盛兴粮店、复盛和粮店等“复”字号。另外，还以在中堂的名义，于光绪元年（1875年）在包头独立投资白银5万两，开设广顺恒钱铺，光绪十三年（1887年）投资白银3万两，在包头开设了法中庸钱铺。

在祁县，乔致庸在原有大德诚、大德兴两大茶庄的基础上，顺应票号兴起的经济浪潮，将茶庄改组为票号。大德通票号最初资本6万两，中期增银12万两，最后增至35万两；大德恒票号资本10万两。这两个票号鼎盛时期在全国各地拥有20多个分号，当时西至兰州、西安，东至南京、上海、杭州，北至张家口、归化、包头，东北至沈阳等地，均设有乔氏的票号，号称“汇通天下，威震南北”，成为全国票号业中的佼佼者。乔致庸把商业资本转化成了金融资本，乔家的生意打通了“靠人赚钱”和“靠钱赚钱”两个渠道。

此外，乔致庸还于光绪年间在归化城先后开设了主营日用百货的通顺南店，主营绒毛皮张的通顺北店，主营粮食的大德店、德兴店，主营米面的德兴长店；在太原开设了晋泉涌钱铺；在乔家堡开设了主营日用百货、兼营饭庄酒馆的万川汇。

乔致庸还以他超人的胆魄，冒着极大的风险南下福建武夷山，与山西其他商人共同开辟了万里茶道，这是一条可与丝绸之路媲美的商道，在中国的商业史上无疑是一个划时代的壮举。1851年开始，洪秀全领导的太平天国运动爆发，湘军和太平军在江西等地展开了拉锯战，切断了茶叶从武夷山区通往包头的商路。在这种情况下，乔致庸根据史书记载，推断出湖北蒲圻县的羊楼洞在宋代曾经是重要的茶叶产地，于是在羊楼洞买下山地，请当地乡民种植茶叶，再设立作坊制作砖茶。至此，万里茶道就由武夷山转到了湖北、湖南一带，乔家的茶叶生意重现生机。乔致庸之后，其他晋商也纷纷跟进，在羊楼洞投资茶园。没过几年，羊楼洞成了中南地区最大的茶叶生产和集散中心。靠着乔致庸的英明决断，茶叶生意成了继复盛公之后乔家第二个经济增长点。1862年，乔致庸还特意在祁县县城里开了一家名叫“大德兴”的茶庄，作为处理茶叶出口的中枢企业。

乔致庸不仅为乔家创造了数以千万计的家财，而且还为后人留下了难以企及的精神财富。他的“人弃我取，薄利广销，维护信誉，不弄虚伪”的经营之道成了晋商经营文化的经典。他坚持诚实守信的经商原则：“一信、二义、三利”“以义待人，信义为先，利取正途”的经营理念直到现在仍然有其重要的借鉴意义。乔致庸的“疑人不用，用人不疑”“知人善任，赋予实权”“不拘一格，唯才是用”的用人之道更是让他如虎添翼，所以乔家才会培养出像阎维藩、贾继英、马公甫、高钰等驰骋商界的精英人物。乔致庸生性恬淡、豁达大度、宽厚待人、乐善好施的为人处世之道为乔家的后辈树立了榜样。光绪三年（1877 年），山西遭遇百年不遇的旱灾，乔致庸出巨资赈灾，因此义举受到清廷“举悌弟加五级”，并赏顶戴花翎的嘉奖。乔致庸还制定了“六不准”的乔家家规：不准纳妾；不准赌博；不准嫖娼；不准吸毒；不准虐仆；不准酗酒。1907 年，89 岁的乔致庸去世，这个和马克思同年出生的人，从一介儒生到晋商翘楚，他的人生浓缩着晋商的传奇。

“亮财主”乔致庸

★ 乔映霞革新图变

乔致庸先后育有 6 个儿子，为“景”字辈，对于儿子，他的家教非常严格，但六个儿子都没有令他非常满意，所以他把接班人选锁定到了孙子辈。乔致庸有 11 个孙子，为“映”字辈。乔映霞是老二乔景仪的长子，他觉得这个孙子从各方面来说都更像年轻时的自己，恪守家训，倡导兄弟和睦，为人处世均合宜得体，颇得乔致庸认可，就刻意培养这个孙子，屡屡委以难事，以求磨炼其才干。到乔致庸谢世之时，仅三子乔景俨在世，碍于封建礼法，继承人名义上是乔景俨，但实际上是长孙乔映霞。

乔映霞，字锦堂，乳名成义，人称“成义子”“成义财主”“洋大少”。乔景仪所生，过继给伯父乔景岱，在同辈 11 个兄弟中，排行老大。

乔映霞深受祖父乔致庸的熏陶，为人精明强干，事业心很强，治家也非常严格，族人对他十分敬畏。在中堂由他当家时，为使兄弟们永远同心协力，曾在饭桌上让练有武功的九弟折筷子，告诫兄弟齐心的道理。后来，兄弟们成家后均让其另立门户，乔映霞根据他们的特点，给他们的居室题写了斋名，如“自强不息斋”“退思补过斋”“知不足斋”“昨非今是斋”“不得不勉斋”“日新斋”“习勤斋”“时新斋”等。他在执掌家务期间，还对其所属商号进行过大力整顿，使在中堂的生意又有了一个大的飞跃。

乔映霞少年时期，对康梁变法和孙中山先生领导的资产阶级民主革命十分崇拜，并加入了同盟会。乔映霞信奉天主教，仰慕西方文明，长大以后曾在美国留学四年，受到新思想的影响。回国以后参加了很多社会公益活动，他在祁县积极倡导兴办教育，破除迷信，剪辫子，放足，且身体力行，亲自领人在乔家堡村改庙宇做学堂。这些在当今看似普通的举动，当时却是石破天惊的震撼，给村民留下了不可磨灭的印象。我们来看几个故事：

【故事 1】剪辫子的故事

民国二年农历五月十三日，祁县城内赶庙会，乔映霞拉着大狼狗，看到大街上谁留着大辫子，上前抓到一个，就咔嚓一剪，吓得人们四散奔逃。因为这样，村里人编了顺口溜嘲笑他，“成义子，留了头发剪辫子。穿的洋袄儿洋裤子，脖子上扎的腿带子，裤子裆里缀扣子，尿尿不用解裤子……”可见他的手段非常激进，自己图新，也不许别人守旧。

【故事 2】拆除庙宇的故事

乔映霞为修建学校和工厂，破除迷信，大举拆毁乔家堡周边的各类庙宇，最后拆到村东的关帝庙时，据说关羽显灵，关帝庙才得以幸免。对其拆大庙、推神像、修学堂、搞演讲的行为，村里留下了顺口溜，“洋大爷捣古寺，庙里神仙遭惩治，大神神扔进壕子（沟渠），小神神扔进茅子（厕所）”。

【故事 3】禁烟活动惹大祸

乔映霞生活的时期，国家处于变革时期，社会治安相当混乱，他为造福一方，在乔家堡组建了一个治安局，其宗旨就是维护当地百姓的生命财产安全，治安局雇用了 60 多个小伙子，他们穿着洋装，扛着洋枪，巡视着周围的村庄，保地方平安。民国二年，乔映霞出任祁县第三区区长。当时的主要任务是：禁烟、禁赌，这种事情既顺应潮流，又得人心，乔映霞干着也非常尽心。有一次，乔映霞因在太谷区北洸村强行铲除烟苗，与农民发生争执。乔映霞在争斗中，开枪误伤人命，由此惹出了大祸，协调之下，暂时逃离山西，避祸于天津。

乔映霞是个革新人物，但是他的婚姻却比较坎坷。乔映霞原配程氏，因难产而亡。后来他又娶了太谷名士杨次山的胞妹杨氏，婚后两人感情融洽，情深意绵，育有一子，而杨氏却因产后生病，不久离开了人世。杨氏去世后，乔映霞失去爱妻，日思夜想，发誓不再续娶。谁知十年后，他在天津避祸期间，因小病住院，与护士刘菊秀邂逅，两人一见钟情，婚后一起生活了 5 年，育有一子，但后来因年龄差距较大，个性不合，最后还是离了婚。离婚后的乔映霞痛不欲生，曾跳楼自杀，却摔坏了腿骨，造成终生跛足；又因受到的刺激太大，1921 年精神失常，随后在家休养。自此，在中堂的日常事务便由其族弟——乔映奎管理。乔映霞 1956 年病逝于北京，终年 81 岁。

★ 乔氏家族日落西山

乔氏家族和其他晋商家族一样，清末民初，随着外国资本主义的入侵、国内封建政府的腐败，以及自身内部的原因，乔氏家族走向衰败也就成为历史的必然。

映字辈接手乔家事务的这段时间，正是清末民初社会最为动荡的时期，外有列强欺辱，内有军阀混战。受外部大环境影响，乔家的商业经营日渐艰难。1926 年，冯玉祥率西北军自包头撤退，其军需粮草皆由乔家在包头的商号垫支，摊派极重。保守估计，乔家因此而损失的粮食在 500 万石以上，大洋在 150 万块以上。这一劫难让乔家的商号元气大伤，自此，乔家开始衰落。同时，作为当时盈利最盛的票号业务，乔家的大德通、大德恒票号的汇兑业务大多被官办银行夺走，受到了沉重的打击，虽然勉强维持，却已是穷途末路，每况愈下。

1930 年中原大战，阎锡山失败，直接导致其在山西发行的晋钞大大贬值，乔家的大德通票号本可就此倒闭关门走人，减少损失。但是，乔映霞不愿意看到众多储户家破人亡的惨剧，他秉承先祖“诚实守信”的遗训，毅然决然命令大德通票号拿出多年的积蓄应付挤兑风潮，最终造成 30 万两白银的亏空。这可谓雪上加霜，乔家的生意再遭重创。

1937 年 10 月，日本侵略军攻入包头，给乔家以及许多晋商大家族带来了灭顶之灾。次年，日本人把乔家的复盛公、复盛全、复盛西三家当铺和估衣铺归于日伪政权的新亚当，把复盛公、复盛西两家钱铺归于日伪的同和实业银行。至此，乔家的“复”字商号虽然还有粮店、面铺、油房、菜园照常营业，但都一蹶不振。而住在乔家大院的乔家人为了安全起见，只能选择离家而去，到北京、天津等地生活。随着乔氏族人的陆续搬离，辉煌了百年的豪门大宅终于归于沉寂。

1945 年，抗战胜利后，包头各钱铺、商号纷纷申请复业，唯独“复”字号止步不前，显示出东家无意再经营的状况，多数伙计也因此相继离号，这时的“复”字号已经名存实亡了。中华人民共和国成立后，1953 年公私合营时，乔家的商业尽管还在继续经营，但仅是苟延残喘。历时 200 余年的乔家商业最终退出了历史舞台。

其实晋商的衰败，除了外因，还有自身的原因。人们常说“富不过三代”，乔氏子孙虽然富过了三代，但是到了第五代以后，也逃不脱历史的局限。乔致庸过世之后，富家子弟吃喝玩乐、骄奢淫逸的本性逐渐显露出来，后人攀比、奢侈之风越来越烈，比车马的好坏、比佣人的多少、比吃饭的排场、比穿衣的阔气……据不完全统计，在中堂一年的开销高达现洋 20 多万元。与此同时，早年家规中绝对禁绝的吸毒、虐仆、嫖娼等行为也日渐泛滥。例如，映字辈的乔映南，生性聪颖，文学修养较深，可惜娶的太谷曹氏是个大烟鬼，耳濡目染，映南也染上了吸毒；曹氏脾气古怪，动辄欺辱虐待下人，其女仆终于不堪忍受而上吊自尽；曹氏去世后，续弦是太谷张氏，也是个烟鬼，致使映南的子女们也染上了吸毒的恶习；六个女儿中有四个吸毒，其中一个女儿烟毒发作时倒毙路边；独子因为吸毒仅活到 19 岁；1939 年，乔映南因吸毒而破落潦倒，变卖家产，最终去世……

由此可见，乔家商业的衰落与消亡是历史的必然，没有哪一个人可以左右历史的进程。

04　百看不厌的装饰艺术

乔家大院之所以被称为“北方民居建筑的一颗明珠”，是因为其具有相当高的观赏、科研和历史价值，是一座无与伦比的艺术宝库。大院建筑中最具观赏价值的是随处可见的砖雕、木雕、石雕和彩绘。这些堪称绝技的民间艺术使乔家大院形成了一座“建筑必有图，有图必有意，有意必吉祥”的艺术宝库。全院有各类别的雕刻 300 余处，且无一雷同。正所谓异彩纷呈，美不胜收，令人目不暇接。

乔家大院装饰艺术

★ 砖雕艺术

砖雕是乔家大院一道亮丽的风景，题材广泛，寓意深刻。其中最具代表性的是影壁、壁雕、脊雕、屏雕、扶栏雕等。大院里的砖雕题材非常广泛，诸如：一蔓千枝，和合二仙，三星高照，四季花卉，五福捧寿，六合通顺，回纹乞巧，八骏九狮，葡萄百子等。雕刻手法更是复杂多样的，采用了浮雕、圆雕、透雕、平雕等多种技巧。这些砖雕作品虽已历经了上百年岁月的磨砺，但至今仍栩栩如生，熠熠生辉。

百寿图照壁

百寿图照壁　矗立在大院大门口，据考证是出自乔致庸的孙女婿常赞春之手，常赞春是榆次常氏家族的第 14 世传人，是当时享誉三晋的著名书法家。照壁高 4. 05 米，宽 3. 05 米。照壁顶部刻有万字拐图案，与“寿”字组成“万寿无疆”的意思；下面刻有古钱与铜镜，意为“光明富贵”；中间一百个寿字无一雷同；照壁底部为“须弥”座。整个照壁集造型、砖雕、书法、文学艺术于一身，堪称民居建筑中不可多得的精品。壁心左右两侧有一副楹联：‘损人欲以覆天理，蓄道德而能文章”，横额是“履和”，是当年左宗棠收复新疆得胜后给乔家题写的。这副楹联警示人们加强道德修养，不断摒弃私欲，以弘扬天理；要按照道德规范办事，才能使礼乐制度得到彰扬。也道出乔家主人信奉“出入平安、和气生财”的经商真谛。

福德祠影壁　位于一号院大门的正对面。俗话说“门迎百寿、院纳福德”，与大门外的百寿图一里一外遥相呼应。这是一个大型的影壁，中间的神龛里供奉的就是土地爷，土地爷能保佑一方土地五谷丰登、百姓平安。这个砖雕影壁中间以鹿群、梧桐树、松树为主线，“鹿”谐音为“六”，十只鹿一对一对合在一起，取其谐音“合”，“梧桐树”的“桐”谐音“通”，“松树”谐音“顺”，合在一起为“六合通顺”。上层是古铜镜、铜钱串紧紧相连，寓意“光明富贵”“富贵连环”。中间从左往右依次为戟、磬、如意，寓意为“吉庆如意”。下层两端四只狮子两两相对，表示“四时如意”。上面奇形怪状的石头为寿山石，形态各异的小动物为鹿，“鹿”取谐音为“禄”，这是“福、禄、寿”三星吉祥图。这个砖雕影壁工艺精湛，寓意深刻，具有很强的立体感。

《省分箴》影壁 位于第四院内，“省”是醒悟，“分”是分寸，“箴”是一种文体。影壁高3.10米，宽3.13米，由乔家女婿、著名书法家赵铁山所书，砖雕的128个隶书汉字，字迹工稳、刚柔并济。文章出自南宁哲学家、文学家吕祖兼编著的《宋文鉴》，作者王随。文章通过列举自然界动物、植物、金属等各种物质的自然属性，以及人类社会的发展、盛衰等现象，阐明了世界上一切事物都源于自然，从而劝诫人们要遵从各种自然规律，要知足常乐。照壁文字四周雕有边框，饰以各种传统的吉祥图案。顶部雕蝙蝠，下端雕流云，取意“万福流云”；四周为“暗八仙”，与顶端的寿桃合起来就是“八仙祝寿”。两侧雕有内插三戟的喜瓶图案，即“平升三级”；戟的下方有磬和鱼，寓意“吉庆有余”。照壁下方两侧底座各雕饰两只狮子，表示“喜事临门”“四时如意”。

二气生辉壁雕 第四院正院门对面，这个壁雕由两部分组成，左面顶部云中挂有一钩弯月，下面有莲花、莲子与一对鸳鸯，意为“连生贵子”；右面顶部高悬一轮圆日，下面有一株牡丹与一对凤凰，牡丹为花中之王，凤凰为鸟中之王，意为“富贵一品”。从整个内容来看，日为阳，月为阴，阴阳相合，日月交辉，“二气生辉”；鸳鸯莲蓬、有凤来仪，都含有夫妇相合、天长地久之意。这组砖雕采用高浮雕技法，细腻逼真，立体感强。

猫蝶戏菊壁雕 第四院外偏院门东侧花墙上，壁雕由猫、蝴蝶、菊花组成，猫和蝶的谐音组成“耄耋”一词，八九十岁为“耄耋之年”；菊花不畏秋霜而开放，也有高寿之意。这幅壁雕的主题为“益寿延年”。

喜鹊登梅壁雕 第四院外偏院门西侧花墙上，梅花是春天的使者，喜鹊是报喜的祥禽。“喜鹊登梅”寓意吉祥、喜庆、好运的到来。“梅”与“眉”音同，喜鹊落在梅枝上，寓意为“喜上眉梢”；一对喜鹊寓意为“双喜临门”。这幅壁雕的主题为“吉祥喜庆”。

砖雕兽头 乔家大院的屋脊上，雕刻有很多小兽，大多为闭口兽，只有少数为张口兽。当地民谚说：“官宦张口为民做主，百姓闭口踏实做事”。因为乔家为“民商”而非“官商”，所以无力为民请命，祖辈专事经商，只能做一些为民施善造福的事，因而还是闭口的好。新院门楼屋顶更楼卷棚顶脊端的四个兽头昂首张口，面向正前，极目远眺，极富动感。

砖雕烟囱 乔家大院的屋顶上建有140多个精雕细琢的烟囱，各具特色，无一雷同。烟囱的下半部用条砖砌成中空的方斗形，上半部用砖雕成房屋、门窗、屋顶、飞檐等造型，样样俱全，精致逼真，犹如一座座微型建筑矗立在空中。

★ 木雕艺术

乔家大院的木雕装饰化俗为雅，庄重而典雅，具有强烈的生活情趣，且蕴含着丰富的哲理与思想内涵，并体现了晋中民间艺术工匠的高超技艺。木雕集中地表现在门楼、装板、门窗、隔扇及匾额上。

门楼木雕　门楼是进入院落之前抬头即见的重要部位，因此多用木雕工艺进行装饰。在正院中不同级别的门楼上使用了不同形制的斗拱，在斗拱间配以木雕，那么斗拱就不仅有实用性，还有装饰性。雀替，作为门楼的装饰构件，也是乔家大院木雕工艺最为集中、最为精彩的部分。乔家大院的雀替木雕主要以人物、灵兽、植物、器物等为主要内容，通过象征、谐音、文字等表现手法创造出丰富的艺术造型与装饰题材。主要有：葡萄百子图、博古图、八骏九狮图、松柳图、回文图，等等。

葡萄百子图　葡萄多籽，且一蔓千枝，寓意为“多子多福”“一本万利”，寄托了主人对于子嗣传承的重视，也希望财源广进，永不枯竭。因而一般院内正房门楼多有葡萄百子图案的木雕。例如，筒楼院正房门楼、明楼院三进院正房门楼、东南院正院正房门楼、西南院正院正房门楼、新院正院正房门楼均采用了“葡萄百子图”木雕装饰。

博古图　也是乔家大院采用最多的木雕装饰。博古图一般以博古架的形式出现，其中花卉与器物协调搭配，且装饰以各种精美纹样，可以说妙趣横生。例如，筒楼院二进院门楼明柱间的雀替、筒楼院三进院雀替、明楼院三进院雀替、新院大门门楼雀替，全部是采用透雕手法的博古图。

八骏九狮图　“骏马”象征奔放潇洒、昌盛发达；“狮子”象征地位尊严、吉祥繁荣，也是乔家大院木雕采用最多的图案。例如，明楼院门楼雀替就是“八骏图”，这八匹骏马形态各异，有的低头吃草，有的仰面长啸，有的侧身回望，有的悠然静立，有的放蹄奔跑，可谓栩栩如生。西南院大门门楼雀替为“九狮图”，两侧各有四只狮子两两对称，有的静立，有的蹲卧，有的回首，有的戏球，形态优美，富有情趣；上面再配有人物骑狮而行的图案，这就赋予了九狮图丰富的文化内涵。

松柳图　“松”寓意长青，“柳”寓意绵长，都是吉祥的象征，也是乔家大院常用的木雕题材。乔家祠堂前门楼雀替画面为两棵粗壮的柳树，树干上枝蔓缠绕，寓有“蔓长久远”“子孙万代”之意。筒楼院外偏院门楼雀替雕有两棵松树，松树挺拔并直上云天，整个画面疏密有致，蔚为大观，寓意乔家的事业将万古长青。

回文图　这是一种传统的吉祥纹样，线条方折卷曲，寓意吉利深长。这种回文图木雕在乔家大院随处可见，主要作为边饰或底纹，具有烘托的效果。在许多正院门道的门罩两侧比较简单的雀替上多以回文图为主体图案，偏院内的垂花门楼上的雀替雕饰一般也用回文图。

★ 石雕艺术

乔家大院中的石雕工艺品多见于门楼的构件或装饰物上，如门柱础、石门墩、石狮子、石栏杆等。图案的题材多以神话人物、戏剧故事为主，也有四季花卉、祥禽瑞兽组成的图案。石材多以平整细腻的青石为主，也有少数砂石石雕，质朴而粗犷。雕刻手法主要有平雕线刻、阴纹线刻、圆雕等，石雕画面清晰可辨，形象逼真，线条细密流畅。

门墩　大门两侧常见的构件，起到支撑门框、门轴的作用，主要有箱形和抱鼓形两种。乔家大院正院和正房门槛外侧都有石门墩，各院大门门狮之下也有底座门墩。例如，新院大门两侧门墩上层正面分别雕有一老一少文官人物，意为“辈辈封侯”。下层正面由修竹、寿山石、锦云组成的吉祥图案，侧面是一猴蹲在树上，一人策马飞奔，并有一方印鉴挂在树枝上，意为“马上封侯”“封侯挂印”。正院大门的门墩两边各雕有一头喜牛，表示“双喜临门”。牛的鼻孔里冒气，表示“祥云护宅”。正院南正房门墩正面雕有一个人一手捧书，一手仗剑，表示“文武双全”。侧面的井台旁，一老者端坐，一少年献花，意为“锦上添花”。这些门墩上的雕刻构思巧妙，手法细腻，富有浓厚的生活情趣。此外，各院还有“灵仙祝寿”“钟鸣鼎食”“五子夺魁”、“五子进宝”“出将入相”“燕山教子”“神荼郁垒”等图案，这些图案寓意深刻，各具特色，美不胜收。

柱础　古代木构建筑，为了承载明柱的重量，同时为了防止木柱潮湿腐烂，就在柱脚上添上一块石墩，叫作柱础。柱础的直径一般比明柱大一倍，露明的部分为鼓形或者方形，大多在上面雕有纹饰。乔家大院中各个大门、正院门、正房门楼的柱础均为方形，四面刻有不同的图案。例如，西南院门外的柱础侧面刻有“贵子图”，四个高举琴棋书画的童子两两相对，正面半露墙外的部分刻有琴、棋、书、画“四艺图”。东南院大门的柱础上刻有博古香炉，意为“香火不断”。这个院正房门楼的柱础上刻有渔樵耕读的“四逸图”。新院大门外的柱础正面刻有盛放铜钱的香炉，几案上还放有书籍、喜瓶，意为“书香门第”“财源不断”，侧面则分别刻有古琴、棋盘、书籍、画卷等图案。此外，在乔家大院的柱础上还有许多人物故事图案，如“和合二仙”“八仙过海”“刘海戏金蟾”“桃园结义”“五子登科”等，这些图案画面主题突出，工艺精湛细腻，耐人寻味。

石狮 狮子是民间最常见的石雕题材。乔家大院的护门石狮采用圆雕与线雕相结合的手法。狮子的四肢与五官轮廓为圆雕，显得丰满圆润而逼真，狮身纹理、毛发等细部为阴文线刻，显得精致而细腻。筒楼院二进院的石狮体型较大，二狮雄立门侧，起着护家辟邪的作用。狮子也表示喜庆，有欢天喜地之意，故“二狮护门”又称“双喜临门”。院内其他石狮体型小巧，表情温顺憨厚，非常可爱。另外，在祠堂台基的栏板望柱上也有石雕狮子形象，这些狮子由沙石雕刻而成，九只朝向不同的狮子小巧玲珑，神情威严，与祠堂庄重的气氛非常协调。

★ 彩绘艺术

彩绘是中国古老的技艺，主要绘于古代建筑的梁枋、柱头、窗棂、门扇、雀替、斗拱、墙壁、天花等建筑木构件上，成语“雕梁画栋”由此而来。彩绘具有装饰、标志、保护、象征等多方面的功用。

乔家大院的彩绘有 100 余处，多采用苏式彩绘，底色一般为青绿色，图案主要有人物、山水、花鸟、虫鱼、器皿、书卷等。乔家大院的彩绘主要设置在檐下，这样就不易受到风吹日晒、雨淋雪冻，所以才能长久保存。承檐梁上的彩绘图案以花鸟居多，有凤凰戏牡丹、喜鹊登枝、串枝莲、兰草、菊花等富有吉祥寓意的图案，表达了主人希望富贵长存、子孙贤俊的美好愿望。檐下横枋上的彩绘图案的轮廓及线道分界处均采用沥粉贴金的技艺，图案多为山水楼阁、树木村庄等，显得意境悠远、耐人寻味，新院正院檐下的彩绘把这一主题表现得淋漓尽致。棺头彩绘图案多为人物故事，如明楼院正院东西房的棺头彩绘分别为“王羲之爱鹅”“周敦颐爱莲”“窦燕山教子”“孟浩然踏雪寻梅”等带有浓厚文人气息的图案。此外，大院内的许多房屋的椽头、门楼的额枋、斗拱、门道顶部的天花板等木构件上也饰有彩绘图案，这些图案线条柔和，画面生动，人物形象鲜明，恰到好处地反映了大院主人的文化素养与审美情趣。

彩绘与砖雕、木雕、石雕相映生辉，使乔家大院成为一座精美绝伦的民间建筑艺术的殿堂，成为我国北方民居建筑无可替代的典范。

05　乔家六代的成功之道

作为晋商劲旅的乔家，从乔贵发到乔映霞，在商界的兴盛超过 200 年之久，历经六代，其商业的成功是多种原因综合而来的结果。他们的经营之道，用人之道，治家之道，对我们今天仍然有着重要的借鉴意义。

★ 经营之道

乔致庸是乔家最具代表性的人物，虽然身为旧时代的商人，但在他身上却有着许多现代商业的经营意识和经营理念。乔家的经营智慧主要有以下几条。

第一，做生意先做人　中国有句古训叫“商道即人道”。乔致庸认为，任何生意都是人的生意，做生意首先要做人。因此，他的经商理念是“一信、二义、三利”。他把商人崇尚的“利”放到最后，正是儒学思想在商业上的体现。这种经营理念在具体做法上就是“宽以待人，言而有信，互帮互助，不坑客，不作假，不欺相与，不亏伙计。”乔致庸还把亲拟的对联让人刻就，挂在内宅门上，对联的内容是“求名求利莫求人，须求己。惜农惜食非惜财，缘惜福”，以此告诫子孙要注重节俭，不可贪图安逸。当晚清发生“丁戊奇荒”时，乔致庸搭建粥棚，帮助数万饥饿的百姓渡过难关。逢年过节，乔家也不忘给左邻右舍送年货，济贫弱。正是怀着做生意先做人的这种态度，乔家的生意才被广泛认可，并迅速发展壮大。多为别人着想，愿意“给予”而不奢求回报，这是做人的一种至高的境界。

第二，以诚信行天下　商场上，商家的声誉是一种无形资产，良好的声誉可以给商家带来实际的经济收益。乔家的商业在草创之初就宣称“以勤俭诚信为本”“人弃我取，薄利广销，维护信誉，不弄虚伪”。乔致庸以此作为经营理念，商品一旦出现问题，宁愿自己损失，也要无偿退货、换货。包头复字号的“假胡麻油事件”发生后，乔家对买过假胡麻油的老百姓加倍偿还，尽管给乔家造成几十万银两的损失，但是保证了乔家的信誉。人们更加信得过乔家的品牌，生意越来越好。由此可见，“诚信”二字在乔家生意中的重要作用。

【拓展阅读】假胡麻油事件

清末，乔家复字号油坊专做胡麻油生意，在包头一带很有名气。有一年，因油坊不小心进了一批劣质胡麻油，有些伙计贪图便宜，把坏油掺进好油中卖。掌柜发现后，把所有的油都销毁，还把带头的伙计开除了，并且对买过假胡麻油的老百姓加倍偿还。据说，这次换油给乔家造成几十万银两的损失，但乔家不但没有责怪掌柜，反而大加褒奖。尽管商号暂时亏损，但信誉无价，近悦远来。从此，复字号销售的胡麻油成为人们长期信得过的商品，生意更加兴隆。电视剧《乔家大院》中对此段故事有生动的描述。

第三，注重品牌效应 乔致庸为了实现“货通天下”“汇通天下”的壮志雄心，有意识地进行品牌的塑造。乔致庸武夷山贩茶的过程中，在茶砖上印下了“大德兴”的标记，在恰克图的货物上印下了“复字号”的标志，这让茶民和牧民们都记住了乔家商号的名字。乔致庸疏通茶路的过程正是其品牌塑造的过程。以至于后来“大德兴”茶庄改组为“大德通”票号，和品牌的长期塑造是密不可分的。

第四，不拘一格选人才 乔家作为晋商中家族企业的典型，其用人之道可谓“知人善用”。知遇马荀，并让其做上复字号大掌柜；惩办通顺号胡麻油事件，果断辞退了违反店规的通顺店掌柜顾天顺；看中穷困潦倒卖花生的秀才孙茂才，高薪聘任为“市场总监”，帮助乔家摆脱危机，并最终稳住了乔家的产业；等等。这些事例无不体现了乔家在用人上的眼光，那就是“用人唯贤，用人所长，用人不疑”。还有，在乔致庸看来，即便是自己的直系亲属，如果不善于经营的也不用，最典型的例子就是乔致庸的六个儿子都不善于经商，乔致庸就把经营大权交给了善于经营的孙子乔映霞。千里马常有，伯乐不常有，乔致庸就是出色的伯乐，他能够不拘一格地起用人才，这是乔家商业得以超常发展的可靠保证。

第五，打造企业文化 现在有这样一种说法：一流企业做文化；二流企业做营销；三流企业做产品。由此可见企业文化在现代企业管理中的重要地位和作用。纵观乔家的发展史，乔家当时的做法也是十分先进的。乔致庸的格言是“货通天下”“汇通天下”，这是乔家商业文化中的愿景；而“服务天下、为国为民”正是乔家商业文化中的使命；“以义治利，诚信不失，人心不偏，公道长存”则是乔家商业文化中的核心价值观。除了这些文化理念之外，乔家还制定了严格的规章制度来保证企业文化的落实，如乔致庸制定的“店规”：要求乔家的所有员工包括东家，必须戒五毒、戒懒、戒骄、戒贪等。这些规矩的实施保证了乔家各种文化理念的实现。

乔家的经营之道

晋商的经营之道向来为世人所称颂，乔致庸的经营智慧就如同一座商学院，值得我们深入地探究。

★ 用人之道

乔致庸除了善于经营之外，还特别善于在众多下属中发现人才，委以重任。乔家明确地制定了“疑人不用，用人不疑”“知人善任，赋予实权”“不拘一格，唯才是用”的选拔人才的原则，正是有了这个原则，在乔家的旗帜下就聚集了一大批商业精英。

孙茂才 乔致庸参加太原乡试的时候，认识了孙茂才，他当时是一个卖花生的落魄秀才，乔致庸出于怜悯之心，出钱帮孙茂才解了债务之困。在与孙茂才闲聊的过程中，乔致庸发现他并不是一个庸碌之辈，而是拥有一些非常精到的见解。于是，在乔致庸请孙茂才做了自己的智囊，尊其为“师爷”。结果孙茂才帮助乔致庸摆脱了困境，渡过了难关。此后，无论是乔致庸奔赴包头解围高粱霸盘之困，还是南下武夷山贩茶，北上恰克图疏通商路，孙茂才都随其出生入死，屡屡为乔致庸出谋划策、化险为夷。也正是孙茂才的智慧让乔致庸在实现远大抱负的过程中多次起死回生，由此可见人才的重要性。

马荀 马荀原是乔家在包头一个粮行的小伙计，他非常机敏，尤其对粮食市场的商机具有非同一般的敏感度。有一年，马荀由高粱生虫而判断出其价格必然上涨，便向大掌柜建议低价收购高粱，以便秋收后抛售赚取利润。可大掌柜并不理会马荀的建议。马荀只好找到乔致庸汇报了这一发现，并提出了一些想法。乔致庸当即采纳了马荀的建议，结果正如马荀预料的那样，秋后高粱价格猛涨，为粮行收获了丰厚的利润。至此，乔致庸开始另眼相看这个跑腿的伙计。后来，乔致庸就大胆起用马荀，让他担任了大掌柜。马荀没有辜负乔致庸的信任，在他的主持下，粮行给乔家带来了累累硕果，为乔致庸实现“货通天下”的理想助了一臂之力。

马公甫 马公甫原本只是包头复盛公商号里的一个小伙计。有一年，复盛公在大账期分红时，大掌柜生病，无法回祁县向东家乔致庸汇报工作。其他掌柜慑于乔致庸的威望，害怕丢丑而影响升迁。这种情况下，马公甫毛遂自荐，大掌柜就派他回去面见东家。由于马公甫通晓账务，又精于号内事务，向乔致庸汇报完业务工作之后，又不失时机地指出乔家的短处，使得乔致庸感到此人不仅具备商业才华，还能设身处地地替东家考虑百世家业，足见其忠心和远见，当下把马公甫的身股破格加至九厘。大掌柜退休后，马公甫理所当然地当上了大掌柜。再后来，他又被东家任命兼任复盛西的大掌柜。马公甫成了乔家字号里唯一一个身顶二股的掌柜，包头商界留下了“马公甫一步登天”的谚语。

阎维藩 阎维藩本是平遥蔚字号福州分庄的经理，后来因故离职回到山西。乔致庸早就知道阎维藩是一个不可多得的人才，当他得知阎维藩要回山西后，让自己的儿子在路上亲自去接阎维藩，并在家中以上宾之礼款待，然后诚聘他为大德恒票号的总经理。从清光绪二十年到民国九年，阎维藩全面掌理大德恒票号，在他的主持下，大德恒票号业务兴旺，盈利日巨。特别是在中日甲午战争和八国联军侵华战争中，他根据时势变化，采取“少存多放”“南存北放”和“多存少放”“北存南放”的策略，使大德恒不仅未受战争损失，反而大赢其利。26 年间，阎维藩尽心运筹，使大德恒票号业务日新月异，生意兴隆，先后在北京、上海、天津等地设立分号 25 处，为乔家立下了汗马功劳。

高钰 高钰是祁县子洪镇人，在乔家的大德通票号做事 50 年，任票号经理 25 年。他以身作则、清正廉洁的品格成为乔家票号的楷模。在他主政大德通票号期间，还请名师教育青年伙友，以提高他们做人与做事的基本修养与能力。高钰还善于结交朝廷官员，以便扩展业务，获取高额利润。比如，结交清廷显贵庆亲王，追随山西布政使赵尔巽。赵尔巽升任外省督抚台，高钰又随其在东北、京师、四川等任官地开拓票号业务。赵尔巽将所有的军政费用交其办理存拨，大德通几乎成了赵尔巽的库房。1900 年庚子事变，光绪、慈禧西逃期间，高钰始终和随驾的内阁学士桂月亭保持着密切的联系，得知要途经祁县的内部消息，高钰花巨资把大德通票号重新翻修，作为慈禧和光绪的临时行宫，并备足所需之款项，深得慈禧的喜欢，等慈禧太后回到北京以后，乔家就与朝廷有了密切的联系。

贾继英　贾继英是榆次县六堡村人，原为乔家大德恒票号驻并主事。1900年慈禧太后携光绪皇帝仓皇出逃，贾继英在票号掌柜不在的情况下，慨然允诺借款30万两白银，当乔致庸知道了此事后，对贾继英赞赏有加，称他是“有胆有识的天下奇才”。果然，慈禧回京后，乔家的票号业就成了朝廷实际意义上的银行。1904年，清政府决定试办银行，慈禧特诏贾继英进京，任命贾继英筹办户部银行。1908年，户部银行改名为大清银行，贾继英任行长。贾继英管理银行事务期间，慈禧对他的成绩十分满意。辛亥革命后，阎锡山执掌山西政权，财政上仍然依靠大清银行山西分行经理贾继英，鉴于民国成立，他将大清银行山西分行改组为晋胜银行。1913年，贾继英应阎锡山的邀请，开始担任山西晋胜银行经理，并代办交通银行在山西的业务，这一干就是28年。由于其出色的业绩，在清末和民国初年的山西商界曾传诵这样一句话：“五百年必有王者兴，一千年才出贾继英。”

总之，乔致庸“唯才是用”的用人之道让他的事业如虎添翼，乔致庸豁达的胸怀使他身边聚集了许多精英人物，这是乔家的事业走上巅峰的可靠保证。

★ 治家之道

乔家深知治家和经商的关系。经商无道，必然亏本，治家无方，必然堕落，只有经商与治家相辅相成，才能使家族与商业两旺。所以，乔家非常重视对子弟的教育，以提高他们的道德修养。

严格的家规　乔家的家规创立于始祖乔贵发，发展于乔致庸，完善于乔映霞。乔家的家规就是著名的“六不准”：不准吸毒、不准纳妾、不准虐仆、不准赌博、不准冶游、不准酗酒。制定家规的起因是乔贵发看到与他合伙的秦肇庆的后人有了钱以后，不思进取，吃喝嫖赌，因此家道中落。乔贵发为了防患于未然，就给儿孙们制定了几条家规。随着家族日益繁盛，乔家的家规最后就形成了我们现在所看到的“六不准”明文规定。乔家的“六不准”家规简明而不简单、浅显而不浅薄，每一条都是做人的基本准则，“六不准”

家规虽然只有 24 个字，但明明白白告诉乔家子孙：富而不可奢，贵而不可骄，居家要和而睦，待人要谦而恭，做事要清而廉，人品要端而正，人格要纯而高。

睿智的家训 到了乔致庸时代，他以儒学指导商业经营，取得令世人瞩目的成就；同时，他也以儒学作为治家所遵循的最高准则，在“六不准”家规的基础上制定了乔家的“家训”。乔家家训主要是借鉴明末清初的著名理学家、教育家朱柏庐的《朱子家训》和自古流传于民间的修身格言，并加入自己的经验与体会提炼修成。乔家的家训是：“有补于天地者曰功，有益于世教者曰名，有学问曰富，有廉耻曰贵，是谓功名富贵；无为曰道，无欲曰德，无习于鄙陋曰文，无近于暧昧曰章，是谓道德文章。有功名富贵固佳，无道德文章则俗。”乔家的家训还体现在乔家大院的许多匾额与楹联中，诸如：“为善最乐”“学吃亏”“厥德惟修”“履中蹈和”“子孙贤族将大，兄弟睦家之肥”“损人欲以复天理，蓄道德而能文章”“经济会通守纪律，言辞安定去雕镌”“宽宏坦荡福臻家常裕，温厚和平荣久后必昌”“传家有道唯存厚，处世无奇但率真”“忠厚培心和平养性，诗书启后勤俭传家”等，要求家人真诚、厚道、诚信、守规矩，不巧言辞令，蒙骗别人。

垂范的家风 有家规的约束，有家训的教化，乔氏一族逐渐形成了优良的家风并传之后世，影响极为深远。后人把乔家长期形成的家风概括为七个方面：“和为贵，家睦族旺”，这是乔家家风的核心，“乔致庸”的名字和堂号“在中堂”取“中庸”“执两用中”之意；李鸿章赐予乔家的一副楹联：“子孙贤族将大，兄弟睦家之肥”，是“和为贵”最好的解读。“重修德，人正事兴”，乔氏子孙要做最基本的一点就是“修身、养德”，大门口的照壁上的楹联“损人欲以复天理，蓄道德而能文章”，横批“履和”，是“重修德”最好的诠释。“讲诚信，以义取利”是乔家历代恪守的商道，“传家有道唯存厚，处世无奇但率真”“经济会通守纪律，言辞安定去雕镌”，1930 年，山西省银行公布 20 元晋钞兑换 1 元银圆，老百姓损失巨大，但乔家坚守诚信，给存款户 1 元晋钞兑 1 元银圆，乔家几代人坚守了信义。“乐读书，百年树人”“百年燕翼惟修德，万里鹏程在读书”“书田历世”“读书滋味长”等楹联、匾额，折射着乔家尊师重教的家风。“慎俭德，勤俭持家”，乔致庸常说“有钱不能浪费，浪费则是对钱不敬，不敬则得罪钱，得罪钱则要受穷。”所以乔家无论穿衣吃饭，还是家居摆设，处处讲究节俭。“善为先，无私讼公”，乔致庸将“为善最乐”的匾额高悬在正房门楼之上，为帮助乡邻，乔家常年把三头牛拴在门外，谁家要用就牵去，傍晚再送还，乔家这些善举常为乡邻所称道。“怀天下，兴家报国”，乔家在处世为人哲学里处处都是“家国情怀”，左宗棠率清军收复新疆时需要大量军费，乔家鼎力支持；1938年，抗日军队一个连来到乔家堡村，乔家第五代把刚买来的护院武器全部捐给抗日队伍；另一后代乔惆从军救国，不负乔家厚望，最终为国捐躯，为乔家胸怀天下的家风增添了感人的一笔。

巍峨的大院，精美的建筑，是乔家留下的物质遗产，而严格的家规、睿智的家训、淳朴的家风，是乔家留给后世，同时也是留给当今社会的一笔宝贵的精神财富。乔家的治家之道也和这座大院一样，历经岁月的洗礼而不褪色，穿越百年时光而更加光彩夺目。

踪迹四　济世扶危办教育　渠家大院真特色

【引言】

“白银帝国”的落幕

早在2009年8月21日，国内上映了一部反映晋商题材的电影《白银帝国》，由姚树华导演，郭富城、郝蕾、张铁林、杜江等主演。《白银帝国》改编自作家成一的小说《白银谷》，影片以清末民初富可敌国的山西康家票号“天成元”的传承为主线，彰显了晋商“以义制利”的仁义精神，再现了“中国华尔街”金融业的百年兴衰。

200多年前，现代银行的雏形——山西票号主要集中在平遥、祁县、太谷，这三个地方正好连接成一条直线，曾经被称为“中国的华尔街”。

著名的祁县渠氏的渠家大院就坐落在祁县古城晋商老街的东端。渠氏家族历经十几代人400多年的发展，到晚清已成为闻名全国的金融资本家，旗下店铺林立，生意触角直达俄罗斯、欧洲等地区。如今，昔日的辉煌依然能在坚实恢宏的渠家大院上看到些蛛丝马迹，依然能从雕梁画栋的长裕川茶庄的青石檐柱间找到家族的儒家风范，但是渠家的辉煌已经一去不复返，昔日的“华尔街”业已落幕。渠家大院如今已变身为晋商文化博物馆，展示内容丰富，不仅可以整体了解清代晋商的活动范围及没落过程，还能一一细数乔家、渠家、王家、曹家等山西“巨商大贾”的情况。

01　渠氏大院半座城

山西的晋商大院很多，在历史文化名城祁县城内，有一座被称为“渠半城”的豪宅，它就是祁县城内的名门望族渠氏家族的建筑群。因为建于城内，它就不能像位于农村的乔家大院、王家大院那样，形成紧凑型的建筑群，只能在古县城规划框架内见缝插针，因此客观上形成分散型的建筑群。

经过从清乾隆到民国时期 200 多年的不断建设，形成三大建筑群，共有 40 多座院落，千余间房屋，占地 3 万多平方米。这三大建筑群分别是：具有居住功能的渠家大院、具有商用功能的长裕川茶庄、具有教育功能的祁县第一大私立小学校。

★ 渠家大院

渠家大院是渠家第 17 代田喜财主渠源潮的宅院，地处晋商老街东端，始建于清乾隆年间。它占地 5317 平方米，建筑面积 3271 平方米，为全国罕见的五进式穿堂院，内分 8 个大院、19 个小院、240 间房屋。大院外观为城堡式，墙高十余米，高大的拱式大门洞，上面建有玲珑精致的眺阁，门额牌匾上镶嵌着“纳川”二字，透露出大院主人“海纳百川”的胸怀和志向。渠家大院的看点有“四绝”，分别是：石雕栏杆院、五进式穿堂院、十一踩木制牌楼、包厢式戏台院。

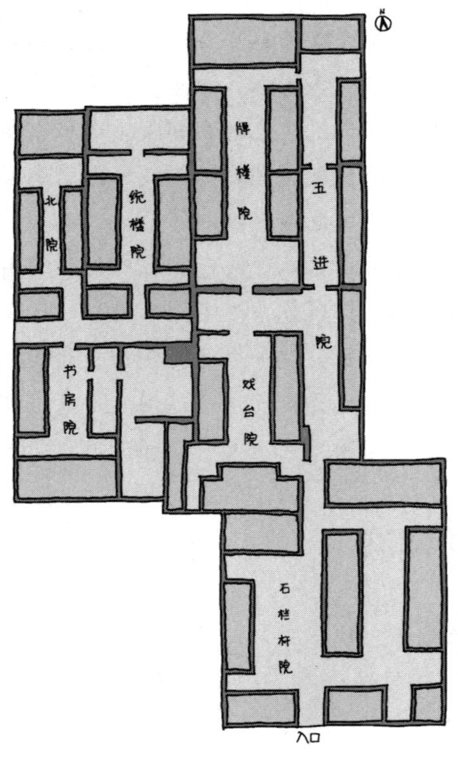

渠家大院布局示意图

石雕栏杆院 这是大院里的第一个院子，是当年渠家主人接待客人的地方，所以又称“客厅院”。这个院里有一个南北向的青石栏杆，将一进院和二进院隔开，故又称“栏杆院”。整个青石栏杆长 20 米，高 1. 5 米，由 8 根石柱做框架，每根柱顶雕刻有神态各异的狮子，石柱上雕刻有暗八仙、梅兰竹菊、花鸟鱼虫、琴棋书画等内容，石雕工艺精湛，玲珑剔透，栩栩如生。栏杆院正房上有一木制匾额，上刻楷书“若虚斋”，是大院第 19 代主人渠任甫的书房，匾额用核桃木做成，周围雕有镂空的荷叶，形态逼真，“若虚斋”三个字据说是傅山的手迹，也有说是赵铁山的墨宝。栏杆院彰显了渠家虚怀若谷的书香门风。

五进式穿堂院 根据宅院的地形与房屋的实际需要，渠家大院设置了一条南北向的五进式院落，这种形制在中国建筑史上实属罕见，与其说是院子，其实是两道高墙中的一条小巷，院子全长 99.8 米，取“九九回春”之意。院子里有五道门，这五道门由南至北，一道门比一道门高，而且一处院比一处院宽，据说是取“由低到高，代出英豪；由窄到宽，富贵如山”的意思，在建筑学上来说是为了里面院落的排水。因为风水的原因，这五道门并不在一条直线上，古人讲门对门就是口对口，大口吃小口，会造成家庭不和，对后代不利，更怕财源外流，因此每个门都稍向东偏了一下。

主院牌楼院 这是渠家主人居住的院子，是典型的“里五外三穿心楼”院。大门门楣上挂着一块醒目的匾额“载籍之光”，意为将光辉的一页载入史册。这块匾额述说着渠家的一段光辉历史：清光绪三年发生了被称为“丁戊奇荒”的大旱灾，当时的山西巡抚曾国荃四处筹款赈灾救济，渠家第 17 世响应官府号召，出巨资赈灾，捐银捐粮，在晋商中尤为突出。曾国荃亲自书写了“载籍之光”，制作成匾额赠予渠家。一进院里面耸立一座设计精巧的十一踩牌楼，牌楼高 7 米，宽 3.5 米，斗拱从檐柱中心开始，向内外两侧挑出，层层叠叠，气势宏伟，牌楼的正面雕刻有“乐天伦”，背面则为“仁者寿”，反映出主人崇尚仁德，享受天伦之乐的情怀。牌楼两侧的砖雕照壁内容为喜鹊登梅、松竹寿山、佛手朱雀等图案，栩栩如生，这种“福寿康宁”的寓意与“乐天伦”“仁者寿”

渠家大院的十一踩牌楼

相得益彰。据说这座牌楼是慈禧太后赐建渠家的，当时渠本翘官居三品，因此，牌楼的级别很高。

戏台院里的梆子声

包厢戏台院 牌楼院的对面是戏台院，是渠家娱乐看戏的地方。据说在山西建有的戏台的民间院落，只有渠家大院这一处，也说明渠家对晋剧的热爱。据记载，咸丰年间，渠家办起了“三庆戏班”，同治年间又组织了一个“上下聚梨园”班子，盛极一时。戏台院占地面积375平方米，戏台占地多达100多平方米，面阔五间，中间三开间是供表演的舞台，戏台上由一个木雕夹扇横隔，分为前后台，前台为演员表演的场所，后台供演员化装、候场。戏台两侧明柱上悬挂有楹联：“小戏台可家可国可天下，寻常人物为将为相为帝”，这副楹联借古喻今教化众生知伦理，以假为真规劝世人明是非，强调了戏曲的教化功能。院内东西两侧为观戏座席，占地108平方米，门面饰有镂空木制隔扇，看戏时将隔扇除去，便成为宽敞的包厢式看台。戏台院天井占地110平方米，可容纳400多人。当年渠家曾不惜重金，组班承戏，可以想象当时高朋满座，击鼓敲梆，唱念做打，粉墨人生的场景。

纵观整个渠家大院，宏伟庄重，高峻威严，气象森然，散发出中国传统文化的精神、气质、神韵。1993年，在渠家大院创办了“晋商文化博物馆”，1996年9月正式对外开放。陈列展分晋商总览、著名商号、巨商大贾、爱国义举、商界盛事、渠氏家族、晋剧渊源七大系列，28个展室，采取原状陈列和系列展出相结合的方法，运用实物、图片、模型、雕塑等手法，配以灯光、电声等现代手段，比较集中地展现了晋商文化的研究成果，反映了晋商称雄商界500年的历史过程，提示了晋商成功的奥秘，再现了晋商的辉煌。1999年以后，围绕晋商文化，又利用周围的民宅大院，相继开办了长裕川茶庄博物馆、晋商镖局博物馆、度量衡博物馆、珠算博物馆、雨楼家俬博物馆，使晋商文化的陈展内容更加丰富，使人们一进入祁县，走进渠家，仿佛回到了晋商的荣耀岁月。

★ 长裕川茶庄

渠氏家族家大业大，除了居住功能的宅院之外，还有商业用途的茶庄，长裕川茶庄就是现存不多的茶庄遗址。

茶庄位于祁县古城段家巷的北口，是祁县茶庄的佼佼者。茶庄三面临街，院墙高耸，俨然似一座城堡，占地面积 2384 平方米，有四个大院和两个偏院，100 多间房屋，是全国唯一保存完好的清代茶庄遗址。现在被开辟为“晋商茶庄博物馆”，对我国茶史、茶艺及晋商开辟万里茶路的历史做了全方位的介绍。祁县古县城曾是中国古茶都，祁县茶帮是万里茶道的主力军。据清光绪年间的绅商高则裕的《杂记》记载，清咸丰时期，祁县古城内有茶庄 23 个，其中经营规模大、营运时间长的著名茶庄有：大盛魁旅蒙商的大玉川、巨盛川，乔家的大德兴、大德诚，渠家的长裕川，何家的永聚祥，李家的宏源川等。它们不仅创造了茶叶产业化的经营模式，而且创造了茶叶物流的总部经营模式。著名的茶庄，都将总号设于祁县古城，分号设于全国各商号。展厅里有一本《行商遗要》手抄本，正是长裕川南下办茶、北上销茶的原生态记录，这本手抄本是晋商茶庄博物馆的镇馆之宝。

【拓展阅读】《行商遗要》

《行商遗要》为民国六年（1917 年），在长裕川茶庄当学徒的王载赓先生抄录的，手抄本全为毛笔小楷书写，2 万多字。内容大致归纳为德行、茶路、茶山、踹茶、水脚、陆脚、厘金七篇。由于原文本已失传，只留下这本手抄孤本。《行商遗要》好像画出了一幅“茶叶之路”的地图，根据书中记录，长裕川茶庄办茶路线图为：湖南安化收茶（就地加工）—益阳（洞庭湖水路）—岳阳（长江水路）—汉口（换小船）—襄阳樊城—河南南阳赊旗镇（陆路）—洛阳—晋城（骆驼运输）—长治（太行山）—祁县鲁村（重新分发并转大车）—大同—张家口—恰克图。

长裕川创建于乾隆年间，早期叫“长顺川”，由第 15 世渠映潢创办，位于现茶庄建筑群的西北，是一个规整的瓦四合院。清光绪年间其孙渠源潮接管号事，在西北老院东边新修了第二座四合院，该院比老院更宽敞明亮，建筑用料更加考究，扩建后更名为“长裕川”茶庄，标志着渠家的茶叶贸易由“顺”转向“裕”。民国时期，第 19 代渠晋山接管经营，渠晋山又一次对茶庄进行了扩建，增建了西南、东南两院，西南楼院融入了西方拱券式建筑风格，形成了中西合璧、和谐共生的风格。

长裕川茶庄有两个最大的特色：一是大院入口处雄伟壮观的大型青石浮雕门楼；二是渠晋山精心设计的楹联、匾额。

这座青石浮雕门楼高 15 米，宽 14 米，体积有 40 立方米，中西合璧的建筑风格给人一种气势磅礴的感觉。浮雕的四根柱子，采用罗马柱的建筑风格，但雕刻内容却是儒商文化。其构思之精巧，雕工之精美，堪称山西民居石雕之最，是国内少有的文物艺术珍品。据说当年动用 60 多位能工巧匠历时 3 年才雕刻完工，足见其工艺之精、立意之新。

整个门楼分上、中、下三部分。上部最高处的两位人物分别是文财神比干、武财神赵公明，中间的巨鼎是聚宝盆，旁边还雕有招财、进宝、聚珍、利市的四路财神，有收尽东南西北中五方之财的含义。两侧的两个和尚模样的人物虽已被破坏，但依稀可以辨认出他们是“和合二仙”，即寒山和拾得，传说他们是夫妻婚姻幸福之神，在这里有和气生财的含义。下面泰然端坐的是治水英雄大禹，旁边是水怪天目狼，这表明渠家对大禹治水的崇拜，同时也有镇灾驱水的含义。再往两边画的是琴、棋、书、画，道出渠家主人儒雅的风格。

重点是中部，门楣之上的匾额是“福禄尔康”四个大字，出自《诗经·大雅》，表达了主人对福寿安康的向往。两侧的四根明柱上是两副对联，中间的是“此地有崇山峻岭茂林修竹，是能读三坟五典八索九丘”，为清代书法家张思睿书写，意思是：在这超凡脱俗、风景秀丽的地方，可以读到中国最古老的书籍，寓意渠家藏有大量的书籍。两侧是“立德立言居之以敬，友直友谅尊其所闻”，是清代大学士、著名书法家祁隽藻所书，意思是对树立德业、创立学说的人要尊敬、敬仰，对正直的、诚信的朋友要尊重、信任，表达了主人为人处世的价值观。

长裕川茶庄的浮雕门楼

青石浮雕的最下部的基座上雕刻有胆瓶与荷花，连起来意为“瓶荷”，谐音是“平和”，这“平和”是渠家的为人处世之本，它奠定了整座青石门楼的基础，也道出了渠家生意能屹立于商界百年不倒的根本原因。花瓶底座上的内容寓意深刻，给人一种诗中有画、画中有诗的感觉。右边花瓶上的图案为一老者在松树下枕石而眠，是根据唐诗太上隐者《答人》所刻，诗文是“偶来松树下，高枕石头眠；山中无历日，寒尽不知年。”左边花瓶上的图案为一老者在竹林里弹琴，是根据唐代王维的《竹里馆》所刻，诗文是“独坐幽篁里，弹琴复长啸，深林人不知，明月来相照。”充分表现了主人清高、淡雅、与世无争的宁静心态和他们的与众不同的志趣、爱好与追求。

02 渠氏家族数风流

祁帮商人是我国清代商界的一支劲旅，而渠氏是祁帮商人中资财最大的一户。清代，渠家在全国各地所营之商，其规模之宏，资财之大，确为商界巨擘。渠家的茶庄“长裕川”声名卓著，票号“三晋源”汇通天下。渠家的商业能量之大，影响之深，在中外商业史上是罕见的。以下是祁县渠氏之世系（部分）。

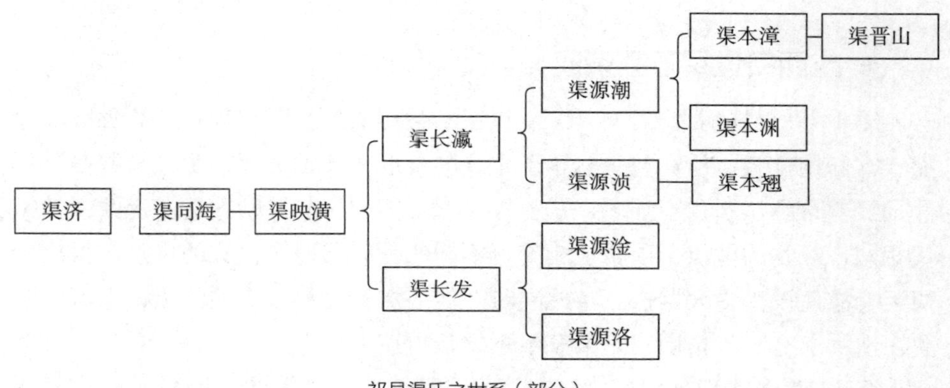

祁县渠氏之世系（部分）

★ 行商变坐商，先祖艰苦创业

渠氏先祖叫渠济，是上党长子县人。元末明初之际，渠济经常往返于祁县与上党之间做一些小生意，他从上党收购上潞麻、梨，贩运到祁县，再把从祁县收购的粗布和红枣贩运回上党，利用两地物品间的差价，从中赢利，是典型的行商。时间长了，便有了积蓄，看到祁县经济繁荣，便在祁县城内定居下来。到了他的儿子敬信、守信、忠信这一代，子承父业，但仍然是走村串巷的“货郎担”。直到第 9 世时，家道才开始兴盛，渠家从此由行商变为坐商，开启了新局面。

【拓展阅读】“行商”与“坐商”

“坐贾行商”泛指经商的买卖人。“坐贾”指的是有固定营业地点的人；“行商”指的是指走街串巷、肩挑车推的小商小贩。

行商的民俗传承主要表现为“唤头”，商贩们利用各种器具发出不同的响声来招揽顾客，比如剃头的“铮子”、卖百货的“卜楞子”、卖冰块的“响斧”、卖肉的“梆子”、游医的“串铃”等。

坐商的民俗传承主要表现在“幌子”上，一般分为实物幌、形象幌、象征幌、文字幌等类型。如蜡烛店挂支大红蜡烛，鞋店挂只大靴子为“实物幌”。烟斗店挂个大烟斗模型，棺材铺挂个小棺材模型是“形象幌”。小客店悬挂一个柳条笊篱，颜料店挂若干木制彩色木棍是“象征幌”。直接用简练的文字来说明店铺经营类别的为“文字幌”，如“当”字表示当铺、“成衣局”表示裁缝店等。

★ 走西口进军万里茶道

第14世渠同海（1723—1789年），字百川，是渠氏第一个走西口淘金而致富的佼佼者。他在包头购置了十余顷土地，并独资开设了“长源厚”字号，经营菜园、粮食、油面、钱业等生意。渠同海与乔家乔贵发走西口的年代相同，经营的地点、项目也相同，不同的是渠同海在包头的生意做得比较稳当，故而没受多大挫折。与此同时，他还加入北上贩茶的队伍，渠家的商业在他手上有了大拓展，是渠家生意的转折点。

第15世渠映潢（1758—1832年），字天池，是渠同海的三子，于清乾隆四十年左右，在继承父业的基础上，在祁县城增设了“长源川”“长顺川”两个大茶庄，从湖南的安化，湖北的咸宁采办茶叶，贩销于西北各地及蒙古、俄国，直到欧洲。渠家同榆次的常家、祁县的乔家捷足先登于万里茶道，成为商界高手。至此，渠家已经积累了万贯家财，成为巨商大贾之家。据渠家传说，渠映潢逝世前有白银120万两，其子渠长瀛、渠长发两门各分60万两，因渠长瀛早逝，由其两个儿子渠源潮、渠源浈继承，各分得30万两；而渠长发的60万两由其子渠源淦、渠源洛继承。

第16世渠长瀛（1794—1863年），字仙洲，又开始在长江流域贩运食盐。到了这个时候，渠家已经积累了大量的商业资本，仅渠长瀛名下就有商号四五十个。随着财富积累越来越多，渠家在祁县城内东大街买下地产，盖起砖瓦房，筑起高墙大院，形成了宅地连城的建筑群，被后人称为“渠半城”。

★ 黄金时期进军金融业

进入第17世“源”字辈时，渠家由茶叶转入票号，进军金融业，渠氏商业进入了黄金时期，达到了辉煌的顶点。清道光、咸丰、同治至光绪初年，渠氏除独资或合资经营百川通、长盛川、三晋源、汇源涌、存义公等著名票号外，还开设有众多的茶庄、盐店、钱铺、典当、绸缎、药材等百余座商号，分号则遍及大江南北水旱码头，成为晋商之大贾。这时的渠家，生意兴隆、财源茂盛、人丁兴旺，成为渠家兴旺发达的极盛时期。以下是几位财主。

渠源潮（1840—1917 年），字星海，小名田喜，被乡人称为“田喜财主”，他生性宽厚，持家严谨，乐于助人，自奉俭约，亲朋邻里经常收到他的周济。光绪三年，山西大旱灾，渠源潮与堂兄渠源道都捐出巨款，赈灾济困。此义举被载入光绪八年版的《祁县志》，山西巡抚曾国荃还赠予亲手题写的“载籍之光”匾额，以示褒彰，至今这块匾仍悬挂于渠家大院的牌楼院。光绪三十一年，渠本翘发起创立祁县中学堂，渠源潮赞助白银 1000 两，校方为他树碑以示表彰。

渠源浈（1842—1920 年），字筱洲，小名旺儿，被乡人称为“旺财主”，他自幼勤读好学，聪明过人，后来成为“三晋源”票号的财东。渠源浈还与渠源潮、渠源淦、渠源洛合组“百川通”票号，投资“存义公”票号，同时还在各省设有茶庄、盐店、钱铺、当行、绸缎庄、药材庄等庄号。

渠源浈是渠氏家族中最善于经商理财的人，他常对人说有三种财不能求，一不求不法之财，二不求不义之财，三不求不劳之财。同治年间，渠源浈投资 30 万两开办了百川通票号，后来柜上存入了旗人一笔 30 万两的巨款，只保存银，不要利息。百川通因此大走财运，三年结账，每股分红 1 万余两，渠源浈分得红利 10 万两。连续分红三次，挣回本钱后，渠源浈便断然将本金全部抽回，商界人士十分惊讶。原来他认为：凡事乐极生悲，盛者必有衰，买卖有挣就有赔。百川通存银是旗人的，旗人有权有势，时间一长难免要耍无赖。何况发财也要有够，差不多时就要罢手，这样股息皆得，若到亏损衰败下来就悔之已晚！果然如渠源浈所料，不久之后，那旗人出尔反尔，因未能领到红利而大闹百川通。渠源浈之识见，一时在山西商界被人广传，因而祁县就有了“旺财主，有眼力，赚钱不钻钱眼子”的俚语。

渠源浈一生多次捐输巨款，报效清政府。光绪二十九年（1903 年）“以捐助善举，数逾巨万”，光绪皇帝批准为其建立牌坊。1911 年辛亥革命后，阎锡山就任山西省军政府都督，因财政困难，托人向渠源浈借钱，渠源浈慷慨解囊，借给军费30万两，缓解了阎锡山的财政危机。辛亥革命前，渠源浈审时度势，急速收缩资金，将货币转入窖藏。他去世后，后人在三晋源总号挖出白银300万两，可见藏银数量相当可观。渠源浈在清朝政府覆亡前，以窖藏这种最好的资金保存方式保存，避免了钱财的大量流失。

渠源淦（1847—1914年），字松坡，小名金儿，被乡人称为“金财主”。渠源淦和父辈们不同，对经商没有兴趣，却沉迷梨园，凭借家产万贯的基础，花重金建了戏台院，请戏剧名班来家里唱戏，大院内常常高朋满座，笙歌曼舞。但是渠源淦觉得还不过瘾，亲自组建了一个戏班子，叫“上下聚梨园”。为提高技艺，他把戏班子分为两班，上班研究剧目与演出，下班培养戏剧小童。他的聚梨园是排练、演出、教学三位一体的戏剧团体，用现在的教学理念来说，就是教学做一体化。与此同时，他还对晋剧的唱腔和伴奏进行了一系列改革，对晋剧发展有着特殊贡献，堪称晋剧专家。渠源淦不会做实业，只会花钱享乐，晚年时非常凄凉，居然沦落到“贫不能葬”的地步，最后还是渠源潮出面操办才得以入土为安。

★ 开明富商渠本翘

渠家最重量级的一个人物是第18世的渠本翘（1862—1919年），他是“旺财主”渠源浈的儿子，字楚南。渠本翘自幼天资聪颖，勤奋好学，更热心考取功名。但父亲希望他能子承父业，从事商业，再加上父亲生性乖戾，脾气暴躁，渠本翘不受宠爱，从小就随母亲寄居在乔家堡外祖父乔朗山家里。乔朗山是当时的名儒，有很高的声望，渠本翘在祖父家的私塾里受到良师指导，又与舅父乔佑谦、乔尚谦，学友刘奋熙等相互切磋，学业大进，不到20岁便博经通史，获得了“神童”的称誉。接下来仕途一路顺畅，26岁中解元，31岁中进士，任内阁中书；1904年，受命出任大清驻日本横滨领事，成为祁县历史上第一位国家外交官；1905—1908年，爱国绅士阶层发起了保矿赎矿运动，山西人设立了保晋矿务有限公司，渠本翘出任第一任总经理。

在普通人看来，渠本翘才华尽显，光宗耀祖，但是由于观念的不同，父亲渠源浈对其极为不满。据说，渠本翘考取举人归乡省亲，渠源浈曾率全家跪在大门口，以接待官员的礼仪等候新科举人渠本翘，弄得渠本翘很是尴尬难堪。光绪十八年（1892年），渠本翘考中进士，当他再次回乡省亲时，渠源浈也没有因为自己家中出了第一位进士而表现出多大的欢喜，他只是淡淡地对儿子说“科名本身外之物，智者当务其远大，慎勿以第一自封”。无人能解释清楚渠源浈的这些非常之态．也许他是希望通过自己的这种极端做法能使儿子警醒、感悟，能够回到自己期望的经商道路上吧。

渠本翘与父亲的关系的缓和，是山西保矿运动发生以后的事。在保矿运动中，父子二人配合默契，渠本翘积极出面，利用自己的声望和地位，组织爱国的晋商们出资 100 多万两白银赎回矿权；渠源浈则协力相助，不但出巨资入股保晋公司，还帮助公司发行、募集股票，在经济上保障了保矿运动的成功，支持渠本翘的爱国行为。因保矿运动和开办民族采矿业有功，渠本翘因此受到清政府的口头嘉奖和官衔赏赐，清政府赏赐他为“从三品京堂候补”，相当于现在的部级后备干部。宣统二年（1910 年），又被任命为典礼院直学士，从此，人称“渠学士”。

渠本翘有着强烈的是非观，不肯与任何有悖自己生活态度的人同流合污。辛亥革命爆发时，渠本翘不接受清政府的官员任命；袁世凯称帝时，对其允诺的高官厚禄也不为所动，后来干脆隐居天津致力于收藏和著述。1919 年 5 月的一天，在天津友人的宴会上猝死，终年 58 岁。渠源浈闻听此消息，如晴天霹雳，竟晕倒在椅子上，此后一病不起，于第二年秋天与世长辞，享年 78 岁。

渠本翘人称“开明富商”，是一位集官、商、绅于一身的文化商人。为官，他眼界开阔、思想敏锐；为商，他有着强烈的“实业救国”的理念；而当他隐居天津后，又致力于古籍和文化收藏，成为一名地道的文人。纵观渠本翘一生，他有三大贡献：其一，渠本翘是山西近代民族工业的先行者，将官办的“晋升火柴公司”改为“双福火柴公司”，开创了山西省民族资本工业的先河。其二，渠本翘是一位爱国商人，他在保矿运动中做出了巨大贡献。其三，渠本翘是一位热心的教育家，担任过山西大学堂监督，创办祁县中学。

开明富商渠本翘

★ 文化商人渠晋山

第 19 世的渠晋山（1880—1963 年），字仁甫，他是渠家大院的最后一任主人。渠晋山 11 岁时，父亲渠本漳去世，祖父渠源潮视他为掌上明珠，自幼在自家私塾读书，受到良好的教育。光绪二十九年（1903 年），参加县试考取第一，第二年岁考又列榜首，以特优擢补为廪生。当时山西大学堂已成立，本想赴太原继求深造，然而祖父思孙心切，不允其远行，因而未能如愿，乃居家自修。1917 年祖父辞世，家业、商业的重担便落在了渠晋山的身上。

渠晋山对经商毫无兴趣，但因祖父去世后，商业事务无人主持，迫于无奈，不得不勉为其难。他把商业活动全权委托给各商号经理具体负责，自己只做一些原则性的指导，比如绝对不做投机倒把、买空卖空的勾当；不借外债，只求稳重，不轻易冒风险。

渠晋山特别喜好读书，喜好收藏古代图书字画，因此他接手了乾隆年间山西历史上最大的私人书坊——“书业德”，并把它更名为“书业诚”，总号设在太原钟楼街的靴巷，分号在祁县东大街，主要出版刊印古籍，经营古善本与名人字画，附带文房四宝的销售。据说当时店员凡是收到古书，必让渠晋山先过一眼，遇善本则留下，普通书则放在店里出售，日积月累，藏书越来越多。对于这些古籍，渠晋山极为爱惜，想尽办法为这些古籍防潮防蛀，还专门制作了松木黑箱用来装书。因为家境富裕，故能广收善本，其收藏在“七七事变”前达到了顶峰，共收藏有各类古籍两千余部，六七万册，另有名人法书及历代碑帖等，而他的这些收藏，其中许多又与书业诚离不开关系。

1937 年日军入侵祁县，渠家大院被日军占为司令部，许多贵重物品被抢劫一空，留在祁县的书业诚伙计趁日军外出之际，抢运出部分古籍，后来陆续运至太原的书业诚。中华人民共和国成立后，渠晋山为了让这些文化遗产得到很好的保护，决定捐献国家，他将明版的《津逮秘书》《唐类函》《资治通鉴》《十三经注疏》和清武英殿本的《钦定仪礼义疏》《钦定周官仪疏》《南巡盛典》《钦定佩文韵府》等一千余部共三万余册善本古籍捐献给了国家，为保存祖国文化遗产做出了贡献。

渠晋山和他的叔父渠本翘一样，热衷于教育事业。1919 年为实现其“教育救国，兴学育人”的心愿，曾出资 80 万两白银，在祁县城内创办私立祁县竞新小学校，面向社会招生。竞新学校采取新式教学方法，并以师资高、校风好、校规严、设施全、成绩优而闻名三晋。竞新学校办学 18 年，民国中央政府曾两次嘉奖，肯定了竞新学校的成绩。1926 年设立竞新图书馆，对外开放，使有志青年受益匪浅。1951 年，渠晋山将竞新校址、图书馆房产及竞新大操场，全部无偿捐赠给祁县中学；1955 年又将珍藏的 500 余部珍贵书籍捐献给山西省文史馆，以表达其一贯关怀教育的赤诚之心。梁晋山于1963年12月去世，享年84岁。

03 商业纵横老字号

祁县商人云集，号称祁帮，而渠家是祁帮中的大户，据《清稗类钞》记载，渠氏资产为三四百万银两。渠氏家族的生意字号可以分为两类：一类是金融业，即票号、钱庄、典当业；另一类是商业，即茶叶、食盐、绸缎、药材、粮食等行业。长裕川茶庄声名卓著，三晋源票号汇通天下，此外，其他著名字号还有存义公票号、汇源涌票号、长盛川票号、晋裕诚布庄、集庆和夏布庄、书业诚古籍书画店、诚记茶号等。

长裕川茶庄　长裕川是渠氏的老字号，也是晋商中开设时间最长、规模最大的茶庄之一。在长达150多年的茶叶贸易中，其分号遍布全国主要水旱码头，生产的“川”字牌砖茶，远销俄罗斯，乃至欧洲。长裕川的前身是“长顺川”，由渠映潢创办于清乾隆年间，光绪年间由渠源潮主事，更名为“长裕川”，民国年间由渠晋山接管。长裕川主要经销茶叶，总号设在祁县城内段家巷，在汉口、长沙、南昌等地设有分号11处，共有店员100多人，仅总号就有20余人。经过多年的摸索经营，基本形成了收购、加工、贩运、批发一条龙的经营体制。长裕川每年从两湖运往各地的砖茶达百余万斤，赢得了“晋商茶王”的美誉。由于带有“长裕川”火印的各种茶包质量上乘，不缺斤短两，信誉卓著，深受俄国商人和蒙古牧民的青睐，甚至砖茶还可以代替货币在市面上流通，由此获取的利润越来越高。据说极盛时，每个账期每股可分红白银七八千两。

三晋源票号　由渠源浈独资经营，创设于同治元年（1862年），1924年改为银号，1934年歇业，历经72年，是当时持续经营时间最长的三大晋商票号之一。三晋源票号以经营稳健著称，是晋商票号的佼佼者。当时的原始资金是30万两，最盛时总营业额达六七百万两，每四年一个账期，每股分红近1万两白银，72年的经营中分红300多万两白银。三晋源票号主要经营汇兑、存放款业务，与官府业务往来频繁，承汇京饷数额很大。此外，该号还曾大量发行银票，宣统二年（1910年），仅北京分号就发行银票2.8万两，准备金1.5万两。三晋源的总号设在祁县城内财神庙街，在北京、天津、上海、镇江、扬州、南昌等地设分号11处。为顺应时代发展，三晋源在推动近代工业发展方面也做出一定贡献。在保晋护矿运动中，三晋源投资600股，共计白银3000两。在修建山西同蒲铁路时，各界人士推举渠本翘出面向各票号宣传筹垫借款，三晋源联合各票号认购同蒲铁路股票60万两。辛亥革命后，票号纷纷倒闭，唯独该号与乔家的大德恒、大德通并存，继续营业到1934年，不得已而退出历史舞台。电视连续剧《昌晋源票号》说的就是渠家三晋源的故事。

百川通票号 总号位于平遥城南大街，因其总号设在平遥，从地域上讲属平遥帮。百川通票号是渠氏家族投资最早的票号，“百川通”的号名取自第14世渠同海（字百川），寓意“百川通大海，财源滚滚来，水到渠成，川流不息。”从咸丰十年（1860年）开办，经营至民国七年（1918年）歇业，长达59年。百川通最初资本共16万两，每4年一个账期，每股分红1万两左右，最多每股分红2万多两。据估算，百川通在59年中，分红600多万两。就在票号如日中天之时，财东渠源浈认为物极必反，盛极必衰，预感自己的票号很有可能会走向衰落，于是，在1902年账期分红之后，他当即抽股，收回大量白银，实行窖藏，成为票号财东中的一大奇谈。后来，票号资金周转出现了严重问题，百川通票号走向衰落。其旧址现已辟为“晋商家俬博物馆”。

书业诚古籍书画店 位于太原市热闹繁华的钟楼街的靴巷，这是一处砖木结构的二层楼房，书业诚的前身是乾隆年间山西历史上最大的私人书坊——书业德，书业德总号在济南，祁县、太原是两个分店，由于经营不善，1915年倒闭后，渠晋山接办，在原址上建造了书店和寓所，并把它更名为“书业诚”，主营书籍、字画，兼营文房四宝、文具、办公用品等，生意兴隆，名扬三晋。当时总号设在祁县，太原为分店。渠晋山请当时的政界名人马俊图撰写了“书业诚”金字匾，还亲自为书店撰写了一副嵌字对联：“书无尽藏，福地琅環钟惠业；诚以将事，洞天清秘尝奇文”。对联将“书、业、诚”三个字嵌入其中，此联对仗工整，用词脱俗，可惜在“文化大革命”中被焚毁。渠晋山又特聘孙希圣、闫子荣两位经营高手担任业务经理，从此太原书业诚像它的名字一样“以诚相见，信誉经商”。很快，太原分号的营业额超过了祁县总号，于是太原书业诚变成总号，祁县变成分店。1949年太原解放前夕，由于战乱，书业诚被迫关门歇业，直到1953年书业诚才又开门迎客。1956年公私合营，书业诚的书籍、货物以及流动资产悉数并入新华书店。书业诚是太原著名的老字号，2003年作为太原市的“文化遗存”加以保护。

【拓展阅读】书业诚“诚信经商”

书业诚秉持诚信经商的原则，其“诚”字表现在三个方面：一是物品货真价实，决不以次充好。如狼毫、羊毫毛笔都是用专门精选的黄鼠狼毛和羊毛定点加工制作，其弹性、吸水性恰到好处；“胡开文墨”必须从安徽徽州屯溪进货；所售之端砚，必把上、中、下砚清楚标明；所出版书籍，印刷清晰，装订整齐，无一错字。二是童叟无欺，对顾客一视同仁，没有什么年龄、身份、地位之分；三是包退包换，决不允许和顾客争吵，保证顾客满意并将售后做得非常好。

04　保矿运动爱国情

山西是我国煤炭资源最丰富的地区，也是我国最早发现并利用煤炭的地区，素有“煤炭之乡”美誉。1905—1908年，著名的“山西保矿运动”发端于山西省著名的煤矿——阳泉矿务局。

保矿运动

★ 保矿运动的背景

19世纪末，外国资本主义开始了掠夺山西煤炭等资源的活动。光绪二十三年（1897年），意大利商人罗沙第在中国多次考察后，在英国成立英、意联合的“福公司”，主要从事铁路、煤矿等行业，目标是中国山西、河南、湖北、湖南、安徽、四川等地，是中国近代史上英国在华的一个重要侵略组织。

福公司留于建筑物上的标志

同时罗沙第游说清末名宦刘鹗，两人一拍即合，刘鹗组建了一个空头的“晋丰公司”，实际上是“福公司”的一块遮羞布而已。刘鹗利用自己的优势，很快和山西商务局总办贾景仁勾结在一起。刘鹗以商人的名义向山西商务局申请开矿，得到山西巡抚胡聘之的同意，又以晋丰公司的名义向福公司借款1000万两，这样福公司取得了经营盂县、平定、泽州、潞安、平阳等地的煤矿开采权！同年年底，刘鹗通过山西商务局得到胡聘之的准许，与福公司秘密签订了《请办晋省矿务借款合同》和《请办晋省矿务章程》。文件中关于盈余分配办法的规定："清政府25%，商务局15%，晋丰公司10%，福公司50%，为期60年。"这两个文件存在明显的漏洞，就是洋人的分配比例过半！实际上就把山西煤矿的开采权卖给了福公司！事情发生后，激起了山西籍京官及各界人士的强烈反对，他们纷纷上书，光绪皇帝不得不多次亲查，最后罢免了刘鹗、方孝杰，查处了贾景仁。

但是，情况并没有好转，不久后，在英国大使的威胁利诱下，1898年5月21日，山西商务局与福公司签订《山西开矿制铁及转运各色矿产章程》20条，按此章程第一条规定："山西商务局禀奉山西巡抚批准专办盂县、平定州、潞安、泽州与平阳府属煤铁以及他处煤、油、各矿，今将批准各事转请福公司办理，限六十年为期。"这更是直接出卖了山西的矿权和路权，引起各界舆论的谴责，1899年8月8日，胡聘之被解职回原籍。第一次保矿，福公司受阻。

1905年，正太铁路阳泉段竣工通车，为矿区发展奠定了基础，也为列强掠夺矿区的煤炭资源提供了条件。福公司见时机成熟，派遣工程师和翻译，持游历执照到阳泉平潭街，沿正太路勘矿绘图，在矿区勘探矿地50平方英里，在其勘探周界插上旗子，上书"福公司"三字；同时，他们通过英国驻华大使照会山西商务局，要求查禁当地民间新开的小煤窑，山西商务局拒绝了福公司的要求。之后，英国要求清政府勒令山西巡抚禁止平定等州府开办煤矿。英帝国主义强霸煤矿的行径直接激起了阳泉人民、山西各界人士、海外留学生和开明官吏的愤慨，一场轰轰烈烈的争夺矿权的运动在平定州（今阳泉）爆发。

★ 保矿运动的导火线

英帝国主义强霸煤矿的行径直接伤害到阳泉人民，争矿运动发端于阳泉矿区。福公司要坚持在矿区开矿，矿区的民间小煤窑却没有停止凿井采煤，并成立了矿产公会，抵制福公司开采阳泉煤矿。然而，腐败的清政府认为福公司开办山西煤矿已成铁案，一再通过外务部催促山西巡抚发给凭单，准予开办平定煤矿。

1906 年 10 月 13 日，得到这一消息，山西省阳高县的留日学生李培仁悲愤交加，在日本东京二重桥上发表演讲，痛骂清政府腐败无能，呼吁同胞保卫国家矿产资源，之后跳海自杀。留日同乡在为他殓尸时，从他身上发现一封以身殉矿的绝命书。次日，山西留日学生同乡会收到李培仁生前友人寄来的另一封绝命书。这两份绝命书洋洋万言，激昂慷慨，痛斥清政府丧权辱国、官府盗卖矿权、官员屈膝媚外的丑行，揭露英帝国主义经济侵略中国的图谋，阐释争矿理由，表达了殉矿的决心。

“我是多么不想离开人世啊！我是多么不忍心丢弃家中年迈的父老和嗷嗷幼子葬身鱼腹，落个不孝不慈的骂名呀！我之所以要告别人世，是不愿看到外国强盗霸占山西的矿产资源，不愿看到以矿为生的同胞失去生计，在贫困的死亡中挣扎……糊涂的总理府官吏、媚外的山西巡抚与洋人狼狈为奸，秘定条约，将我山西丰富的矿产资源拱手献给福公司……我要用一死唤醒民众，夺回矿权！”

——李培仁《绝命书》部分

留日学生李培仁及其《绝命书》部分

李培仁投海自尽的消息和饱蘸激情的绝命书公开以后，群情激愤，很多市民、开明士绅、晋籍京官等也都加入护矿运动的行列，并迅速波及日本、全省、全国各地。11 月 4 日，豫、晋、鲁、陇四省学生在东京神田锦町召开追悼大会，太原和全省各地也先后召开追悼大会，表达坚决争矿的决心。李培仁用其年轻的生命唤醒国人觉醒，把保矿运动推向了高潮。

【拓展阅读】保矿运动中的重要人士

在保矿运动中，涌现出很多晋商绅士，著名的有渠本翘、刘笃敬、崔廷献、常旭春等，他们在争矿运动中，多次联合其他官绅奔走呼号，向清政府陈述废约之必要和失矿权之弊害。如在光绪三十三年（1907 年）十一月初三，他们与内阁中书马存仁一道，联合多名官绅向外务部上了一道《筹议废止福公司办矿章程》的奏折，在奏折中阐述了应当废约的十大理由。十一月十八日，他们又联合多名官绅向外务部上了一道《奏陈赎回晋矿利权当始终坚持婉拒英使干预》的奏折，在奏折中，他们主张在赎矿款问题上决不能退让，决不能按福公司的要求付其巨额的赎矿款。他们都是当时有身份有地位的人，渠本翘是二品衔分省补用道，刘笃敬是山西商务局总办湖南试用道，崔廷献是优贡知县，常旭春是法部员外郎。与他们一同联名上奏折的有礼部主事、军机处主事、学部主事等。因此，对他们的奏折，清政府的重视程度自然不同，这就为赎回矿权起到重要的作用。

★ 赎回矿产的经过

面对巨大的压力，1907 年，福公司万般无奈之下，只能以赎金讹诈的方式提出，山西必须交出 1000 万两白银，英国才会交出采矿权。这一决定，再次遭到山西人民的坚决反对，经过长时间的协商，金额被降低到 275 万两，分 4 期交清。全部交清之后，英国就交出采矿权，退出山西。但是，腐败无能的清政府财政赤字，国库空虚，怎能拿出 275 万两白银呢？这个时候，在优秀的晋商的队伍中，渠本翘挺身而出，为了灭英商威风，长中国人志气，愿意承担筹款事宜。经过多方协调，积极筹办，渠本翘等人力主赎矿，与福公司代表多次谈判。

迫于社会舆论和群众斗争的压力，福公司表示愿意让步。1908 年 1 月 21 日，在《赎回开矿制铁转运合同》时商定，赎矿金 275 万两白银，可分 4 次交清。第 1 次付一半，即 137.5 万两，福公司就交出矿权，退出山西。很明显，数额大，期限短，福公司再次想难倒中方，再霸矿权。

在这关键时刻，渠本翘凭借自己的威望和殷实的家底，为了能够一次性解决问题，首先回到祁县故里，动员父辈渠源潮、渠源浈、渠源洛等带头购股；又动员祁县大德通、大德恒、三晋源等票号，平遥的日昇昌、蔚泰厚、蔚盛长等票号，太谷的志成信、协成乾等票号购股，之后又动员省内其他地方的票号购股。福公司知晓后，便从中作梗，暗中嘱托各银行收集在外资金，以防山西商人挪借。而渠本翘与各票庄不动声色，秘密地将所筹赎金 137.5 万两白银兑换成外国银行的周转支票。

一个月之后的 2 月 21 日，当渠本翘把支票交于福公司代表时，福公司“固惊讶不置”，只好交出矿权，保矿运动取得了决定性胜利，大长了三晋人民的志气。当时大公报载文，赞扬晋商顾全大局，并说“晋人团体如此团结，将来发达岂可限量”。

矿产的开采权赎回来了！1908年7月，渠本翘联合山西的票号，经过大清农工商部批准，“山西商办全省保晋矿务有限公司”正式成立，简称“保晋矿务公司”或“保晋公司”，渠本翘担任第一任总经理，总公司设在太原海子边。

保晋矿务公司采用了当时最先进的股份制企业形式，在天津《大公报》刊登了招股广告，掀起了全省、全国范围内的爱国购股高潮，其中渠本翘认购10000股。渠本翘还亲自拟定了公司运转章程，有一条醒目规章：“只收华股，不收洋股”，这八个字，字字千钧、掷地有声！这是山西民族商人代表三晋人民向横行无忌的洋人的挑战！由此能够看出保晋矿务公司的创设从一开始就具有强烈的爱国主义色彩。渠本翘在担任保晋公司总经理期间，带领保晋公司度过了发展过程中最困难的一段时期，为以后阳泉煤矿集团的发展打下了较好的基础。

★ 保矿运动的意义

山西人民收回矿权的运动是实业救国的集中体现，民族资产阶级与山西广大人民始终坚持在斗争的第一线并发挥了重要作用，他们对帝国主义掠夺山西煤铁资源的经济侵略行为，对清朝封建官僚腐败无能、出卖资源的卖国行为进行了坚决斗争，开启了全国争矿运动之先河，并以最终胜利的罕见结果，为中国近代史写下光辉的一页。

在风起云涌的保矿斗争中应运而生的保晋公司，是当时山西人民抵制外国势力染指山西矿产而形成的爱国民族资产工业，公司从成立伊始就具有鲜明的反帝爱国色彩，它不仅给山西带来了先进的生产方式，而且还从思想上给人们带来了巨大的冲击，像一颗种子在以后山西的发展和社会变革中起到了重要作用。

踪迹五　多福多寿多子孙　太谷首富三多堂

【引言】

“金火车头钟”背后的故事

1999年，曹家大院被辟为三多堂博物馆，展出曹家经商史、明清古典家具以及众多稀世珍宝。在博物馆内，最令人称奇的一件藏品，是清宫国宝“金火车头钟”。据资料记载，金火车头钟是法国送给乾隆皇帝的贺礼，在当时是一件新奇且贵重的稀世珍宝。

为什么这件稀世之宝会流落到民间？相传，这件“金火车头钟”与慈禧西逃有关系。1900年8月，八国联军攻入京城，慈禧太后为了避难便带着光绪皇帝等前往西安避难，但是走得仓促，走到山西的时候，盘缠就快用完了，便向晋商各大商号借钱，祁县乔家和太谷曹家慷慨解囊，给了慈禧一大笔银两，渡过了难关。第二年，慈禧回宫，为了感激回馈，给乔家写了“福种琅嬛”四个大字，给曹家则是这件金火车头钟。

慈禧太后将金火车头钟送给曹家，这件事也可能是个传言，并没有具体的证据证明。它还有别的说法，一种说法是，八国联军攻进北京火烧圆明园，当时，一些太监、侍从从圆明园中偷偷弄出来了一些珍贵的古玩字画，其中就有金火车头钟。后来他们将这些古玩字画偷偷转卖，而曹家把金火车头钟买走了。还有一种说法是，咸丰年间，法国商人因为和曹家的钱庄生意有往来，遂赠给曹家一个金火车头钟。

当然，这些说法都只是民间流传的说法，孰真孰假，已无从知道。但它确实提高了三多堂的知名度，慕名而来的游客，只为一睹金火车头钟的真容。

金火车头钟背后的故事

01　商业帝国太谷曹

在太谷区城西南的北洸村内，坐落着一处具备明清两代风格的传统民居建筑，它便是曹家大院，又被称为“三多堂”。民国年间的《太谷区志》记载，“读三晋富庶者，无不于谷首屈一指。谷首富当属北洸曹家”。我们就来看看富庶一方的曹家发家史。以下是太谷曹氏之世系（部分）。

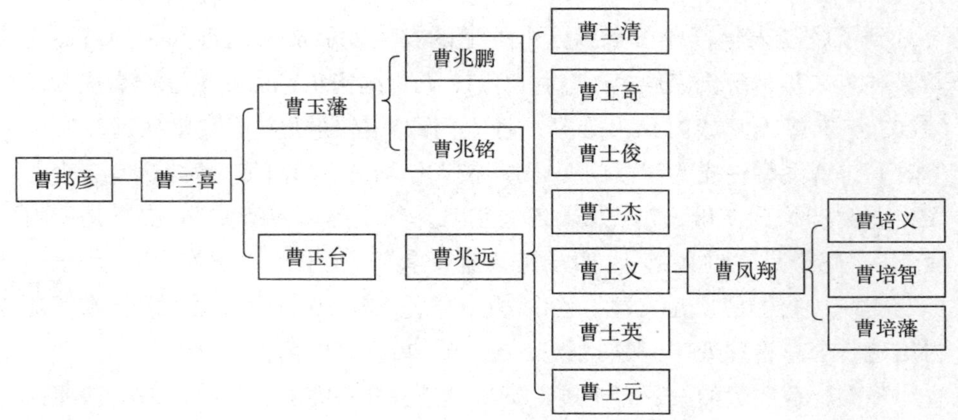

太谷曹氏之世系（部分）

★ 曹三喜独自闯关东

曹氏原住在太原晋源县花塔村。明洪武年间，曹家的始祖曹邦彦，推着独轮车来到太谷区北洸村卖砂锅，看到这里地肥水美人也好，就将全家搬过来，以种地为生。经过 200 多年的发展，成为北洸村一个小有资产、人丁兴旺的大户之家。

明末清初，传到第 14 代“三”字辈，就有 107 人。其中有一位叫曹三喜的年轻人，他不满安逸的生活现状，独自闯关东来到了东北的三座塔村（今辽宁朝阳县），以种菜、养猪、磨豆腐为生。经过多年辛苦的打拼，有了些许积蓄，当地盛产高粱，曹三喜就用高粱酿酒，酿酒业是曹家的第一个行业；很快，曹三喜的资金越来越多，他就继续扩大再生产，业务很快发展到杂货业、典当业。与此同时，三座塔村的人口日益增多，越来越繁荣，清政府就把三座塔改为“朝阳县”。而曹氏是最早在此开办商铺的家族，所以当地人称“先有曹家店，后有朝阳县”。

清朝初年，曹家生意不断壮大，由朝阳县扩张到达沈阳、锦州、日本等地。接着，由关外向关内发展，首先在原籍太谷设号，接着把商号开设到华北、西北各商埠，占据了大半个中国。不仅如此，曹家还跨出国门、走向世界，把商业的触角伸到了日本东京、朝鲜平壤、俄罗斯的恰克图、蒙古的乌兰巴托，甚至到达英国伦敦，在中国的经商史上创下了不朽的辉煌。

★“东六门”与“西六门”

到了乾隆末年，曹氏家族已由地道的农民发展成为远近闻名的富商大贾。乾隆末年，曹氏家族第17世兄弟12人相继担负起商业重任。嘉庆八年（1803年）曹氏家族内兄弟分家，各立门户，按居住方位称曹兆远一支为“东门”，曹兆鹏一支为“西门”，财产按人口均分。“东门”曹兆远有7个儿子，将财产均为7份，7个儿子各立堂名，长子是“吉庆堂”，次子是“馨宜堂”，三子是“世和堂”，四子是“流青堂”，五子是“德善堂”，六子是“双合堂”，七子是“五桂堂”。然后由7堂各出资10万两白银入股，在北洸村组建一个总管理处叫“曹七合”，统一管理，合伙经营。

不久，曹兆远的三子曹士俊带资过继给叔父曹兆鹏，这样，东门曹兆远有六子，西门曹兆鹏有六子，过继后两门各有六个儿子，取“六六大顺”之吉意；同时破解了太谷民间“五七”的迷信风俗，因为在太谷，要给死去的人过“五七”，即人死后的35天内，每隔7天祭祀一次，共祭祀5次，称之为过“五七”，原本曹兆远有7个儿子、曹兆鹏有5个儿子，正合“五七”之数，这样就解决了迷信的说法。不久，“曹七合”改名为“六德公”。这样，曹氏家族分为曹兆远的“东六门”，曹兆鹏的“西六门”。但是西六门六兄弟固守家业，不思进取，商业发展缓慢，以致逐渐中落。

而在东六门，由于曹兆远采取了集资入股、统一经营、专东负责、以股取利等一系列措施，因而商业得到大发展，并在道光、咸丰、同治、光绪年间进入极盛期。与此同时，东六门的家族人口也大增，后代增添了许多堂名，如怀义堂、三立堂、永怀堂、福善堂、敦古堂、承德堂、承仁堂、承善堂、承业堂、三多堂等，不下几十个。

★ 五门“德善堂”人才济济

第16世曹兆远的五子曹士义，他的堂名叫“德善堂”，这一堂一枝独秀，人才济济，善于经商，因而历代都被公推为“专东”。“专东”是曹氏家族推选出来有才干、会经营管理的人才，让他们管理家族企业。如17世的曹士义、18世的曹凤翔、19世的曹培义、20世的曹中美、21世的曹克让、22世的曹师完和曹师肃等，都是当时曹家推选出来的“专东”，也都是名振商界的商业大亨。从嘉庆年间到光绪年间的百余年，五门“德善堂”经过几代人的励精图治，使曹氏家族成为拥有资本1000余万两白银、商号640余座、雇员37000余人，涉及13个行业、横跨7个国家的商业大家族，以至于有“凡是麻雀飞过的地方，都有曹家商号”的说法。

曹氏家族商业大发展的同时，“德善堂”本身也得到了快速发展。因曹氏商业核心“六德公”的专东历来为德善堂的主人担任，所以，六德公在各地广设字号的同时，德善堂也同时大量投资设号，或与他们合股，或独资经营，并不断扩大经营，与六德公名下的商号齐头并进、驰骋商场。六德公专东的商业才能在德善堂商业的发展中，可谓发挥得淋漓尽致。在六德公，尚有其他兄弟制约，而在德善堂，本门都由历任专东说了算，说干就干，大刀阔斧，敢冒风险，所以德善堂的商业盈利往往超过六德公，而商号数量也超过了六德公。

★“三多堂”创立商业帝国

到道光年间，德善堂下又分出“承德堂”“承善堂”“承业堂”三堂，这三堂合称“三多堂”，“三多”即多福、多寿、多子。很明显，德善堂的主人希望族人个个长寿，子孙繁盛，福气多多，多挣钱财，光大门庭，一代更比一代强。

到了清朝同治、光绪年间，曹家其他各支相继衰落，而三多堂这一支日渐兴隆，独秀其门，它的商业发展也达到极盛，三多堂成了曹氏家族的代表。当时曹氏商号遍布全国各地，如济南、徐州、兰州、太原、天津、北京、沈阳、锦州、四平、张家口、黎城、屯留、太谷、长子、榆次等，在新疆、库伦、莫斯科、伊尔库茨克等地，也都设有曹氏的商号。其经营范围很广，“上至丝绸，下至葱蒜”，如绸缎、布匹、呢绒、颜料、药材、皮毛、杂货、洋货、茶叶、账庄、典当、钱庄、票号等。曹家还创造出联号制、分号制等连锁管理办法，据说，全国各地究竟有多少曹家的商号，连管家也说不清楚。有钻营投机者，没有通过曹家同意，擅自打着曹家的旗号，借贷资金开设商号。曹家认为只要在其钱庄、银号管辖之下，外贷不足2万两，就不过问，可见曹家的财势之大。

且看一组数据：三多堂拥有商号400余座，占曹氏商号总数640余座的62%，拥有资本600余万两，占曹氏家族总资本1000余万两的60%以上，拥有雇员22000人，占曹氏商业总雇员37000余人的60%。所以无论从哪个方面讲，三多堂都占到曹家60%以上的份额。

曹氏在商业经营上合资共管，但在家庭经济上则各门自立。三多堂在曹培义时代，家资有300万两，年开支3000余两；到曹中美时代，家资达600万两，年开支上万两。所以说三多堂是曹家的典型代表，也是晋商的杰出代表，三多堂创立了庞大的商业帝国，其名享誉省内外商业界。

★ 商业帝国的陨落

曹家自曹三喜在东北经营起家，一直到曹克让及其子衰落为止，九代人创造了一个家族的辉煌商业史。然而，曹家的商业毕竟是一种封建的资本经营方式，随着社会的发展和国内外形势的变化，曹氏商业在清末走上衰落的道路。

从外界环境来看，辛亥革命后，白银改银圆、银圆改纸币、纸币改钞票，货币在不断折换中，导致曹氏损失资产达数十万两。1919年苏联十月社会主义革命后，曹氏在莫斯科、恰克图、伊尔库茨克和蒙古库伦的商号，由于币制改革，损失百余万两。北洋军阀混战时期，张作霖统治东北，把东北的私营商号全部充公，曹家的东北商业基地严重受损。奉系军阀大量发行“奉票”，1922年第一次直奉战争，奉系军阀失败，奉票大跌，曹氏商号又损失100多万元。1931年“九一八”事变，日军侵占东三省，后来又成立伪满洲国，曹氏在辽宁的五个银号全部归伪满洲国所有，至此曹氏在东北的商号全部化为乌有。东北的企业一垮台，便把关内及太谷的各号拉垮。1938年，日军来到曹家，用两辆大卡车，40天的时间把曹家洗劫一空，给本已残喘的曹家致命一击，曹氏商业彻底破产。

从曹家内部来看，曹家后代子孙不思进取，他们骄奢淫逸，过着纸醉金迷、黑白颠倒的生活，吸食毒品、庸碌无能、坐吃山空，将其祖辈艰苦创业和励精图治的精神元气耗尽。各商号的掌柜见有机可乘，便浑水摸鱼、移花接木、中饱私囊，到头来，三多堂树倒猢狲散，终于走完了300年的辉煌历程，退出了历史的舞台。

【拓展阅读】最后的“奢华”

1923 年，曹家从西方电器公司用 1 万银圆购买了太谷区的第一台发电机，整个大院安装了电灯，从此曹家便过起了阴阳颠倒的生活。他们白天睡觉，晚上待客。用曹家人的话讲：“大白天都在同一个太阳下生活，大家都是一样的，到了晚上，全太谷都是黑的，唯有我曹家是个不夜城。”这种生活被后人视为“不祥之兆”，说阴阳不和，黑白颠倒，曹家将要走向衰败了。这台发电机在 1929 年停电。1920 年，曹章甫从天津购买了山西省第一辆小轿车，牌子是美国福特轿车，阎锡山见后很是羡慕，他说：“我堂堂大督军都没见过，土财主都比我强。”曹家知道后便把汽车拱手相让，阎锡山开了几年后又送还给了曹家，但 1938 年被日本人抢走了。

02 经营管理有良方

太谷区有“金太谷”“中国华尔街”的称号，店铺林立，商贾众多，其中以曹家实力最为雄厚，荣华富贵数代人，历经商海数百年不衰，曹家在商业上能取得如此大的成就，与其先进的经商理念和管理制度分不开。

★ 联号制与分号制

曹家鼎盛时期，拥有商号 640 余座，从业人员 37000 余人，曹家商号可以说“凡有麻雀飞过的地方就有晋商，有晋商的地方就有曹家商号。”这么庞大的业务网络，在当时是怎么管理的呢？曹家的管理者创造了大号管小号，小号管分号，分号管支号的管理办法，与现代的母子公司、连锁商店的性质是相同的。这就是分号制、联号制的经营管理办法。

分号制，即财东独立投资或合伙投资办商号，总商号又分设若干分号于全国各大商埠，而且商号与分号又可投资办小商号，类似于现代企业的母子公司。

曹家在太谷城内设立“励金德”“用通五”“三晋川”三个总商号，这三个具有实力和权威的商业指挥中心，统领着曹氏在国内外开设的大小商号 640 余座。具体如下：它通过“励金德”管理设在太原、潞安及江南各地的商号，通过“用通五”管理设在东北的各商号，通过“三晋川”管理设在山东的各商号。

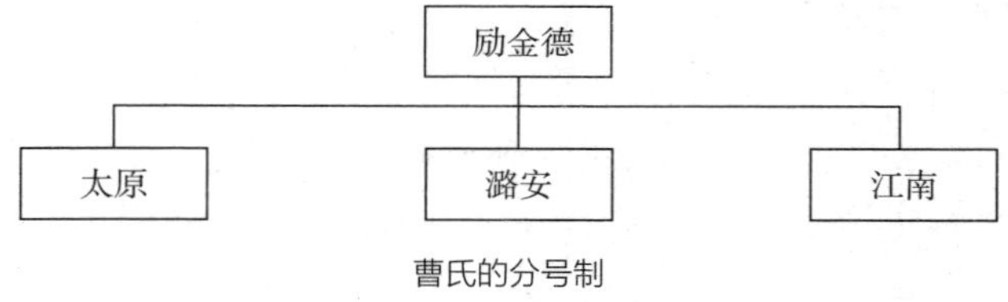

曹氏的分号制

联号制，即由财东投资办若干不同行业的各自独立经营核算的商号，各个商号在业务上相互联系、相互服务、相互支持，形成类似于现代企业集团的网络体系，其分支机构遍布全国乃至国外。

太谷曹氏励金德管辖的彩霞蔚，是曹氏规模最大的绸缎庄，而彩霞蔚又管辖着张家口的锦泰亨、黎城的瑞霞当、榆次的广生店、太谷的锦生蔚等号。这些商号的经营和盈亏，财东曹氏一般不会直接过问，而是由彩霞蔚负责，彩霞蔚则向励金德负责，励金德向财东负责。

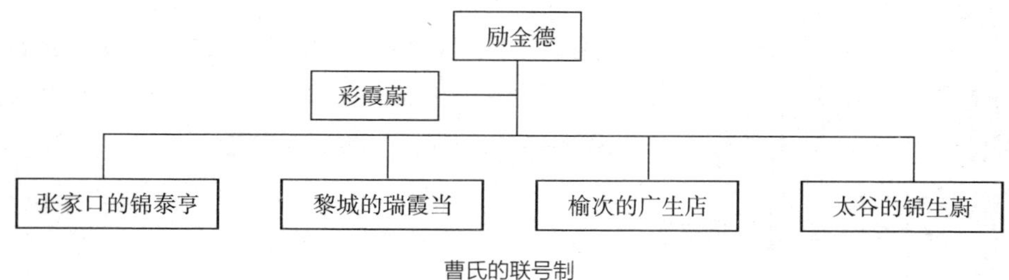

曹氏的联号制

就这样，曹氏办的各商号虽然都是独立核算，但是各商号在上一级商号的统一领导下，无论在信息交换、物资采办，还是市场销售上都会相互支持，必要时在财政上也可拨款相助，最终形成了一个强有力的庞大的商业集团。

分号制与联号制

★ 股东制与专东

曹家在经商的过程中，敏锐地独创了“股东制”，股东制主要用于合理地分配利益，全面照顾到了东家、经理人和伙计等各个阶层的人员的收入。出资人，也就是东家，按照出的资本的多少拿相应的分红；经理人除可以拿到基本的薪金外，还可以按照经营的业绩拿相应的顶身股；伙计等也可以努力做业务，等累积到一定的阶段，也可以进入身股的行列。这种优良的分红方式，符合现代企业收入的分配方式，可以极大地调动不同阶层的员工的工作热情。可以说，在曹家的商业帝国中，每个人只要肯努力，就前途无量。

“专东”是曹氏家族的特色，由所有股东共同商议，在曹家人中选出一个优秀称职的人，来负责曹氏家族整个商业的经营。正如前面所述，在这一制度的实施过程中，“六德公”中的第五门“德善堂”人才济济，从第 17 世到第 22 世，历代都被公推为专东。这一制度把曹氏商业推向了极盛，即使在庚子年后，各门有盛有衰，也保证了曹氏家族各门均能丰衣足食。

★ 钦差巡视制

曹家鼎盛时，共有员工 37000 人，这么多人的团队，如何有效调度人员，如何及时查漏补缺，如何掌握信息来源，曹家为此创立了“钦差巡视制”。所谓“钦差巡视制”，就是曹家为了对外地各商号加以控制，避免出现“将在外，军令有所不受”的现象，财东会派专人外出巡视，类似于皇帝派大臣到各地巡视，就叫“钦差巡视”。

“钦差”一般均在上级商号中选派熟悉业务的人，他们驻在各地，少则驻几个月，多则一年半载，但不参与商号的营业事务，只负责从旁监督考察。一旦发现掌柜有贪污、受贿、舞弊、作风不良等行为，一经发现就地罢免。如徐州的丰治通钱庄，大掌柜和二掌柜闹矛盾，使业务受到了很大的影响，被“钦差”发现，随即将二人撤职。他们二人，一个是砺金德分号陈经理的儿子，一个是曹润堂的亲戚，虽然他们的人脉背景都很强大，但曹氏也不徇私情。曹家的“钦差”可能相当于现今的纪委书记吧。

曹氏正是通过钦差巡视制，一方面对地方商号起到监督的作用，另一方面为曹家决策者提供各商号的运作情况，对各商号的问题及时进行查漏补缺，使这个巨大的商业帝国能时刻以最好的状态运营。

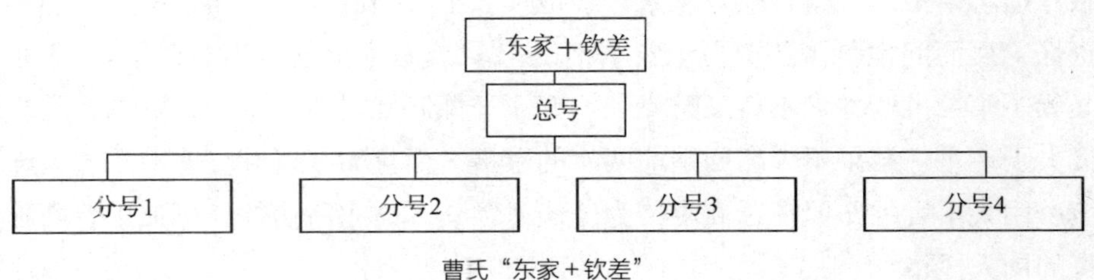

曹氏“东家＋钦差”

★“因利制权”的经营原则

“因利制权”是曹家坚持的灵活的经营原则，他们不管利润大小，只要有利可图，都锐意经营。曹家要求各分号掌柜必须时刻观察商情，分析影响生意的各种因素，以便确保决策准确无误。曹家在东北的商号，多半利用当地丰饶价贱的高粱，以酿酒为业，因此掌柜对天气旱涝、收获丰歉都极为关心。如曹氏某掌柜每天夜半起床，以观天象，十几年如一日，从不间断。再如驻沈阳的富生峻分号的掌柜，某年坐大车回关内探亲，途中见高粱长得茎粗穗大，十分茂盛，认为必获丰收，但随手折断几根，发现茎内都有害虫，就立即打消了回家的念头，连夜返回沈阳后到处收购高粱。当时人们认为新粮丰收在望，遂大量低价出售旧粮，结果等到高粱快成熟之际，却被害虫咬死，高粱的市场价格暴涨。在此次事件中，富生峻商号不仅保证了酿酒的需要，而且高价抛售了一部分低价购买的高粱，结果大发其财。

★ 曹氏的用人途径

曹氏商号用人，最初以曹氏本族为多，后来随着商业的发展，用人范围有所扩大，但也只限于在本省人范围内选用。用人途径大致有两种：一是各大号掌柜荐举；二是从伙友中提升。被荐举者均须具备相当的业务经验；被提升者均须有一定的成绩。曹氏商号在用人上规矩很多，例如：新用掌柜或刚入号的伙友，三年内为试用期，不给工资，只管伙食。三年后，如在试用期表现不好者、违反号规者、掌柜认为“不堪造就”者，一般在正月十五日前通知辞退。如继续任用，按其地位高低、责任大小发给薪金，十年后按其成绩给身股参与分红。

曹家坚持“用人不疑”的原则。曹家在沈阳设富生峻分号时，曹财东对掌柜人选进行了慎重的选择，最后聘用了一位掌柜，交给他 7 万两白银赴沈阳上任。没想到这位掌柜在沈阳经营了没几年，因为一些意想不到的因素导致亏损。掌柜回到太谷向曹东家详细地报告了亏损的经过，东家听后不但不责怪，反而问他是否还敢再干？掌柜说：“只要东家信任，当然敢干。”于是又领了第二批资本，不料又赔光了。曹家又慷慨地付给了第三批资本，掌柜又大干一番，结果不仅赢回了前两次的亏损，而且大获奇利。曹财东选人谨慎、用人不疑的作风在晋商中传为美谈，为众多财东所仿效，形成了晋商独特的用人风格。

03 民宅奇葩三多堂

“三多堂”又叫曹家大院，位于晋中市太谷区北洸村，是晋商巨贾曹家的一座宅院，占地10600平方米。曹家的创始人曹三喜在东北开创基业之后，极盛时在太谷老家相继建起一系列宅院，尤以“福”“禄”“寿”“喜”字形建造的四座大院最具代表性。现在仅幸存下来“寿”字宅院，习惯上称为“三多堂”，意为多福、多寿、多子。1999年被辟为三多堂博物馆，2006年被公布为第六批全国重点文物保护单位。

★ 三多堂的布局

这组建筑群坐北面南，堪称“中华民宅之奇葩”。整个院落呈“寿”字形结构，高耸、厚重、古朴。宅院分南北两部分，东西并排3个穿堂大院，连接了3座3层17米高的楼房，内套15个小院，现存房舍277间。整个建筑雕梁画栋，楼阁鳞次栉比，信步廊庑迂回，举目檐牙高啄，真是一座庞大气派的豪门宅院！楼顶还建有3个亭式重楼，飞阁凌空，是曹家护院家丁巡逻之地，居高临下，整个北洸村尽收眼底。

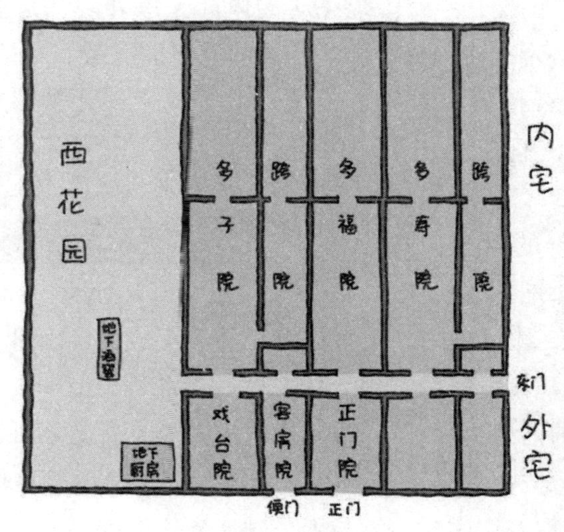

三多堂布局示意图

“三多堂”的正门开在南侧，位于整个大院的南北中轴线上。正门西侧还有一个便门，供车马出入。为方便游人参观，今天的三多堂博物馆以原来的东门为出入口。东门又称“吉利门”，据说过去此门常年关闭，只有女子回娘家、丫鬟出嫁、出殡时才会打开。进入民国，曹家买了山西省的第一辆小汽车后，汽车由此门出入，从此此门又被称为“汽车门”。

进入东门后是一条东西向的甬道，长 66 米，宽 4.5 米，寓意为希望家族发展、六六大顺。三多堂院分为宅院、西花园两大部分。宅院部分又以甬道分成内宅和外宅两部分，北面的内宅为主人居住，南面外宅为仆人居住和工作的地方。北面的三座主院都以“多”字命名，从东至西分别是“多寿院”“多福院”“多子院”，这也是三多堂名字的由来。三个主院分工明确，老人居东，主人居中，子孙居西，立意为福如东海、寿比南山。三座主院布局也基本一致，均为南北狭长形、前后两进院，前院临街都是两层的倒坐楼，两厢各有 5 间厢房，正面是过厅，里院正面是高达十几米的主楼，两厢也是各 5 间厢房。反映了封建社会长幼有序，级别分明，等级观念严格。

★ 长辈居所“多寿院”

古人以东为上，东侧的多寿院是曹家长辈居住的地方。晋商大院，传统布局是“里五外三穿心楼”的布局，即外院东西厢房各三间，里院东西厢房各五间。三多堂打破了晋商传统民居的风尚，里外院都是五间，其院宽约 17.5 米，进深 42 米，比一般晋商宅院的前院更加宽敞。

这个院子里最值得一看的是砖雕匾额“斗山天”，它位于正门的内侧上方。简单的 3 个字，却有多种解释，蕴藏着深刻的含义：按中国传统，从右向左念是“斗山天”，“斗”是古代计量单位，聚沙成塔，汇溪成海，斗可汇成山，山可与天齐，体现了曹家由小到大，积累发家的过程。从左往右念是“天山斗”，“天”取其谐音为“添”“山”的谐音为“三”，古人讲日进斗金，曹家要日进三斗，可见曹家的财大气粗。另外，“斗”还可读成四声，即斗争的斗，体现了曹家与天斗，与地斗，不怕一切困难，欲与天公试比高之气魄。

砖雕匾额“斗山天”

★ 主人居所“多福院”

多福院是曹家的主院，位于整个大院的正中心，是曹家历代的当家人居住的院落，它和正门院同在三多堂的中轴线上，所以多福院是整个三多堂的核心，这个院子距今已有近 400 年的历史，是典型的明代风格。多福院的内部布局与多寿院大体上一致，也是前后两进院，院长大约 70 米，邻着东西甬道的是二层的倒座房，院子中心是过厅，后院上房也是三层的后罩楼，前后院东西厢房也是各有 5 间。

多福院大门内侧，嵌有砖雕匾额，上书“安汝止”三个大字。“安汝止”出自《尚书·益稷》“安汝止，惟几惟康”，意为要安于你的职责，考虑天下的安危，只有在其位谋其政，不谋私利，才能达到神思安定、心如止水的境界。“安汝止”蕴含着深厚的儒家文化和哲理。

多福院的大厅，原是三多堂主人处理事务、接待重要宾客的场所。现大厅正中摆一件国宝级文物——百寿大屏风。百寿大屏风为核桃木所制，采用的是卯榫结构，雕工精美，制作精良，用 92 块天然花纹大理石镶嵌而成。屏风上部雕刻有“福禄寿”三星等吉祥图案，底座满是雕花，中部分五扇，是五块螺钿镶嵌的贝壳镜，游客从不同角度看时，螺钿会呈现出不同色泽。据传如果看到红色则会官运亨通，看到粉色则要走桃花运，而黄色则预示着要发财致富了。屏风背面上下共有 100 个不同写法的“寿”字，这些字形各异的“寿”字都用金粉涂抹，远看为阳刻，近看为阴刻，有着极高的艺术价值和文物价值。屏风背后则是“三代帝师”祁隽藻所书写的古代十七位学者的格言摘录。据说百寿大屏风原是孔祥熙准备送给蒋介石的礼物，但因为太大太重没能运走，后来这个屏风曾有人想出 1500 美元购买，可见其珍贵程度。

百寿大屏风

★ 小辈居所“多子院”

多子院是清中期的建筑，距今已有 200 多年的历史，是曹家小一辈居住的地方。多子院和多寿院相似，也是两路二进的四联院，整个院落由前院、后院、东跨院组成，比多福院多了个东跨院。

多子院倒座房内侧，也镶有匾额，匾上原有“凌者云”三字，意在激励后代从小要树立凌云之志，做一个有抱负、有理想的人。

多子院的东跨院为未婚女子居住的地方，因院内有绣楼，又称绣楼院。绣楼为两层，一层为窑洞式，是女仆的起居活动的场所，二楼为小姐卧室。

过去晋中有民谚："十三留头，十四嫁，十五岁生个毛娃娃。"那时的女孩子深受封建礼教的束缚，越是大户人家的女孩受到的约束越多，女孩子到了十一二岁便被关到绣楼上，大门不出二门不迈，除了学做女红之外不能心有旁念，更不能与外界交流。绣楼建得又低又矮又后缩，就使二楼的视野十分狭窄，即使左顾右盼也看不到左邻右舍院落里的人，隔绝了她们与外界的交流，禁锢了小姐的思想，她们只能听命于媒妁之言、父母之命，直到出嫁之时才能离开绣楼。

★ 主楼后罩楼

三个院子的最后为主楼，是曹家大院的精华，都是面宽五间的三层楼。登上楼顶是个大平台，这一平台是当年守院的家丁站岗放哨、巡更守夜的地方，还是主人举杯邀月、纳凉吃酒之所。

三座主楼楼顶上各建有一个亭式重楼，重楼也叫看楼，既可以为登顶的楼梯口遮挡风雨，也可以为巡更守夜的家丁遮挡风雨。这三座重楼外观大体一致，面宽都是三间，也都是仅有北墙，其他三面透空；但它们的屋顶形制又不尽相同，多福院和多寿院的重楼为悬山顶，多子院的重楼是歇山顶。

据说楼顶上的三个亭子从108国道看酷似古代祭祀用的牛、羊、猪的造型。我们知道古时建造房子讲究敬鬼神、法祖先、讲天命、求自然的思想，建房都是天、人、自然的和谐统一。中国古人盖房讲依山傍水，坐北朝南，但曹家北边没有山，而山在南边，为了扭转风水，就在楼顶上按三牲祭品的形状建起了三个亭榭，以此保佑曹家荣华富贵。多寿院楼顶是三牲中"牛"的造型：寓意曹家老者勤勤劳劳一辈子，俯首甘为孺子牛；多福院楼顶是"猪"的造型：寓意曹家大东家衣食无忧，大富大贵，招财进宝；多子院楼顶是"羊"的造型：羊为"祥"，主人希望曹家小辈都能平安吉祥，而且当时的羊为"孝"，希望小一辈都能以孝为先，继承和发扬中华民族的传统美德。

04 稀世珍宝大院藏

曹家大院的一大看点，是珍藏着400多件精美的明清家具和2000多件瓷器，民谣有"稀世国宝在故宫，民间珍品三多堂"之说。

金火车头钟 它原本是乾隆年间，法国献给乾隆皇帝的礼品，据说是慈禧西逃为感谢曹家的资助而赐给曹家的宝物。它由黄、白、乌三种金合制，重达 84.5 斤，外形像个小火车，车身上装有两个表，一个是时间表，报时准确；一个是晴雨表，预测天气阴晴。令人称奇的是：只要往车身上的汽缸里倒上水，一上金发条，这辆火车就冒着白烟在 1.5 米长的轨道上跑起来，并且每到一个时点，车头上的金铃铛就会鸣笛。在今天看来，特别像一个玩具，但在当时，确是奇珍异宝。

清明上河图 这是一件临摹作品，但它出自明代大画家仇瑛之手，临摹的是北宋著名画家张择端的《清明上河图》。尽管是临摹作品，但仇英在绘画上的造诣很高，故而成为曹家珍宝。整个画卷总长 7.47 米，上有 1643 个人物，208 头牲畜，所绘的为北宋开封汴梁、汴河沿岸的繁荣景象，整幅作品反映了当时社会稳定，经济繁荣，风调雨顺，政平人和的社会风貌，是一幅罕见的风俗长卷，对研究我国古代经济史、航运史、建筑史都有很大的帮助。

大理石座镜 座镜一般摆放在厅堂中央的条几上。这件座镜的底座是一块楠木的根雕，上面雕有松树、竹子、梅花“岁寒三友”的图案。座镜的上半部分为一块天然大理石，远看像一幅泼墨山水画，近景、中景、远景层次分明，远处苍茫的天空云雾缭绕，中间是山峦起伏，重重叠叠，近处是树木丛生，怪石嶙峋，相当漂亮，最奇妙之处是它不足 1 厘米厚，却是黑白颠倒的，正面白的地方，背面是黑的，反之，正面黑的地方，背面是白的，人们常说:“大理石好找，双面镜难寻。”的确，它是一块难得一见的天然奇石。

螺钿镶嵌大座镜 螺钿就是螺壳和贝壳经过工匠打磨成薄薄的装饰品，镶嵌在木器上，本身是乳白色，但经过打磨在阳光的折射下，会出现五彩斑斓的颜色。这件大座镜的图案是：中间有三个人物，分别为福、禄、寿三星，怀抱小孩的是福星，头戴官帽的为禄星，手捧寿桃的是寿星。十分有趣的是，如果看见福星的脸呈粉红色，代表你是鸿运当头；看见禄星的脸呈绿色，代表官运亨通；看见寿星的脸呈黄色，则代表延年益寿。

祥云托月镜 此座镜中央一轮明月照乾坤，象征万家团圆美满。下面采用浮雕艺术，雕有朵朵祥云，云朵中藏有一种吉祥物——蝙蝠，蝙蝠是福气的象征，五只蝙蝠意取“五福临门”之意，展现了古人对幸福生活的向往。

喜字镜 周边用螺钿镶嵌而成，四个边中间镶有“喜”字，代表人生的四大喜事：久旱逢甘霖，他乡遇故知，洞房花烛夜，金榜题名时。

越南点翠屏 它的屏为紫檀木雕刻，镜面是用越南一种非常珍贵的翠鸟的背部羽毛粘贴而成的，整个画面青山绿水，浸透着春天温暖柔和的气息。据说本为宫廷物品，后来曹家花费重金买下。古代贵族女子用一点点翠鸟的羽毛做成饰品，附在凤冠上、耳坠上，就身价倍增。而这面镜子竟用翠鸟的羽毛作画成镜，历经 200 多年，色彩依旧艳丽如新，是一件难得的绝世珍品。

楼台式的博古阁 博古阁是用于放古玩玉器的陈列柜。此件博古阁雕刻精细，带着浓郁的南方韵味。博古阁的开关设置得很隐秘，一没拉手，二没转轴，却在底部有一个指甲盖大小的小木屑，轻轻一拔，便可以拿开。博古阁上边有三面小镜子，当时镜子是财富的象征，也是稀罕物品，镶嵌镜子是用来显示曹家雄厚的财力。

八仙桌 方桌古称八仙桌，是用来放供品的供桌，供品放得越多，桌子也就越大。这个桌子体形硕大，足以体现主人的财力，看似方桌其实它不方，长 1.40 米，宽 1.39 米，意取古代木匠鼻祖鲁班师傅的为人之道，他说，月满则亏，水满则溢，告诉人们万事万物都有缺陷，缺陷也是一种美，好事不能占全，反映做人做事要留有余地。

太师椅 为黄花梨木制成，是明式风格。明式椅子讲究实用，靠背的曲度与人体的曲度相吻合，坐上去特别舒服，古朴大方，简单明了，历经百年不变形，当地民谣有“坐椅子，摇扇子，荣华富贵一辈子”。黄花梨木色彩鲜美，纹理清晰而且有香料味，黄花梨木的这些特点，使得在制作家具时一般都不加雕饰，从而突出了木质纹理的自然美，给人以文静、柔和的感受。

双鱼如意椅 是典型的清式家具，清式家具讲究雕饰华丽，清式的椅子通常做得方方正正，讲究坐有坐相。这把如意椅在靠背处采用镂空工艺雕刻，上方雕有“磬”，下为“如意”，底下还挂有两条“鱼”，整幅图案取“吉庆有余，如意吉祥”的意思。

夫妻椅 八仙桌旁的这两把椅子，一个雕有八只蝙蝠，是男子坐的；另一个雕有六只蝙蝠，是女子所坐。在男尊女卑的社会，女子的地位比男子低，男女不平等。这对夫妻椅的寓意是：取男子在外挣钱“八八发”，女子在家理财“六六顺”。

踪迹六 明清儒商第一家 常家庄园尽风流

【引言】

万里茶道申遗

一条跨越欧亚大陆、连接中蒙俄三国、以茶叶贸易为主体、绵延万里的古老商道，如今正受到中蒙俄政府的极大关注。2012年夏天，中国“万里茶道”沿线省区代表在湖北省赤壁市发出《赤壁倡议》，率先拉开中蒙俄三国联合申遗序幕。2013年9月10日，第二届“万里茶道”与城市发展中蒙俄市长峰会在内蒙古二连浩特市落幕，中蒙俄三国一致认为，“万里茶道”是珍贵的世界文化遗产，共同签署了《“万里茶道”共同申遗倡议书》。“万里茶道”先后被列入我国遗产保护“十三五”规划、“十四五”规划、“一带一路”遗产保护规划，2019年，被正式列入了《中国世界文化遗产预备名单》，2021年年底，又被列入了国务院办公厅印发的《“十四五”文物保护和科技创新规划》，成为国家文化战略重要内容之一。

“万里茶道”是历史留给中国、蒙古、俄罗斯的一份重要文化遗产，“万里茶道”不单是商贸之道，更是开放之道、文化之道、友谊之道，是建设“一带一路”和“中蒙俄经济走廊”的人文资源。新时代，再续前缘，不断提升“万里茶道”的社会知名度和认可度，塑造“万里茶道”独具特色的文化品牌，有利于唤醒中蒙俄三国人民共有的历史记忆，促进沿线国家和地区间的经贸、文化交流。

01 白手起家开创家族基业

在灿若星河的晋商名门望族中，榆次常氏以其非凡的胆识，带领晋商开创了可以与“丝绸之路”相媲美的“万里茶道”。尤其在晚清，在恰克图十个较大商号中，常氏一门独占其四，堪称清代晋商中的“外贸世家”。常氏家族遵循“学而优则贾”的家训，从咸丰到光绪的半个世纪中，常家子弟考取进士、举人、拔贡、秀才，成为监生、贡生者多达176人，堪称“儒商世家”。以下是榆次常氏之世系（部分）。

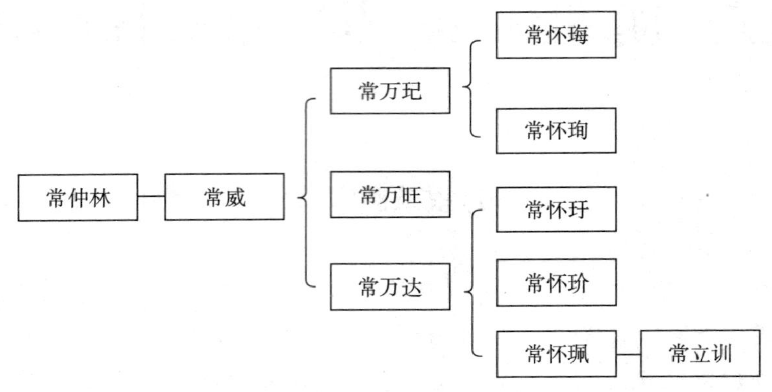

榆次常氏之世系（部分）

★ 定居榆次车辋村

据《常氏家乘》记载，榆次车辋常家的原籍在太谷区惠安村。始祖常仲林，早些年曾住在太谷区的敦坊村，明朝弘治初年，流落榆次的车辋村，一贫如洗的常仲林，别无长处，只好给一个姓刘的大户人家打工，替人家放羊。因为常仲林忠厚老实，勤劳踏实，得到刘家的信赖，就将婢女许给他为妻，常仲林得以在车辋村安家落户了。

常家创业史

车辋虽然地处晋中平原，但地势低洼，到处是盐碱地，榆次、太谷一带流传着这样一句顺口溜：“走东阳，串西阳，德音、庞至、烂车辋。”说明在车辋靠种地是很难致富的。

常家庄园的祠堂里供奉着一把放羊铲，就是常仲林当年放羊所用。常氏族人传说，常仲林以放羊为生，有一天在他住的刘财主偏院屋子的地下，发现了几罐银两，当时不敢声张，藏好后依然每日放羊。他的子孙们也守口如瓶，代代务农为生，直到好几代后才陆续取出，作为做生意的本钱。传说归传说，常氏直到第4代才开始由农牧业向商贸业“转型发展”，尽管还没有大富大贵，但他们总算在车辋村建房置地扎了根，过上了安稳的生活。

★ 常威开店“常布铺”

常家走向富裕，是在清初的康熙年间。到了第8代的常威，20岁刚出头，有想法、有胆识，他不甘心过一辈子普普通通的生活，听说在张家口做生意赚钱比较容易，就独闯张家口。据记载，常威往返于张家口与榆次车辋村之间，多年不带川资，沿途靠着幼年时学过的一点点儿占卜之术，就背着一个褡裢，一边给人算卦，一边步行到张家口，这样来来回回，年复一年，做起了行商。

凭着坚韧的毅力，淳厚的品质、吃苦的精神，到康熙五十一年（1711年），常威终于在张家口租了一个铺面，但买卖不大，也没个正式的名称，就叫“常布铺”，他终于由行商转型成了坐商。常布铺主要经营的是榆次的土布，这种土布幅宽细密，结实耐用，而且物美价廉，常威又恪守诚信，深得蒙古牧民的喜欢，很快就声名大噪，生意做得红红火火。

如今常家祠堂里供奉的一件粗布褡裢，一块褪了色的“常布铺”牌匾，就是当年常威使用的东西，再加上常仲林的放羊铲，这三件祖上用过的东西，就成了常家传给后代的三件宝物。这些看似平淡无奇的东西，也是常氏为感念先人、教育后辈的良苦用心。

★ 南常北常双雄崛起

在张家口扎下根之后，常威的三个儿子常万玘、常万旺、常万达都随着父亲来到张家口。张家口是蒙汉“互市之所”，商贾云集，商业贸易十分兴盛。父子四人齐心协力，常布铺的生意越做越红火，规模也越来越大，除了经营榆次土布，还增加了绸缎一类的高档货。在有了一定资本后，父子四人把常布铺改扩为“大德玉”杂货店，大德玉除经营布匹外，还经营杂货、茶叶等，其中茶叶的生意蒸蒸日上。常氏父子抓住机遇，利用张家口的地理优势，把生意逐渐扩大到归化、包头、多伦和库伦等更多的蒙古市场。

常威在商海闯荡几十年，积累起丰富的家资，在自己还乡养老之前，为三个儿子主持分家，除二儿子常万旺自愿务农，在张家口郊外购地务农外，长子常万玘、常三子万达均子承父业，继续经商。

从此，长子常万玘，人称“南常”，堂名为“世荣堂”，经营“大德常”，大德常是常威从大德玉中抽出若干资金，新立的一个字号。常万玘以为根基，在国内延伸，注重内贸，稳扎稳打，向国内各大小城市延伸，经营以布匹、百货为主的生活用品。因大德常的商号名称均带有“德”字，故称“十大德”。三子常万达，人称“北常”，堂名为“世和堂”，则经营大德玉，他更注重外贸，毅然采取了向俄蒙发展，搞国际贸易的方略，走上了一条具有挑战性的经商之路，开创了“万里茶道”。大德玉商号名称均带有“玉”字，故称“十大玉”。相比于南常，北常人丁兴旺，代代相传，商贸事业很快就进入了财源滚滚、蒸蒸日上的阶段。

★ 开拓万里茶道

“万里茶道”的开辟，使常家获得“中国外贸第一世家”的称号（详见02超常胆识开拓万里茶道）

★ 常氏家族衰落

常氏商业的衰落，始于庚子事变到清朝灭亡，到了民国二年（1913年）则一蹶不振，基本倒闭。常家衰落的原因和其他晋商一样，主要是清政府的腐败和政局的动荡。

光绪三十一年（1905年），俄国西伯利亚铁路全线通车，交通线路的改变，使常家在内的晋商在茶叶之路上处于劣势，恰克图的茶叶生意顿时冷清。俄商还在茶叶产地设立制茶工厂，致使晋商的手工制茶作坊远远落后于俄商先进的机器生产。常家为了扭转败局，联合其他晋商对俄国小商人采取赊销的办法来维持现状，但是由于清政府的无能，俄商找各种理由欠款不付。据《山西外贸志》记载，俄商因赊购、拖欠常家大升玉、大泉玉、独慎玉的款项为俄钞32.07万卢布。另据《山西票号史》记述，由于清末俄国的重税，华商遭受浩劫，常家大德玉连同大美玉、大升玉、大泉玉、独慎玉5家在莫斯科的商号赔累折银达140万两。之后的打击更是接连不断。1911年，外蒙在沙俄的操纵下与清政府分裂，1917年，俄国十月社会主义革命成功，1924年，外蒙古独立，成立蒙古人民共和国，致使常家的财产全部充公。1929年，国民党政府与苏联断交，导致库伦、恰克图的400余家中国商号全部被没收，损失白银1亿万两。自此，繁华了200余年的茶叶之路从此荒芜。而常氏在恰克图、张家口的商贸也从此一蹶不振、日落西山了。

02　超常胆识开拓万里茶道

万里茶道

在中国外贸发展史上有过两条光彩夺目的国际贸易通

道，一条是“丝绸之路”，另一条是茶叶之路。茶叶之路的开拓者，离不开晋商望族——榆次常氏。

★《恰克图条约》的签订

中国与俄罗斯有着漫长的边境。18 世纪中叶，茶叶已成为以食肉为主的蒙古、俄罗斯各民族生活中不可缺少的必需品，对茶叶有巨大的需求，明政府便设置了“九边重镇”，开辟了“茶马互市”，在边境开始做起了茶叶生意。

清康熙二十八年（1689 年），中俄两国签订了《尼布楚条约》，自此，中俄之间开始了正式的贸易往来。但中俄贸易中运往俄国的茶叶远远不能满足俄国对茶叶的需求。雍正五年（1727 年），两国又签署了《布连斯基条约》。在此基础上，雍正六年（1728 年），两国又正式签署了《恰克图条约》。《恰克图条约》中关于贸易的规定是：“俄国来华经商人数不得超过 200 人，每 3 年来北京 1 次，免除关税；同时，在两国边界的恰克图、尼布楚、祖鲁海尔设互市”，“情愿前往贸易者，准其贸易。周围墙垣栅子，酌量建造，亦毋庸取税。”

雍正八年（1730 年），清政府批准在恰克图的中方边境地区建立买卖城，这样就将恰克图分为南北两市，南市为中国商民居住，称为“买卖城”；北市为俄国商民居住，称为“恰克图”。恰克图正式成为中俄边境的贸易站点，为常氏家族和多家晋商创造了开拓和发展国际贸易的契机。

★ 万里茶道的路线

随着蒙古人、俄罗斯人对茶叶的需求与日俱增，常家作为最早到恰克图贸易的一批中方商人，抢占了市场商机。山西不产茶，他们就到千里之外的福建武夷山采办茶叶，后期转到两湖交界的羊楼司、羊楼洞一带。为保证产品质量，讲究质量信誉，常家首先采取了茶叶“收购—加工—贩运”一条龙的营销方式。

以常家为首的晋商在福建武夷山的下梅村拉开了万里茶道的序幕。他们一方面在武夷山购买茶山，组织当地人种植、生产茶叶；另一方面在崇安县的下梅镇设茶庄，精选、收购茶叶；同时，自行创立茶坊、茶库，将散茶精制加工成红茶、砖茶等，妥为收藏。他们既是茶商，又是制茶工厂的老板，同时还是当地的农业资本家。据《崇安县志》载:“康熙十九年间，其时武夷茶市集崇安下梅，盛时每日行筏三百艘，转运不绝。”由此可见茶叶交易在下梅村十分活跃。

加工好的砖茶从武夷山用马车运输至江西省河口（今江西省铅山县），再改用船帮，由水路运至信江、入鄱阳湖，再转长江水运到有“茶叶港”之称的汉口，继续经汉水运至襄樊和河南唐河，在有“南船北马”之称的社旗上岸，后换骡马、骆驼驮运北上，经洛阳过黄河，跨越太行山进入山西境内，再经过晋城、长治出祁县紫洪口，于鲁村再换马车北上过太原、走大同到达张家口。张家口再一次换骆驼继续前行，运至库伦和恰克图。恰克图是中俄交界之处，意为“有茶的地方”,《恰克图条约》签订之后，中俄恰克图贸易，从雍正初年到清末，一直持续了180多年，始终被晋商垄断。有人说:“所有恰克图贸易的商民，皆晋省人。由张家口贩运烟、茶、缎、布、杂货，前往易换各色皮张、毡片等物。”所以在与俄国的贸易上，晋商独占鳌头，而且茶叶贸易占到总贸易额的九成，其中常氏占有的份额竟高达四成，常家因此成为富甲海内的晋商巨贾，中国对俄贸易之第一世家。

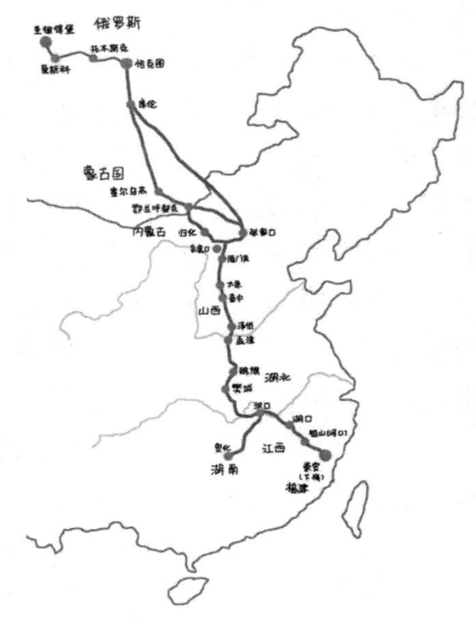

万里茶道路线示意图

最终，这些来自武夷山的茶叶通过恰克图中转，运输到遥远的圣彼得堡和莫斯科，那些白皮肤、蓝眼睛、卷头发的俄罗斯人享受到了来自中国大陆的饮品和茶叶文化。

的确，这是一条联通欧亚大陆的“茶叶之路”，是以榆次常家为代表的晋商们几代人的艰苦创业。从武夷山到达恰克图，水路全程4500公里，其中水运1560公里，车路1440公里，驼路1500公里，全部行程需要走5个多月甚至半年！这条对外贸易线路，历时近200年，浩浩荡荡，绵延不绝，足以同汉代开辟的丝绸之路相媲美。常家是万里茶道的开拓者、建设者，更是万里茶道发展的见证者，在晋商的创业发展史中功不可没。

★ 大漠驼帮与“没奈何”

在这条长达万里的茶叶运输的线路上，主要的交通工具有船运、牛车、马车、骡子、骆驼，甚至人力等。其中骆驼是万里茶道中沙漠路段的最重要的运输工具，骆驼被称为“沙漠之舟”，由于它身体的特殊构造，能很好地适应沙漠的生活，能走得更远。骆驼细长的四肢可以大步地前进；大如盘的驼蹄长着弹簧一般的肉垫，可以避免陷入沙中；长睫毛、两重眼睑，可以挡住沙尘，防止迷眼；斜开的鼻孔，能自由开闭，防止灰尘进入；嗅觉灵敏，它们在很远的地方也能嗅到潮湿的味道，帮助人们寻找水源。最重要的是骆驼的驼峰里贮存着大量的脂肪，靠着这些脂肪，骆驼能够连续 4~5 天不进食，这些脂肪还可以帮助它们调节体温。

因此，驼运比马车安全快捷而且更便宜，一只骆驼可驮 400 斤重的货物。所以常家自己养骆驼，建起自己的驼队。他们在驮运中摸索出不少成功的运作方式：将 80 匹骆驼分为一帮，每 5 驼为一行，共 16 行，一人管一行，就有 16 人，再加 1 个蒙古人做向导，1 个帮首（驼倌）带队，每一帮中，还要另配备一两名懂药理医道的人，带必用药物，以保证人畜的平安。这样一个驼帮总计 20 人左右、80 匹骆驼。商队出发时，要用牛拉的大轱辘车带上 3 个月的食品、水等。在张家口通往恰克图、库伦的路途上，最多时曾往返着几十万只骆驼，这支规模盖世的驼帮，在浩渺无际的大漠荒野之中，如同一字长蛇，首尾难以相望，伴随着叮叮咚咚的驼铃声，迈着沉闷的步伐，成了大漠中特有的一道风景。

在常家庄园的展厅里，摆放着几个巨大的球状的银锭，叫作“没奈何”，每块重达 1000 两，合 64 斤。原来，与俄商贸易的过程中，俄商常常将“汉堡银”（德国汉堡或莱茵河上法兰克福所产的白银，制成粗制滥造的各类“工艺品”）交给晋商。为了把这些“工艺品”和白银运回张家口和原籍晋中，聪明的常家人在恰克图，就地把它们熔化铸成一个个巨块，每块重达千两左右，然后，把银块装到特制的牛车上，派保镖押运，运回目的地，一个行程约 3 个月。用这种方法，一则可以防止运送人员在路途中的偷摸行为；二则因为沿途时常有马匪路霸的抢劫，马匪一般都是骑术高超的武林高手，他们呼啸而来，人不离马，冲至驼旁，俯身即可将商人驼鞍上的银器掠去，转眼就渺无踪影。将白银铸成“没奈何”后，匪徒见到千两银锭，抢不动、搬不动，也只能无可奈何地摇头而去。后来，各商家都学常家的方法，铸起了没奈何。这些沉甸甸的没奈何，既是草原骑匪心有余而力不足的没奈何，也是旅蒙晋商面对武装暴徒不得已而为之的没奈何。

没奈何运回原籍后，有的就地熔化后倒入地窖，成为不动的窖藏银；有的铸成元宝，投入市场使用。

★ 与沙俄的较量

清朝初年，以常家为代表的晋商凭借多年经营茶叶生意的经验，来到福建武夷山的下梅、星村等地，设立茶行，购买茶叶并建立茶厂，加工和制造茶叶。雍正五年（1727 年），中俄签订《恰克图条约》，在恰克图建立买卖城，乾隆二十年（1755 年）后，恰克图的中俄贸易逐渐兴盛。与此同时，随着俄国对中国茶叶的嗜好者增加，饮茶逐渐风行各地，“不喝茶，不上工”，茶已成为日常必备的饮品。晋商把握住了这个机遇，到道光时在恰克图已有茶庄 100 家左右，皆为晋商经营，其中著名的有大德玉、大升玉、大泉玉、锦泰亨、锦泉涌等，大德玉、大升玉、大泉玉就是常家的商号。从 1727 年到第二次鸦片战争的 100 多年的时间里，晋商开辟万里茶路，垄断西北茶市，经销砖茶，主宰中俄贸易，成为名副其实的国际贸易商，赚取了丰厚的利润，创造了晋商发展史上的辉煌。

正当晋商进入对俄贸易顶峰时，太平天国运动爆发，晋商去武夷山的茶道受阻，茶路中断，但俄国市场对砖茶的需求有增无减。为了改变这一局面，晋商改变办茶地点，由原来的武夷山转移到长江中游的湖南、湖北两省交界处的羊楼洞、羊楼司、湖南安化一带，这里自然条件良好，十分适宜栽植茶树，晋商传授当地人栽植茶树和制造红茶、绿茶的方法，很快这一带便成为晋商新的茶叶产地。同时，从武夷山到汉口陆路 100 多千米，水路 550 多千米，共计 650 多千米。改道后由湖南安化到武汉约 350 千米，湖北鄂南茶区到武汉只有 200 千米左右，这样路程缩减，运输成本大大降低。

同时，晋商为了保证茶叶的货源与质量，在武夷山区通过“行东”（代理商）以包卖的形式控制一些作坊，进行“产—供—销”一体化的经营，保证了茶叶的质量。为了减少长途颠簸造成的茶

千两茶与“川”字茶砖

叶损坏、变质等问题，晋商在辗转到两湖后，研制了“砖茶”，砖茶是茶叶贸易中的一大发明，易于运输存放。还在砖茶上贴有“晋商监制”字样，树立了自己的品牌。当时湖南安化的“千两茶”、湖北羊楼洞的“川”字牌茶砖等，至今都是蒙古国和俄罗斯市场的畅销货。

19 世纪 50 年代，由于国力的衰落、一系列不平等条约的签订，中俄在恰克图维持了 100 多年的平等贸易遭到破坏，中俄茶叶贸易大战拉开了序幕。第二次鸦片战争后，沙俄先后逼清政府签订《中俄天津条约》《中俄北京条约》《中俄陆路通商章程》等不平等条约，沙俄从而获取了在蒙古边境的通商权，取得了在天津、张家口等内地低税率的特权，打通了中国最大的茶叶集散地汉口—天津、天津—海参崴的水路，得到了在中国的产茶区直接采购和加工茶叶的特权，取消天津海关的进口税等一系列特权，使俄商在中国拥有了远比晋商优厚的政策条件，运茶成本大为降低，加速了俄商势力在中国的扩张，1865—1867 年，短短两年运茶量增长了 5 倍多。与俄商相比，晋商贩茶却受到清政府的种种限制，既不能享受水路运输和减免税的便利，又要从汉口至张家口过 63 道厘金分卡，交付比俄商多 10 倍的税金，甚至晋商贩到恰克图的茶叶，除征税外，每张信票还要交票规银 50 两。中俄在恰克图维持了 100 多年的平等贸易发生逆转，晋商权利被夺，生机顿减。

国家贫弱劣势的竞争环境并没有让晋商退缩，晋商凭借驰骋商界的智慧和百折不挠的精神，开始反击。在对比悬殊的情况下，面对俄商咄咄逼人的态势，晋商喊出了“打到俄国去”的口号，提出了由恰克图取道俄国经商的策略。同治六年（1867 年），晋商程化鹏、余鹏云等代表商界提出削减茶税和直接赴俄售货的要求。经过多次商谈，很快，中国的茶商就出现在俄罗斯的东部以及西伯利亚各地。据统计，在晋商将商路拓展到俄国的第一年（1869 年）里，向俄国输出茶叶 11 万担；到了第三年（1871 年），每年向俄输出茶叶已经达到了 20 万担，而俄商从中国输出的茶叶是 11 万担，晋商呈领先之势。再有，面对洋人利用先进的机器生产茶叶，在湖北的晋商为了与洋商竞争，对茶叶工厂进行改造，光绪十九年（1893 年）前后，晋商开始使用气压机和水压机制作砖茶，光绪二十三年（1897 年）又从英国购进烘干机设备，制作出了色味形俱佳的茶叶。由于砖茶做工精细，质地良好，所以晋商的茶往往要比其他商帮的茶叶价格高出 5 厘至 1 分，但人们还是争买晋商的好茶。

★“万里茶道”的衰败

清代晚期，随着更多的科学技术手段被俄商带入中国，加之清政府的日益衰微，俄商从中国直接贩茶量持续上升，而晋商因后劲不足，被俄国彻底甩在了后面，繁荣 200 多年的茶叶之路走向了尾声。

1870 年，俄国开通了中国沿海向南直到乌克兰的新航线，1871 年，俄国人在黑龙江的船舶公司开业，1905 年，西伯利亚大铁路竣工通车，与此同时，莫斯科到上海的海底电缆也铺设完工。俄国在不平等条约保护之下，可依靠发达的航运业、先进的信息传输，而晋商面临的是腐败无能的政府、名目繁多的苛捐杂税、落后的运输工具和通信手段，茶叶大战的衰败大势已定。1914 年，第一次世界大战爆发，俄国内战顿起，导致常家损失 140 多万两白银；1917 年，俄国十月革命后，晋商手中的卢布全部成为废纸，仅曹家就损失 24 万两白银；1921 年，外蒙独立，晋商的财产全部没收。从此，晋商垄断长达 200 多年的茶叶贸易也就此结束，茶叶之路成了历史的遗迹，山西茶商退出了历史的舞台。

03　八可庄园尽显园林之美

晋中市榆次区西南东阳镇的车辋村，是由 4 个自然村组成，4 个村子的中心建一大寺，与每个村子相距各半里，形成一个车辐状，故名“车辋”。常氏始祖常仲林于明弘治初年由太谷迁到此地，到清康熙、乾隆年间，第 8

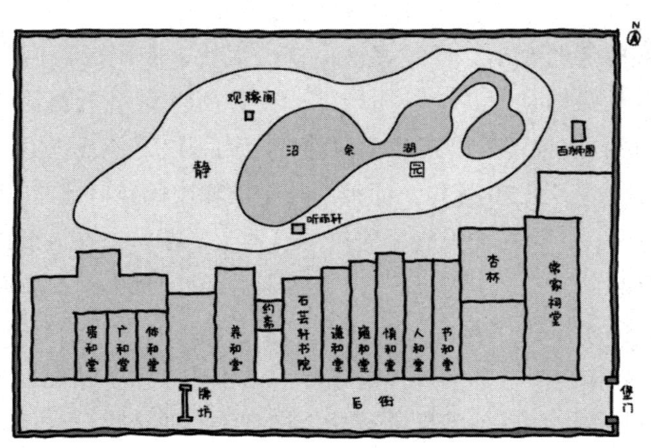

常家庄园平面示意图

代常威率其子从事商业活动，获得巨额利润，从而使常氏成为晋中望族，常家在车辋村开始大规模地营造住宅大院。建成后的常家庄园，实现了主人追求“可燕居、可耕读、可修身、可遐想、可观赏、可游览、可养性、可咏怀”的“八可”的理想精神庄园。

常家庄园历经300多年的沧桑变化，遭到很大程度的破坏。进入21世纪后，经过政府的大力修复，最终形成4万平方米的宅第和8万平方米的园林，这12万平方米虽然只是原来面积的1/5，但基本上再现了昔日的风采。

★ 乔家一个院，常家两条街

常氏于明末清初开始修建宅第，清乾隆三十三年（1768年）进行大规模的庄园修建，到光绪五年（1879年）结束，历时100多年，最终建成一座占地60余万平方米、房屋5000余间、楼房50余座，园林13处的宏大规模的庄园。其建筑风格将儒家文化的严谨、佛教文化的空灵飘逸、道教文化的天人合一融为一体，堪称华夏民居的大观园。

庄园分南北两部分，南面的宅院是南常常万玘在村南老宅的基础上主持修建的，人称“世德堂”，占地200余亩，大门坐西朝东，院内共有6组建筑，宅院布局紧凑，南北相连，东西相夹，形成了一条南北向的大街，叫“正街”，祁县的乔家大院就是仿照此宅院修建的。北常常万达在村北购置了土地，他主张儒家的“中和”之道，以和为贵，改“世荣堂”为“世和堂”，此宅院结构上比“世德堂”更加紧凑有序，占地300余亩，宅院内也有一条由东而西的街道，被称为“后街”，后街北边为两进或三进的深宅大院，南面则为各种商业店铺。今天我们看到的常家庄园就是以北常“世和堂”为基础，重新修复后的，尽管是原来面积的1/5，但仍然是晋商中规模最大的庄园。至今晋中一带还流传有“乔家一个院，常家两条街”的说法。

常家庄园规模之恢宏，建筑艺术之精美，文化内涵之深邃，不是一般人想象得到的。跨过宽阔的拱形石桥，穿过高大厚重的堡门，展现在人们面前的是一条长达650米的清代长街。长街的南北宅院紧靠，无一条横向通道，形成了“临街门户依次开，堡门关闭如一堂”的格局。庄园的主要建筑和景观可精炼地概括为“一山、一阁、两轩、四园、五院、六水、八帖、九堂、十三亭、二十五廊、二十七宅院”。

【拓展阅读】常家庄园的景观

一山：观稼山；一阁：观稼阁；两轩：听雨轩、知味轩；四园：杏园、狮园、可园、暇园；五院：祠堂院、总账房院、石芸轩书院、私塾院、约斋书院；六水：小石潭、曲溪、沼余湖、莲池、洗池、方正池；八帖：敦艮吉门宋代二亭双绝帖、杏林清代名人名联帖、雍和堂恽寿平画跋帖、石芸轩法帖、听雨楼法帖、常氏遗墨帖、四十四帝后帖、可园唐诗笔意帖；九堂：人和堂、节和堂、慎和堂、雍和堂、谦和堂、养和堂、体和堂、广和堂、贵和堂；十三亭：杏园五亭（枕霞、披风、庆云、景星、流芳）、书院五亭（琴、棋、书、画、化玉）、暇园（梦绿亭、锄月亭）、小石潭琴心亭，另外有新建的狮园且坐亭。

从布局上看，常家庄园的主体建筑为雄浑方正的北式庭院，每个正院均分内外两进，外院南房倒座一律临街，东侧开辟各式门楼，充分显示了名门望族的气势。但其附属建筑却又显示了南国园林建筑的灵秀，使方正中浸透了绮丽。每个院落之后，大多建有花园、菜园，园内曲折迂回，其间点缀廊、亭、榭等建筑，小桥流水，奇花异卉，犹似南方园林。在每个院落中随处可见的砖雕、木雕、石雕和彩绘艺术，堪称清代这一技艺中不可多得的精品。常家庄园成为晋商文化旅游的一颗璀璨明珠。

★ 常家祠堂

祠堂是汉民族供奉祖先和祭祀的场所，是宗族的象征。每一座祠堂都记录着一个家族曾经的辉煌，承载了这个家族厚重的人文历史。它是先祖前贤光辉事迹的陈列馆，是安放族人精神灵魂的栖息地，体现着浓烈的祖宗崇拜情结。

历史上，常家曾经建有 2 座祠堂，开始只在南常老宅旁建有一个祠堂；清光绪五年（1879 年），北常开始在后街东头建设新祠堂，历时三年，耗银二万余两。新祠堂落成后，常家有了一南一北两个祠堂，为了区分，人们分别称为“南祠堂”和“北祠堂”。由于历史的原因，包括南祠堂在内的南常部分已毁损殆尽，无法恢复。现存的北祠堂坐北朝南，遵从儒礼而建，南北中轴、东西对称，院宽 25 米，进深百余米，占地 8 亩。整个祠堂分三门四进，包括门亭、房宇、献阁、回廊、正殿、偏厢等，组成了一套严谨有序、结构完整的建筑群。北祠堂是现存中华民居中规模最大、保存最完好的家族祠堂建筑之一。

八字照壁 祠堂对面矗立着一面大型的八字砖雕影壁。砖雕中间由240个书写迥异的篆书“寿”字组成，取谐音为“寿二百四十止”，意思是祈愿主人安康长寿；又因为240恰好是60的4倍，所以又有祈愿家族人丁兴旺、四世同堂、代代长寿的含义。照壁的两边是一鹿一鹤，还有梧桐、松树，取谐音意为“六合同春”。那为什么在这里建一座影壁呢？俗话说“村不露村为有村，家不露家为有家”，所以从中国传统文化上讲，影壁就保住了风水不外泄，也就保住一个家族的“福禄吉祥”。在晋商大院里，影壁是随处可见的。

双斗旗杆 门前矗立着两根高大的旗杆，这两根旗杆可不是用来升旗的，它是家族荣誉的象征。在古代森严的封建社会制度下，只有家族中有人取得四品以上官位的，才有资格竖立这样的旗杆、享受此种荣耀。明清时期，考中举人可立单斗旗杆，考中进士才能立双斗旗杆。据记载，常家历史上有10位考中举人，1位考中进士，所以可以立双斗旗杆。旗杆高约11米，由石础、抱柱石、插杆石、旗杆和斗五部分组成。

二进院戏台 跨过祠堂的大门槛，就进入祠堂前院。反过来看，原来这外表巍峨的大门内侧，还是一个可以反向使用的戏台。平时，这里是进入祠堂的通道；唱戏时，在两侧的台阶石槽上搭上木板，就成为一个宽敞的戏台，故又称“过道乐亭”。晋商酷爱晋剧，常家也不例外，但凡家中有节庆、结婚、添子、科考等大事，或年终各分号的掌柜回来交账，都要请戏班子唱戏。一是为了告慰先祖家业兴旺发达，二是酬谢各号掌柜一年来的辛苦。常家将戏台设在祠堂，还有同时也为祖先唱戏，请他们与后代同乐的意思。戏台上还有山西巡抚曾国荃题写的两块匾额，分别是“艺舟悠济”“义关风雅”。

常家修戏台

祠堂正院 进入三门，就是祠堂的正院。正院分为上、下两院，被精致的献厅隔开；上院供奉先祖的牌位，下院是祭祀的场所。下院的东西配房，是供祭祖时族中长辈或各堂主事人休息、聚会或议事的地方；献厅则是祭祖摆放供品之地。

祠堂的正厅供着的是常家列祖列宗的牌位，他们个个都是常家风云一时的商界精英。正中手拿羊鞭的塑像就是始祖常仲林，以常仲林为中心，按照左昭右穆的顺序排列。第 9 世常万达位居右侧，他是万里茶路的开辟者、这座庄园的始建者，他以敢为天下先的勇气，使常家成为“外贸世家”。

正院的享厅是祭祖的地方，每年清明节，全族人无论身居何处，都必须赶回来焚香叩首。在宽大的供桌上，摆满了各色山珍海味和美味佳肴。族长致辞后，按辈分长幼轮流敬香，三跪九拜，气氛肃穆，井然有序。祭祖后，堂主们入祠聚会议事，整个过程不得有丝毫不敬和马虎。

享厅的两侧，各有三间游廊，类似于今天的“荣誉展厅”，里面悬挂的既有山西巡抚、榆次县令赠送的匾额，也有普通百姓感恩戴德的匾额，可见当时常家的地位和声誉。

★ 石芸轩书院

北常后街中端有一座园林式建筑，叫石芸轩书院，是常家吟诗作画、陶冶情操和培养族中子弟的书斋学府。“石”即石头，“芸”是香草名，引用为书的意思，“石芸”就是石制之书，“石芸斋”意为珍藏石书之处。这里因藏有清代晋中书法传世精品——《石芸轩法帖》而得名。

书院由三个院落组成，分别是中间的石云轩书院、东边的私塾院、西边的约斋，书院将常家的儒商风骨展现得淋漓尽致。也就是在这样的文化熏陶中，常家一批批优秀的人才从这里走出，成为世人瞩目的商界精英、学界名流。院内碑廊林立，亭宇相连，儒气充溢，翰墨飘香，四季花木与楼、亭、廊、堂交相辉映，奇石点于树下，清池凿于庭中，形成一处园林式的书院建筑群。

灵璧石 迎门的这方巨石，形状乖巧、叩之有金石之声，此石为安徽的“灵璧石”，是中国四大名石之一，常氏书院以此做影壁，正是取其灵验、灵气之意，祈盼族中子弟能成栋梁之材。由于其形状酷似笔架，故名“梦笔山”。

前院四亭三廊 在前院的正中，是一池清见底的碧水，叫“方正池”，方方正正的池形体现着儒学的思想 ，池上横架的拱桥，营造出小桥流水的意韵。在前院的四周，则有四亭三廊，“四亭”分别是常氏子弟的琴亭、棋亭、书亭和画亭，分别以《论语》中的“邻有德”“志于道”“学而思”“思无邪”而命名；“三廊”是四周的游廊，分别是东廊、西廊、正面廊。

这四周的三廊上，布满了 523 块用青石雕刻的法帖碑刻作品，是常家庄园石雕中最富特色的艺术品。这些作品中价值珍贵的有:《石芸轩法帖》《听雨楼法帖》《四十四帝后御笔帖》《清代名人名联帖》《唐诗笔意画雕》《张思叔座佑雕》《恽寿平书法》等。石刻数量之多，选帖之精，书法之珍，雕工之美，均是碑帖中的瑰宝。

正廊《石芸轩法帖》　它是由太谷隐士杜大统于嘉庆年间书写，书法技艺精湛无双。中心位置的巨幅匾额是杜大统酣畅隽秀、大气磅礴、自成一体魏碑体榜书，上方和两端是杜大统仿颜真卿、柳公权楷书及自创草书的《兰亭序》榜书。石芸轩法帖刻石共33组，127块，一石一字，每石高36厘米，宽15厘米，汉白玉石质。如此大规模的榜书制碑世属罕见，不仅在当时惊世骇俗，保留至今更成为稀世珍品。此组法帖的可贵之处在于它完整地保留了刻石原貌，使今人有幸系统了解民间帖学衍生传播的真实情况。

《石芸轩法帖》局部

东廊《听雨楼法帖》　全帖共分四卷，收集了上起唐代，下至清朝中叶共50余位大书法家的作品，有怀素、颜真卿、贺知章、欧阳询、刘墉、傅山等。这些书法珍品，有唐代贺知章的《千字文》、郭子仪的《后出师表》、清代张照的《康熙帝南巡诗抄》等，均为奇葩珍品。其中许多名品均已失传，因此其价值不言而喻。在这些法帖上，可以看到我国历代书法大家的不同风格、自成一体的作品，实在是书法之大集啊！

西廊《常氏遗墨法帖》　作为儒商世家，常氏家族内也有许多书画名家，如12世常炳的柳体，13世常立屏的行草、常立方的楷篆行隶，14世常赞春的篆书、常旭春的行楷等，都曾在清末名重一时，其作品是书法艺术中不可多得的精品。常氏遗墨法帖，不同于石云轩、听雨楼的材料，是以砖雕阳刻为主，其意是自谓造诣低于前辈，仅供常氏后人临帖习字，没有传世的必要，这种自谦的精神，同其书法作品一样令人赞叹不已。

御笔亭　石芸轩法帖两旁的小门后是御笔亭，为帝王的笔墨，这里收集了从夏禹到清宣统皇帝在内的42位帝王及武则天、慈禧两位女帝王的笔迹，称作“四十四帝后帖”。在此亭内大家可以一览数千年帝后的书法风采，其中汉章帝的“章草”，宋徽宗的“瘦金体”及清代帝后的“馆阁体”，在我国书法史上均占一席之地。

听雨楼 书院内有一座高两层的藏书楼，想当年，常氏子弟就是在这里听“风声雨声”，读“经史子集”。听雨楼面阔七开间，楼下是族中弟子读书学习的地方。有着如此温馨优雅的环境，难怪他们学富五车，出类拔萃了。如今这里布置有常氏的书画作品，其中常立方的行书、隶书，常旭春的楷书、常赞春的篆书、字画，在当时就曾名扬三晋；时至今日，他们的许多作品仍被各大图书馆、博物馆收藏。

私塾 东边小院是常氏当年 17 所私塾中的一所，外院的正厅和西厢房，均是授课之处，东房则为先生的厨房，书童、厨师也在此处休息。

约斋 在石芸轩书院的侧边小院落，是常家庄园中最小的一处院落了，这个小院叫“约斋”，是养和堂主人常麟书的小书院，正面四间小屋是主人小憩与会客之所，西面小三间屋是主人读书写字的地方。像这样的小书院，常氏家族中几乎每堂都有，大约有 80 个。这不是附庸风雅的做作，而是作为儒商世家在生活中不可缺少的一部分。

★ 贵和堂

北常是常万达为他的 3 个儿子和 10 个孙子“三怀、十秉”修建的宅院。因常万达主张“和为贵”的思想，给子孙的堂名就都带有“和”字。现存的建筑主要分布于后街以北，从东向西依次为节和堂、人和堂、慎和堂、雍和堂、谦和堂、养和堂、体和堂、广和堂、贵和堂。

贵和堂是 11 世常秉郡居住的宅院，常秉郡是常万达的孙子，生于乾隆四十二年（1778 年），出生时正是其祖父年至花甲、事业如日中天之际。

在已修复的庄园中，贵和堂有五个第一：一是现存规模最大、最完整的宅院，贵和堂原有八个院落，现在已修复了六个；二是砖雕、木雕、石雕、彩绘保存完整，艺术品位也最高；三是这里有全省各民居大院中最大的影壁——砖雕贴金方篆格言影壁；四是七开间的藏书阁是中国民居中最高档次的建筑；五是晋式明清家具陈设种类最齐全，各种日用、摆设、装饰、器皿、家具多达 1000 余件套，原汁原味地展现了常氏的起居文化。

砖雕贴金方篆格言影壁 这是一幅五米见方的影壁，在全省各民居中面积和艺术价值都堪称第一。影壁中间由 340 个贴金方篆字组成，内容为树德、立品、做人、涉事之格言，间夹刀币、布币、鼎、炉等断句。由于采用了传统彩绘中的蒙金法烧制，它能够至今仍保存完好。

正院绣楼 正院呈三进式院落。正厅中居住的是一家之主，上院由兄长们居住，下院则是小弟和成年晚辈的生活场所。长幼有别，尊卑有序的儒家礼仪，在这里体现得非常明显。院里有座二层小楼，又称绣楼，但是绣楼并没有禁锢常家女子的视野和思想。常家长年从事外贸，家风民主开放，据记载，贵和堂早年的媳妇范太安人、温大夫人等都是才女，她们的女儿自然都接受很好的教育。而且常家在山西省内率先兴办女校——常氏女子知耻学堂，仅贵和堂一支受过中等以上教育的女子就有 20 多人。

后院藏书楼 后院有一座二层七开间的藏书楼，堪称中国民居建筑之冠。有人指出它有明显的违制的嫌疑。按清代规制，只有王府才允许有七开间的建筑，而常氏家族尽管官宦如林，却达不到享有王府一级规制的档次。但常家素有儒学传家的底蕴，于理于情又绝不至于做出僭越、违制之举，所以，这样的建筑常家人也不敢居住，只能把它作为常家内部文化人的聚会之所。

★ 养和堂

养和堂的大门上悬挂有“进士第”匾，此匾是第 14 世常麟书参加会试，中了进士后所立。封建时代，科举考试是平民百姓步入仕途的唯一途径，然而三年一次的科举考试，历经乡试、会试、殿试，最终能考中进士、金榜题名的却寥寥无几。常麟书能在众多举子中脱颖而出，为常家光宗耀祖，悬挂此匾就不足为奇了。

古人把藏书丰富的地方，叫作“兰台石室”，而养和堂的前院石栏、石影壁、石半亭，让人顿生进入“石室”的感觉，连正院的夹牌楼花墙，也是石刻的。石柱和半亭石壁上的字，都出自常麟书和他的父亲著名书法家常立屏之手。

常麟书是晚清时期山西的儒学大家和教育家，他一生的著作有 56 部之多，其中《外史歌略》用韵文的方式，向国人介绍了世界各国的地理、历史、文化、经济等情况，可以说得上是晚清时期能正确、客观地放眼看世界的先驱。常麟书的这种见识与常家世代从事外贸是分不开的。

在养和堂还出了一个晚清时期的“前卫”人物，那就是常麟书的叔父常立教。常立教是光绪戊戌年康梁变法时，参加“公车上书”的山西籍的四个举人之一。变法失败后，他归乡隐居，从事教育。在清末，榆次的许多文化人都曾接受过他的教育。

★ 常家后街

历史上常家庄园分南常、北常两部分，“常家的两条街”，一条是南常常万圮及其后人，以常家老宅为基础发展起来的车辋村“正街”，另一条则是北常常万达及其后人在车辋村村北新建的一条街，因它位于车辋村村后，故称为“后街”。以后街为界，街北是常家主人居住的地方，高楼大院，气派威武；街南的房屋原来也是常家后人的宅院，中华人民共和国成立后分给了村里的穷人，景区开放后，这些房屋就改造成了为游客服务的商业门店了，但依然古色古香，体现了明清风格。

奉旨承恩坊 后街中段有座淳厚、古朴的过街坊，名奉旨承恩坊。奉旨承恩坊为三门四柱式石牌坊，为嘉庆年间奉皇帝御旨而立。在这座牌坊上，可以看到当年嘉庆皇帝一次就诰封了 9 世常万达、10 世常怀珻、常怀玗、常怀玠、常怀佩等人从二品到四品的官职。其实这次受封典的还有一个人，那就是 11 世常秉儒，他的封职是从三品的“游击”，比他的爷爷常万达、父亲常怀玗低一个级别，但是他还有加二级的嘉奖。因为这个牌坊是他为爷爷和父辈们立的，所以没有刻入朝廷对自己的恩赏。这么多的赐封，都来自常秉儒对国家的一次捐赠，其捐赠数额有多少，已无从考证，但我们可以想象出当时常家富甲一方的经济实力。

★ 静园

山西晋商大院很多，但是能有私家园林的并不多，常家庄园里有一座面积达 120 亩的私家园林，堪称华北地区面积最大的私家园林——它就是静园。

静园，始建于乾隆时期，经历嘉庆等年间，在光绪年间建成。这个过程，正值我国封建社会造园艺术的高峰时期，加之常氏开拓万里茶路，长年奔波于漫漫大漠与青山秀水的江南之间，视野的开阔，使其修建园林时更注重将北方园林的规模宏大与南方园林的小巧典雅融为一体，这就决定了静园所具有的精致、肃穆、空灵、通透的写意山水园林的特征。修复后的静园更是将自然美、建筑美、人文美融为一体，充分展示出“北方儒商第一园”的气派和魅力。

静园是常家的后花园，视野开朗，别有洞天。常氏在修建宅院的同时，分别在其宅院旁和后面修建了用于陶冶情操、休闲娱乐的后花园，这些后花园有杏园、枣园、桑园、花园、菜园等，它们之间没有明显的墙篱，而是自然连成一体，成为常家的大花园，因此被命名为“静园”。“静”是一种对大自然的回归，是一种出世的追求，表达了一种超然世外的心态。

杏园 进入静园门，首先看到的就是绿意盎然的杏林，这里是常氏最早建成的园林区，十亩杏林处处花开，雅致风光尽收眼中。为什么取名为“杏园”呢？据说有三层典故和含义：其一，孔子开创儒学，有“杏坛讲学”的典故，而常氏崇尚儒学，尊孔子为宗，他们对杏树情有独钟。常家在杏林深处筑杏坛，杏坛上高高矗立着孔圣讲学的塑像，便印证了常家兴建杏园的初衷。其二，杏花开于二月，报春最早，这个时间也是各地学子赴京会试之时，故而杏花又名“及第花”，作为文化世家的常家，自然偏爱这种吉祥的花木。其三，相传汉末吴国名医董奉，给人看病不收钱财，只让患者家属在他家门前栽植杏树为报，年久成林，董奉也因为医术医德高超而被尊为“医仙”，杏林也便成了名医乃至医学的代称。可见常氏建杏林，还含有对品德高尚、医术高明者的标榜与尊重。

狮园 这是一个野趣横生的小院，院中星星点点地散布着百余尊活泼有趣、风格形态迥异的石狮，这些狮子层次分立，大大小小，或站或卧，或静或动，形态各异。如此众多的石狮子居于一处，在北方园林中实属罕见。这里所表达的不只是常家的财富，更重要的是常家人的情趣。

在这片百狮园里，有一座雕刻精美、造型优雅别致的“四狮影壁”，它的中心图案是一只雌狮带了三只小狮，意为“事事如意、四时通顺”，希望子嗣昌盛、人丁兴旺。砖雕小门的两侧花墙上，嵌有造型精美别致的镂空砖雕，叫“双层镂空博古图”，上面雕刻有的青铜器器皿、宝鼎、酒具、香炉、花瓶等，加上书案、博古架、文房四宝、画轴拂尘、花草纹饰等内容，构图典雅，书卷气浓郁，给人一种精神文化层次的享受。这类造型多用于文人墨客的居所，是砖雕题材中高雅脱俗的上乘之品。

观稼阁 静园中依湖而建的高大的建筑就是观稼阁，顾名思义就是观望庄稼长势和收成的地方，表达了常家关注民生疾苦、希冀风调雨顺、国泰民安的人本思想。观稼阁采用明三暗五格局，通高 29 米，为常家庄园的最高建筑物。据说主人每天早晨起来，登观稼阁，朝院子里看，可以看到儿孙辈哪家先升起炊烟，就表示这个院子的主人早起用功；朝庄园外看，可以看到他们家的万亩良田，监督长工有没有偷懒。如今，这里是游客登高抒怀、远眺田园风光的绝佳之处。

观稼阁

04　德玉商号称雄国内国外

常家从第 8 世常威创业，经第 9 世常万玘、常万达、第 10 世常环海、第 11 世常秉公、第 12 世常麒麟、第 13 世常维春以及常立训和常立仁，到第 14 世常旭春担任山西保晋矿务公司第四任总经理，历经康熙、雍正、乾隆、嘉庆、道光、咸丰、同治、光绪、宣统九朝，直到民国年间，沿袭了 200 多年。在这 200 多年中，常家共设立过商号、账局、票号等字号数十处。从这些商号分布的地区看，可以说是遍布国内外。

常家的商号从常万玘、常万达起分为两大系，从此，常家发展成为“南常”和“北常”两大商业集团，开启了常氏的辉煌一页。

“南常”常万玘，性格敦厚稳健，继承父业，在“大德常”商号的基础上，继续向国内发展贸易，形成了一个以张家口总号为中心，辐射蒙古乌兰巴托和大江南北的商业网络。经过百余年的传承，逐渐形成以“德”字为标志的大德常、大德川、大德美、大德昌、大德成、大德亿、大德懋、大德光、大德正、大德丰十个商号，人称“十大德”，商号遍及全国 14 个省。经营商品主要有棉布、绸缎和日用杂货等。

“北常”常万达，机敏豁达，以张家口总号“大德玉”的名义，将贸易向外扩展到恰克图，向俄商出口茶叶及绸缎等商品，成为对俄贸易中最大的商家。常万达及其子孙所开的商号，均以“玉”字为标志，其中大德玉、大升玉、大泉玉、大美玉、独慎玉，这“五大玉”联袂在恰克图经营外贸；大昌玉、大顺玉、保和玉、三德玉、大涌玉、大珍玉等为国内字号。到光绪时，以“十大玉”为主的晋商几乎垄断了恰克图外贸市场，承担了中国对俄茶叶输出的绝大部分份额。

除此之外，还有不用“玉”“德”两字的商号，如成吉厚、三和源、瑞隆裕、笃信成等。常家商号数目众多，这是常家兴旺发达的主要标志，也进一步说明常家商业在全省、全国所占的重要地位。

在长期的经营实践中，常家始终坚持一业为主、多业并举的原则。光绪三年（1877 年）雷履泰首创票号以后，票号生意发展迅速、利润丰厚，在厚利的吸引下，晋商巨贾纷纷涉足票号经营。常家也不例外，从第 13 世常立训主持商务开始，常家先后有数家商号改营票号。

北常大德玉的变迁 常威最早在张家口开设常布铺，随着业务的扩大，乾隆初年，常布铺改称“大德玉”，在常万达的经营下，大德玉很快成为张家口地区颇具影响力的大商号。乾隆十年，又将大德玉改为茶庄，主要业务为对俄国输出茶叶，成为茶叶之路上规模最大、实力最强的商号。随着晋商票号的兴起和发展，常立训于光绪十一年（1885 年）将大德玉茶庄改组为票号。大德玉票号投资 30 万两，总号设在太谷城内，另在北京、天津、沈阳、锦州、营口、归化、上海、苏州和汉口等地设有分号，在包头、张家口、南京、奉天、库伦、恰克图等地设有办事机构。常家的票号管理同大多数票号一样，实行的是股份制经营，业务骨干在票号内享有不等的身股数额。大德玉制定有一整套严格的规矩，无论在账务管理上，还是人事管理上，都是项项有规、件件有序。常家的票号与其他票号稍有不同的有两点：一是曾学习大盛魁的经验，设立了“财神股”作为护本风险基金，一般不能挪用。二是票号的经理不用外人，是由第 12 世常恽及常立训本人先后执掌的。大德玉票号经营以稳健、谨慎著称，除了实行严格的“认票又认

大德玉的跨界发展

人”的汇兑核办制度之外，还与官钱局建立了长期、稳定的存放款关系。正因为大德玉票号资金雄厚，网络畅通，管理严格，经营有方，故大德玉虽进军票号界较晚，但在营业 28 年中，获得了近 200 万两白银的利润，成为全国 51 家票号中的佼佼者。

南常大德川的变迁 在大德玉的影响下，常万玘一支也将麾下的大德川商号改组为票号。大德川的前身为经营布匹、绸缎、日用杂货的商号，总号设在张家口。光绪三十三年（1907 年）大德川共投入资本 20 万两，由太谷田乔村人侯铭任大掌柜，正式改组为票号。大德川总号设在太谷城内，并在北京、上海、济南、汉口、镇江、周村、天津、安东（今丹东）、亳州、徐州、张家口、开封等地设分号 12 个。大德川票号是山西票号业中开设较晚的一个，实力也不算弱，开业之后数年，收入也很可观。但由于正值票号业整体走向衰落之际，故影响并不大。

05　儒商世家彰显家规家风

关于“儒商”与“官商”的概念，学术界一直没有一个权威的解释。

“儒商”，归纳起来大体有以下几种说法：①“儒商”是以儒家理念为指导的、从事商品经营活动的商人。②“儒商”是把“儒”和“商”相结合的“商”，即把“商”的职业和“儒”的伦理结合起来的市场经济的经济活动主体。③“儒商”与一般商人最本质的区别就是非常重视商业道德，不义之财不取。④“儒商”是指有较高文化素养的、有儒家道德观和价值取向的、有自强不息和勇于创新精神的企业家……所以，儒商的特征为：注重个人修养、有较高的文化素质、有较强的社会责任感、诚信经营等。

“官商”，亦官亦商，指官员从事商业活动，或者家族中有官方背景的商人。明清两代，富商与官府之间，特别是巨贾与朝廷之间，往往有着密切的甚至是休戚与共的关系，这就使得一部分商家具备了“官商”乃至“皇商”的性质，这部分商人可以说既是儒商，又是官商。儒商与官商有许多共同之处，但有一点可做区分，即儒商基本没有实职，或不能凭借职位的权力经商；而官商则亦官亦商或亦商亦官，可以直接以职权为凭借、以商品流通为手段，谋取金钱利润。如明代隆庆年间，曾任兵部侍郎的王崇古和万历年间任礼部尚书、内阁首辅的张四维，此二人都是蒲州（今永济）人，两家联姻，亦官亦商。隆庆四年（1570 年），王崇古利用俺答之孙请降的机会，与俺答议和互市，使张、王两家都获得丰厚利润，这两家显然是晋商中典型的“官商”。

★ 儒贾相通，儒商世家

在晋商的名门望族中，能被称为“儒商世家”的恐怕也只有常家了。从常威创业开始，传至下一代，即有了“世兼儒贾为业”之称，说明这个家族很重视儒学与教育。他们认为，经商必须以儒家的“义理”观作为指导思想，这样家族的事业才能长盛不衰。常家世世代代都把读书放在首位，时时处处都恪守着“儒贾相通”“学而优则贾”这个独特的家训。

常氏家族企业从其兴盛时的第 8 世到其歇业的第 16 世时止（1701—1911 年），前后绵延 200 余年，传承九代。在封建社会的科举制度下，常氏家族考取进士 1 人，举人 10 人，秀才 75 人，监生 60 人，总计 146 人。从清末废除科举设立学校到 1921 年，常家的 14~16 世中有 4 人赴日本留学，有 10 人从省内外大学毕业，在榆次家族中首屈一指。由于常氏重视教育，家族中还培育出了许多优秀的学者、书法家、绘画家等颇有造诣的人。常氏子弟恪守“吾家世资商业为生计”的祖训，坚持以学保商，体现出鲜明的儒商特色，对商业的发展起到了积极的作用。

第 9 世常万玘、常万达兄弟就学时，学习成绩优良，但学成后并未参加科举考试，而是随父亲到张家口经商。由于兄弟俩有文化，经商多谋略，很快就创立了“十大德”“十大玉”，成为晋商中的一支劲旅，为常家基业奠定了 200 年的基础。他俩的堂兄弟常万育，年少读书时十分用功，大家都认为他在仕途上能有所作为，但他的母亲却让他学习经商之道，结果他继承祖训，北上经商 20 多年，有很大成就。其余常家第 10 世、11 世的常氏子孙也都是先学后商。第 12 世常麒麟，已被朝廷选拔需赴京入国子监，但受到家风的影响，他弃儒为商，成为商界奇才，为南常的贸易事业发挥了继往开来的作用。第 13 世常维丰，幼年从师就读，聪颖过人，深受师长器重。后因常氏在张家口的商号急需掌业人才，常维丰在考取国子监，实授“游击”之后，毅然弃官而赴张家口，辅助其兄常维成主持贸易，果然干练敏达、精于计算、善于用人，同人自愧不如。第 13 世的常立训，青年时就入选为贡生，并授封朝议大夫，但他也恪守祖训，弃官从商，把所学知识用于商业经营。庚子之变时，常立训临危不惧，指挥若定，面对骚扰宣化、抢掠张家口的德国军队，他据理力争，胆略过人，终于保住了张家口常氏与晋商的大笔财富，被推为晋商领袖。1909 年前后，他又审时度势，呈请清政府度支部注册，挑起了常家两个票号、四个账局的重任，他是北常从商业向金融业大跨度发展的划时代大人物。

因此，常氏家族始终恪守“学而优则贾”的祖训，培养出一代又一代优秀的商业人才，有力地保证了常氏企业长盛不衰，体现出鲜明的儒商特色。首先，商业往来中坚持以诚信为本。常家世代经营者在茶叶及其他生意上一贯坚守“质量第一，信誉第一”的宗旨。其次，待人处世坚持平等观念。如常万达恪守“和为贵”的思想，他为自己及子孙起的堂名，均以“和”字为标志。最后，持家敬业、节俭为本。从现存墓志铭可考，9~13 世的常氏男子的青春年华都是在各自商号中度过的。

★ 重视教育，建立学堂

俗话说“十年树木，百年树人”。为了培养能够统领家族、继承祖业、开创事业的领军人物式的接班人，确保后代子孙成才，常家历代当家人严遵祖训，“学而优则贾”，精心打造和传承尚学重教的家风，舍得在教育上投入、花心血。如前所述，常家庄园中的几十个家庭几乎都有书房和书院，供主人读书学习和课教子弟；家族花园中专门建有杏林，置有孔子石像，以孔子“杏坛设教”的历史典故，激励子弟勤奋学习，督促家长重视教育；家办私塾多达 17 座、家族私塾无论规模、设施、聘教均称一流；至于令人眼花缭乱、美不胜收的砖雕、木雕、石雕造型，室内文房四宝的陈设，室外梅兰竹菊的养植等，无不让人感受到修身勤学上进的劝勉与儒家文化的耳濡目染，无不让人感受到常家主人们在培养人才和事业接班人上的苦心孤诣。常家大院中还能看到“大夫第”“进士第”“武德第”等牌匾，也说明常家在文化教育方面造就了不少人才。

清朝末年，常氏受到康梁改良思想的影响，开始注入学以致用、实业救国的新思潮。光绪二十九年（1903 年），在第 14 世常麟书的倡议和说服之下，常氏家族率先实行教育革新，把全族各家的 17 所私塾合并，“由族长主持，利用家族公产，创办族塾，吸收本族子弟 20 余人学习”。常氏家族成立了山西省第一所私立新式学堂——“常氏笃初小学堂”。学堂由贡生常立翰任总管，其侄辈常望春、常际春任经理，常麟书任总教务。课程设经、史、文、算，经为《诗经》，史选《使鉴节要》及《外国史歌诀》，文以历代优秀散文为主，算则分算术、珠算。新的学规、新的课程，使青少年从陈腐的科举八股文中解脱出来，开阔了视野，更进一步为经营工商而育才。

三年之后，在笃初小学堂基础上又办了“常氏私立中学兼高初两等小学堂”，这是全省继渠本翘创办祁县公立中学后的第一家私立复合式中学。除经、史、文、算外，又增设了外语（英）、科学（物理、化学）、地理、博物、法制、理财、图画、体操以及修身等12门课程。中学修业五年，学习优秀者还可得到奖励。

光绪三十年（1904年），常氏又办起“知耻女子学堂”，开创了三晋办女子学堂的先河。族中女子可以学习文字、算术、修身等课，到1925年女子学堂与笃初小学合并，实现男女同校，并吸收外姓子弟入学。除常氏知名学者任教外，还聘请太原第一师范和国民师范中年轻有为、思想进步的毕业生执教，增设体育，美术，音乐、作文等，还增设了图书馆、阅览室，使常氏子弟进一步接触到一些进步的新潮作品和进步思想。

常家重商而不轻学，重学而不轻商，学为经商之才培养基础，商为深学之人提供条件。由于常家的学风浓厚，所以每代都有中举人、贡生的，而且除了有名的常云藻（政治家）、常运衡（金融家）、常赞春（书法家）、常旭春（书法家）、常龄（医学家）、常永春（医学家）等人之外，还有许多人进入教育界、美术界、科技界，从商者更不必细说。

【拓展阅读】常麟书

常麟书，字绂章，号味经、约斋，是清末省内外享有盛誉的教育家和经史学家，是常家学者的代表人物。少年时被称为“神童”，18岁参加县试、乡试皆名列第一，23岁时乡试中举，第二年赴京会试，被国子监祭酒翁同龢推荐入南学深造，并开始研究“西洋史”及代数等新学。1902年，山西大学堂成立，被巡抚岑春煊聘充为中斋部教授，主讲政治经济学。第二年，赴京会试，中进士第87名，授户部主事，没有上任，以丁忧告归，返回故里，致力于家乡的教育事业。在主持常氏笃初学堂的同时，1905年策划成立榆次“凤鸣学堂”，亲任总教。1906年策划成立了榆次速成师范班，任总教兼校长。从1913年起，先后任山西大学、商业专门学校、法政专门学校、工业专门学校、平民中学、三晋高级中学的教授、教师。

从清末到民国时期，虽然民族工商业发展受阻，山西商人走向衰落，但常家却以全力兴办新式教育而著称，完成了由商而儒的转型，昔日的“外贸世家”“巨商大贾”，同时也拥有了“书香门第”“文化世家”“儒商世家”的英名。

儒商世家

★ 赈济灾荒，投资近代工业

常氏不仅关心民间疾苦，而且心系国家社稷安危，还参与赈济灾荒与善后捐输的活动。光绪三年（1877 年），山西大荒，常家捐输 3 万余两，巡抚曾国荃赠匾额一块，上书“好行其德”。庚子事变后，因支助清政府善后经费，山西巡抚赵尔巽奉皇上圣旨，赐匾额一块，上书“乐善好施”，获得国家褒奖。义和团运动中，常立教由村里民众推举为乡团团长，“与村人赵君成业，刘君秉仁协议安置拳众毋扰，并练团丁，以防他匪侵入”。

常氏在清代后期还创办了近代工业。庚子事变后，常氏商业受到严重损失，转而创办近代家庭工业，颇有忧患意识的常万春建议成立敦义和蚕桑局和敦睦织布工厂，并从天津聘来教授，让常家不读书的子弟都加入其中，而且对外招收徒工。常氏除创办家庭工业外，还在山西近代工业火柴局、保晋矿务公司、晋华纺织公司有过投资。保晋公司第四任总经理就是由第十四世的常旭春担任，他在职 15 年，是各任总经理中任职年限最长的人。

踪迹七　华夏民居第一宅　王家大院半座城

【引言】

王家大院的开发

20世纪90年代初的王家大院，每座院落不是多户人家居住的大杂院，就是村民小组用以堆放杂物的仓库。院墙、屋脊、门窗、照壁年久失修，多有破损。院子里搭鸡窝、垒猪圈，院门外堆垃圾、攒粪堆，到处都是脏、乱、差。1995年，耿彦波就任灵石县县长，他经过认真调研考证，凭借敏锐的洞察力，以其非凡的魄力，投入5000万元开发王家大院，他所做的就是让这张历史名片亮起来！经过一年四个月的紧张施工，高家崖、红门堡及王氏宗祠三组民居建筑群，相继全面修复并对外开放，王家大院顿时声名鹊起，慕名而来的游客、学者、政要络绎不绝，一向默默无闻的灵石县，一时间有了生气，有了名气，令世人刮目相看。

当年在王家大院开发之初，我国古建筑学家罗哲文、郑孝燮二老便给予极高评价，罗哲文先生题词“王家大院，国之瑰宝”，郑孝燮先生先后7次来王家大院考察，并深有感触地题词“国宝，人类宝，无价之宝，百来不厌，百看不厌，预祝更上一层楼”。书画大家力群先生也曾盛赞“民居文化，艺术殿堂”，山右大儒姚奠中先生感叹“前修业绩，留此鳞爪；文化之舟，来世之宝”。众多的谆谆寄语，激赏之言，更加印证了王家大院是一颗灿烂的明珠，它的历史、艺术、科学价值是无法估量的。

01　三位一体的名门望族

在风景秀美的绵山脚下，有一座古镇——静升镇，它是中国第一批历史文化名镇，“华夏民居第一宅”——王家大院就坐落在镇北的黄土高坡上。王家大院的主人就是静升王氏家族。王氏祖籍太原，南宋时迁居到静升镇，发迹于明清，到清朝中期上升为灵石县的豪门望族。至今历经6个多世纪，已传至第28世。以下是灵石王氏之世系（部分）。

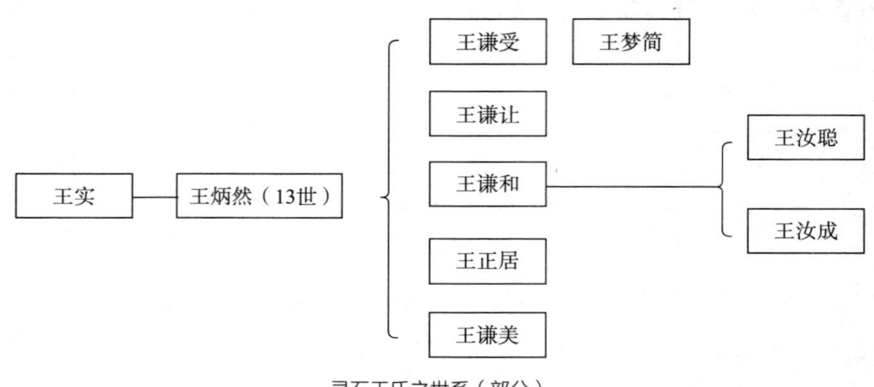

灵石王氏之世系（部分）

★ 始祖王实实诚立身，优良家风代代传

静升王氏家族

王氏家族根据迁入时间和居住区位的差异，在静升村又分出西王氏、东王氏和中王氏。其中西王氏于元皇庆年间（1312—1313年）迁至此，至清朝康乾年间发展到顶峰，从人口、政治、经济实力等方面都位居全村之首。西王氏一族自第6世起就分为“金、木、水、火、土”五派，营建活动遍及全村各处。静升现存民居中的精华大多是西王氏子孙的杰作，族中宗祠的建设和族谱的修纂也相对完善。东王氏是元末迁入静升的，势力较西王氏弱小许多，族内以“仁、义、礼、智、信”分为五支，在村内的营建活动仅限于村东一隅。中王氏迁入的时间虽然早于东、西二王，却是势力最弱的一支。

西王氏的始祖是王实，元大德七年八月初六，平阳（今临汾）至太原一线发生了8级大地震，据史料记载，这次地震导致震中周边“村堡移徙，地裂成渠”“坏房十万计”，王实死里逃生，被迫流浪，经过多年辗转流离，元皇庆年间，流浪到静升村，在村西老槐树旁定居下来，修墙筑院，碹挖窑洞，栽植树木，形成了最早的一组建筑，这里就是后来西堡门的“拥翠巷”，俗称“王家巷”。

王实在静升居住时，以佃耕为主，空闲时开垦荒地，渐渐地有了几亩薄田，成为自耕农。王实除了种庄稼之外，还兼营豆腐坊，他做的豆腐爽滑可口，味道纯正，加上他诚实和蔼，童叟无欺，当地人都愿意买他的豆腐，成为当时的“网红”豆腐，至今我们在王家大院还能品尝到鲜嫩润滑的“王氏豆腐”。王实，字诚斋，真是人如其名，虽然没什么文化，但嘴边却常挂着一句父亲在世时常常念叨的话“传家有道惟忠厚，为人无巧但实诚”。正因如此，王实无论与什么人共事，总是实实在在，从不动心眼算计别人。他创立了“忠厚实诚，与人为善”的家风，成为王氏家族能够延续600年长盛不衰的主要原因。

★ 王氏家族全面发展，明末成为静升大户

明代是晋商驰骋天下的时代，也是王家由耕读之家转向商贾之家、成为巨商大贾的时代。

王氏家族从第6世起分为“金、水、木、火、土”五大支派。明朝中期，第7世王演于成化、正德年间成为王氏家族的首位生员。正统十四年，土木堡之变，明英宗被俘，兵部尚书于谦迅速组织北京保卫战，王演抱着大敌当前、国家为重的心态，在父亲王贤和等族人的支持下，全力运输军需粮饷，日夜兼程直抵京师，塑造了“以国为重”的家风。

明正德年间（1506—1521年），第8世王可才在静升村创办“宝和楼”，经营金银器和饰品等手工制作。从第10世起开始经营棉花、杂货和典当业。明隆庆五年（1571年），政府开放北部边疆贸易，第11世王新命和第12世王大纪、王大清等人抓住这一机会，投靠霍州皇室朱千聪，与族人、村人联手，北上县城关口，在晋京之间奔走经营，终成巨商。第12世王大化任路安府教授（正七品），为明朝时期王氏家族官阶最高者。第13世王炳然在河北巨鹿和河南浚县创办了“万丰公”粮庄，王炳然坚持“买卖不争毫厘，生意全凭信义”的理念，平常秤平斗满，灾时减价平粜，重义轻利，颇得人心，王家的买卖越做越大。

到明末天启年间（1621—1627年），西王氏已传至13世，士、农、工、商一应俱全，已然成为村落的主体居民。据明天启年间碑文记载：王家“士者，经史传家，英辈迭出；农者，沃产遗后，坐享年盈；工者，彻通诸艺，精巧相生；商者，逐利湖海，据资万千”。由此可见，当时的王家，士、农、工、商全面发展，而且业绩显著，资产雄厚，已成静升村大户。

★ 十四世捐马平三藩，官商结合成望族

王家从第 13 世起已进入清朝。第 13 世王兴旺叔侄等人看到明末以来，平川地区农桑受到战乱的影响而破坏严重，畜力极为短缺，便瞄准这一商机，携同子侄往返于河北、山东等地贩卖牲畜。他们凭着义气、信用、银钱等，不仅沟通了关隘卡口，同时还结交了很多燕齐豪勇义士，打通了晋、蒙、冀、鲁之间的贸易通道，买卖越做越大，资金积累到 10 万两白银。

康熙十二年（1673 年），吴三桂叛乱，清政府急需军马粮草。这时的王家已传至第 14 世，常年在外经商的第 14 世王谦受、王谦和兄弟俩都擅长交际，能言善辩，机敏聪颖，他们在经营中既沟通了黑道，也打通了红道，在黑红两道上畅通无阻，以至家资日厚。

有一年，兄弟俩倾全家之财从口外购买了 24 匹骏马，本想着大赚一笔，但在到达太原时，兄弟俩在一家客店吃饭，恰巧遇到平阳府的两位军校也在此打尖，二人便与他们谈天说地，茶酒相敬，四人很快熟络起来。军校谈到朝廷近期在陕西平叛，急需军马粮草，朝廷命他俩迅速催办，正在发愁呢。一听此言，王谦受当即毛遂自荐，表示兄弟俩甘愿为国分忧，愿意将刚收购回来的 24 匹良马捐给朝廷，效犬马之劳。两位军校听后大喜过望，当即决定与弟兄俩一道直奔平阳府。知府对两兄弟的爱国义举十分赞许，并将其捐马的义举立即上报山西援剿提督陈一炳。陈提督大喜，在对兄弟二人予以嘉奖的同时，委以他们筹运军需的重任。这样一来，王谦受、王谦和很快便与官府结交。

在之后的几年间，由于有官府做后盾，兄弟二人如虎添翼，一个北上塞外贩马，一个南下中州集粮。除粮食军马外，但凡草料鞍辔等一应军需物品，也都顺手购来，顺手出售，既保证了前方作战之用，又有利可图。康熙二十年（1681 年）十月，历时八年的三藩之乱得以彻底平息。战事结束后，朝廷嘉奖功臣，王谦受因功受到朝廷的隆重嘉奖。王谦受、王谦和乃名噪一时，生意做进了京城，店铺骤然增多，家境更加殷实，资产达 20 万两白银。

后来，王家的生意越做越大，成了富甲一方、闻名遐迩的豪商，但王谦受为国分忧、为民纾困的处世理念却一直没有动摇过，在他的一生中，善行义举不胜枚举。为此，康熙六十一年（1722 年）正月，年逾古稀的王谦受邀参加了康熙在乾清宫举办的千叟宴，成为赴宴 997 人中的一位，并捧回御赐龙头拐杖一柄，至今一直供奉在王家祠堂，被看作神器。王氏兄弟为王氏

家族数百年的辉煌奠定了坚实的政治基础。

这样，王氏家族借着清政府的势力，生意规模继续扩大，很快就发展成为当地有名的巨贾大商、官僚士绅和大地主，同两渡的何家、蒜峪的陈家、夏门的梁家并称为灵石四大家族。

★ 十七世修建城堡，热衷仕途财势旺

今天大家熟知的王家大院的视履堡，是第 17 世王汝聪、王汝成两兄弟共同兴建的。

他们的父亲是第 16 世王中堂，在灵石的名声大，是因为他是一个在教子、齐家方面很有一套成功经验的人，被称作“灵石窦燕山”。王中堂教育子女，特别注重环境的影响，他认为，教育孩子首要的是为他营造一处“芝兰之室”，让他在弥漫着“香气”的环境中成长。这一点，从按照他的意愿兴建的视履堡所承载的很多关于修身、教子、齐家方面的文化，就可看出一二。比如，王中堂将堡寨命名为“视履”，就体现了他在家庭居住环境的文化建设上的良苦用心。“视履”一词出自《易·履卦》，意思是说，经常检视自己所走过的道路，并查考因此可能出现的吉凶祸福，从而反躬自省，总结经验教训，这样的人生就会大吉大利。

在文化氛围中培养出来的孩子，果然不负众望。王中堂的两个儿子王汝聪、王汝成成年后都官居要职，哥哥王汝聪为“布政司理问”加二级，诰授奉政大夫，是五品官；弟弟王汝成是“刑部山东司郎中”加三级，诰授朝议大夫，为四品官。兄弟利用职务之便，帮助族人漕运盐茶，从中获利，寄回家中一笔巨款，由管家将巨款存入介休票号，然后每年取用此款的利息在家乡修建宅院，高家崖就是花了 3200 两白银建造的。

王家得益于官，得势于官。因此，发迹之后便日渐热衷仕途，向官场挺进。最早是第 14 世王谦受以 2000 两白银为其子王梦简捐了个“州同加五级”官，后又诰授为“中宪大夫”。此后，王氏子孙有的参加科举考试，有的花钱捐官，有的在刑部做过主事，有的在户部做过郎中，还有的做过知府、知州、知县等。在康熙、乾隆、嘉庆年间，王家仅五品至二品的官员就有 42 人，各种士大夫 101 人。如 17 世王如玉曾任贵西道台；18 世王肯为曾任湖南宝庆知府，户部广西司郎中，候选知府加五级，诰授资政大夫，二品，是王家最大的官；另有广西柳州知府、刑部陕西司郎中、山东司郎中、

浙江司郎中、陕西按察使、贵州按察司等。这在当时以“仕”字当头的封建社会里，可谓光宗耀祖。这对本来就富甲一方的王氏家族来说更是锦上添花。王家由一个种地、卖豆腐的小农商贩，发展成“以农以官养商、以商兴贾、以官显宦”的地主、富商、官僚三位一体的一大望族。

另一方面，王家在步入官场之后也并非就此完全弃商。至今，当地老人们还记得，直到民国初年，仅以第21世王饮让一家为例，他家的当铺、钱铺、杂货铺等商号，除占静升半条街外，南自洪洞、赵城、霍县，北经介休、平遥直到保定、京津一带，几乎都有他家的店铺。若不是卢沟桥事变发生后，他家举家南迁，家业可能还会继续发展下去。

王氏家族鼎盛于清朝康熙、乾隆、嘉庆年间，当时除大兴土木，营造住宅、祠堂、坟茔和开设店铺、作坊外，在当地还办有义学，立有义仓，而且修桥筑路、蓄水开渠、赈灾济贫、捐修文庙学宫等，善举不断。

★ 清末民初国势衰，家族衰败无力挽

王氏家族历经几代的繁荣，到了清代道光年间（王氏家族18世以后），随着鸦片战争的爆发，清政府走向了衰亡，王家也跟着一起走向衰落。其原因除社会、政治、经济等多方面的客观因素外，家族本身则主要是子弟不争气，日趋奢靡，把祖先的勤俭创业的品德抛之脑后。家族中有的人不再以耕读为本，有的人不继续以商发展，有的人只满足于一官半职，有的人安乐于锦衣玉食，一些人荒于学而以钱捐官，还有的人疏于耕而醉瘾鸦片，终致奢靡成性，坐吃山空。抗日战争前，虽然还有个别大户在省内及京津等地有一些商号，但卢沟桥事变后，也都收拾家业，举家南迁，流落他乡。

王汝聪、王汝成兄弟二人有四子四孙，皆因吸食鸦片而家破人亡。唯一的曾孙王嘉言还是继子，在光绪十七年（1891年），把视履堡1.2万平方米的府第门院全部卖给田荣祥，低价换来的964两白银也很快被败光，最终自己流落街头乞讨。奉旨给第15世王梦鹏建造的孝义牌坊，也于民国十九年（1930年），被22世王惠良凿去名讳，以2000吊钱卖给杨绍全。红门堡匾额“阖堡同宗”也因外姓人入堡而改为“阖堡同德”。

清朝结束后，王家也支离破碎，这个曾经富甲一方数百年的家族，强调诗礼传家的家族，与旧时许多大家族一样，从最初的艰苦创业，逐渐走向辉煌，但终究还是逃不了兴衰起落的规律。

02 规模宏大的民间故宫

王家大院所在的灵石县，自古山灵水秀，历代英才辈出，恐怕离不开“一人一节一石”的护佑。“一人”指的是春秋时期介子推，介子推“割股奉君”“不言禄”“隐居绵山”的历史典故，家喻户晓，歌颂了春秋义士忠孝的美德。“一节”是指寒食节，介子推隐居绵山后，晋文公重耳以火烧绵山的办法想逼介子推下山，不料介子推母子至死不出，活活被烧死。晋文公追悔莫及，下令将这一天定为禁火日，家家户户不举火，只能吃冷食，此后这一天为“寒食节”。“一石”指的是隋开皇十年（590 年），隋文帝杨坚北巡至介休，士兵们在汾河旁开挖河道时，获得一块巨石，似铁非铁，似石非石，其色苍苍，其声铮铮，以为是灵瑞的象征，于是隋文帝赐名为“灵石”，同时专门设置了“灵石县”。其实这块奇异的石头是一块天外来客——陨铁。

王家大院所在的静升镇，2003 年被评为国家首批历史文化名镇，历史悠久，格局完整，文物古迹众多，自然环境优美。

★ 华夏民居第一宅

据记载，王家大院是由王氏家族历经明清两朝 300 余年修建而成，拥有“五堡”“五巷”“五祠堂”，总面积达 25 万平方米。所以王家大院并不是一座院子，而是五座城堡群的总称。其中西面的崇宁堡（西堡子）建于清雍正年间，占地 3.5 万多平方米；东南方向的和义堡（东南堡）建于乾隆年间，占地 4.7 万多平方米，是五座城堡中面积最大的一座；同期还修建了拱极堡（下南堡），面积近 1.2 平方米，是五座城堡中面积最小的一座。另外两座就是大多数人都比较熟悉的红门堡和高家崖。据史料记载，王家在修建这五座城堡群时，分别冠以龙、凤、龟、麟、虎五种瑞兽的名字，红门堡居中为“龙”，高家崖堡居东为“凤”，西堡子居西为“虎”，东南堡为“龟”，下南堡为“麟”，并有龙飞、凤舞、龟拉尧车、麟吐玉书、虎卧西阕之称。王家大院是清代民居建筑的集大成者，有“华夏民居第一宅”“中国的民间故宫”的称誉。

经过岁月的洗礼，今天看到的王家大院是 1996 年修复后的建筑，占地面积仅为原来的 1/4。王家大院坐落在静升村北面的缓坡高地上，自然条件得天独厚，风景宜人，阳光充足。整个建筑依山而建，居高临下，负阴抱阳；层楼叠院，错落有致，霸气十足。坡上有一条自北向南的冲沟，是夏季山水排泄的天然渠道，自然地将建筑群分成东、西两组。两边各筑城堡，各辟城门，分别为视履堡（高家崖）与恒贞堡（红门堡）。在中跨沟上，修筑了一座汉白玉石桥，使两堡以桥相连，俨然是两座既独立又互通的雄伟城池。山坡下面，保留有王家的一个小的祠堂——孝义祠。

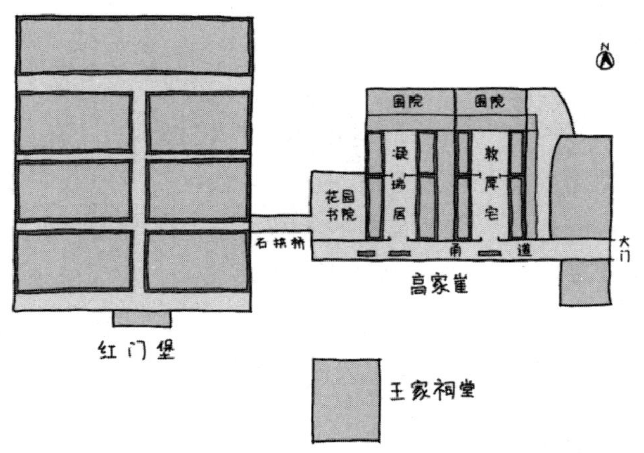

王家大院布局示意图

恒贞堡聚族而居，以防为要；视履堡自立门户，重在生活；孝义祠为旌表敕建，庄严肃穆。在汉文化圈的大范围之内，能够显示身份的木构建筑和作为黄土高原民居核心的窑洞在此相遇，形成了颇具地方特色的建筑体系。

王家大院最显著的特征就是具有完备的防御体系，是晋中晋商大院中唯一一个全封闭城堡式民居建筑。究其原因是元、明、清三代，灵石县战争不断，频繁的战乱使静升一带遭到了严重破坏，一些没有充足防备的乡村受害更甚。血的教训使乡民们不得不广设壁垒，目的是防御兵匪、流寇、乱军的侵扰，以求自保。大约从明末起，静升及其周边的黄土塬上就逐步形成了堡寨林立的格局，像介休的张壁古堡、晋东南的古堡建筑群落就是典型的例子。“堡”的属性就由军用转为民用，或者是战争时军用，和平时民用。

★ 自立门户的高家崖

现存的高家崖建筑群，叫作“视履堡”，建于乾隆年间（1796—1811年），面积 1.96 万平方米，有大小院落 35 座，房屋 342 间，是第 17 世大官商王汝聪、王汝成兄弟二人出巨资、历时16年才修建完成的，也是王氏家族最后修建的一处不规则城堡式串联住宅群。两个主院分别叫作“敦厚宅”和“凝瑞居”，两处院落布局相仿，均为三进式四合院，每院都有高高在上的祭祖堂，东西两厢有绣楼，还有各自的厨院、私塾院，并有共同的书院、花院、长工院、围院（家丁院）等。大小院落既珠联璧合，上下左右相通的门多达65道，又独立成章，给人以院内有院、门里套门的迷宫般的感觉。

高家崖

“视履”是他们的父亲王中堂命名的，这个词出自《易·履卦》:“视履考祥，其旋元吉”，“视”是审视、检视的意思;“履”本意为鞋子，引申为走过的路，亦指人生之路;“祥”为外界所呈现出的吉凶之兆；整句话的意思是说，经常检视自己所走过的道路，并察考因此可能出现的吉凶祸福，从而反躬自省，总结经验教训。这是在当时的社会环境和观念下，父亲对子孙的殷切期望。

高家崖周边堡墙高耸，东、西、南、北四面各辟堡门，四门关闭，对外紧闭封锁，对内四通八达，就是一座封闭的城堡。北门在东北角，高大坚固，供护堡人出入；西门在西南角，可直通红门堡。东门是整个大院的主门，坐西面东，高大、厚重、坚固、古朴，三层门楼高达14米，门楣之上镶嵌着“寅宾”二字，霸气威武。“寅宾”出自《尚书·尧典》“寅宾出日，平秩东作”的记录，“寅”是敬，“宾”是导，合起来寓意为“东方之神敬导日出”。寅宾门正好位于东南，是最早看到日出的地方，也是迎来送往之地，所以寅宾门的叫法，如同画龙点睛般神奇，将庞大的宅院与王家祖先灵活多变又注重细节的性格，以及王家发家的商业精神，贯彻到了极致。

进入堡门拾级而上，是一条宽敞整洁的街道，右侧为两个主院——雄伟的敦厚宅与凝瑞居，左侧迎着大门横立三堵大影壁，赫然夺目，十分壮观。这三堵影壁分别对应着敦厚宅、凝瑞居与花园书院三处院落。

高家崖哥哥王汝聪的宅院叫“敦厚宅”，弟弟王汝成的宅院叫“凝瑞居”。兄弟俩的这两组建筑布局相似，均为三进式的院落。第一进院落是主人会客的场所，正厅接待贵客，下厅接待普通客人，东西厢房住账房先生和管家；第二进院落是主人生活居住的地方，正房是老爷和夫人住的，东西厢房是子女住的，东为长、西为幼，一楼住儿子和媳妇，二楼住小姐；第三进院落是祭祖的地方。整个院内的格局既体现了长幼有序、尊卑有别的传统礼制观念，又呈现出前堂后寝的庭院风格，在提供对外交往的必要空间的同时，又满足了家居生活的私密性要求，起居功能一应俱全。

敦厚宅　大门前是一座高大的砖雕照壁——狮子滚绣球，照壁是庭院建筑的序曲，起到挡鬼避邪、遮蔽视线的作用。照壁对面是高大挺拔的大门，门楼中间高，两边低，似雄鸡昂首，俗称“鸡头门楼”，取“鸡鸣时节，合家安乐”之寓意，门楼的装饰以木雕、砖雕为主，雕有“凤戏牡丹”“琴棋书画”“招财进宝”等图案，美观大方，气韵优雅。这种形制的门楼只有五品及以上官员才可以修建。作为长兄的王汝聪，当时是刑部山东侍郎，正五品官，所以有资格建造这样的门楼。门楼的墀头、盘头、抱头梁、挂落，层层叠叠地装饰了砖雕、木雕图案，精美繁复，寓意吉祥。

敦厚宅的前院是主人的社交空间，其正厅名为“乐善堂”，面阔三间，是主人接待贵宾的场所，南厅则用于接待普通客人，东西厢房住着账房先生与管家等。这里的木雕帘架，雕刻精美、寓意吉祥；匾额楹联，内容深刻、彰显品位。

敦厚宅后院是主人的生活区。院内方正宽敞，正房和厢房均采用“下窑上房”的结构，形成了一层砖窑与二层砖房的巧妙结合。按照长幼有序、尊卑有别的礼制要求，正房五间砖窑为长辈的居所；东西厢房一层的砖窑是儿孙辈的居室；二层是未婚女子的闺房。在封建社会里，女子十三岁进闺房，十四岁留长发，十五岁下楼出嫁，一道小小的廊宇就是她们少女时生活的全部空间。

窑洞顶上的房子是供奉祖先的祠堂，叫作“始祖阁”。阁中供奉太原王氏始祖——王子乔的塑像，所以始祖阁也称子乔阁。

【深度解读】“王”姓起源于太原

王姓是当今中国姓氏排行第一位的大姓，此姓者有1亿多人。王姓是一个源头众多、族派纷繁的姓氏。有的出自“妫”姓，为齐王田和后裔，以王族称谓为氏。有的出自“子”姓，为殷商王子比干之后，以爵号为氏。有的出自“姬”姓，为周文王之后，以王族爵号为氏，始祖是2500多年前周灵王的太子——姬晋，“姬”是姓，“晋”为名，字“子乔”，太原晋祠的“子乔祠”就是对王子乔的纪念。太原王氏后来又分为了琅琊支、咸阳支、固始支，潮州支等分支，繁衍华夏，遍及五洲。故太原王氏素有“天下第一王”之称。

敦厚宅后院的看点是：建筑装饰艺术精妙绝伦，文化意蕴深刻鲜明，让人眼花缭乱，应接不暇。窑腿上的石雕，一律是博古图案，分别有瓶、鼎、爵、尊，配以“戟磬如意”等民间珍品，表示爵位高升，阖家吉庆。东西厢房的石雕小巧精美，上刻“琴棋书画”与四季花卉，柱基石上刻有佛家八宝、道家八宝、民间八宝和“麒麟送子”“狮子滚绣球”等图案。还有阁楼、檐头、枋心、雀替等，无不古色古香；屋脊与脊头的砖雕，雍容大方，庄重严整。整个院落真可以说是片瓦有景，寸石生辉。游人重点关注的有“天圆地方”柱础石、木雕窗棂、石栏杆石雕等。

主院东侧是书院与厨院。厨院分前、中、后三进，可谓上、中、下三等，里外共七道门，不同身份的人，走不同的门，进不同的餐室。族人在后院楼上的高雅餐厅，仆役头人在中院，扛粗活的长工则在下院，显示出封建等级家规尊卑贵贱的界限。厨房南边是书院，所谓“门侧之堂，家学之所”，这个书塾叫“三元书馆”，院子不大，但幽净清雅，书香气十足，正是年幼孩子们读书习字的好地方。

凝瑞居　敦厚宅的西侧是弟弟王汝成的凝瑞居。按照封建家族“兄东弟西”的礼制，老大王汝聪的院子在东，且门楼高，老二王汝成的院子居西，门楼低。但是凝瑞居的大门显然比敦厚宅的大门阔气排场，三间两厦的府第大门与对面的大型影壁相映生辉，气势雄伟。原因是老大王汝聪，官衔五品，老二王汝成是四品头衔，比哥哥的官职要大，故而更有气势。还可以发现，凝瑞居尽管位于西侧，但主入口却居于视履堡的正中，成为堡内真正的中轴线；宅院格局也如官署一般，由正门开始的序列为宅院增添了强烈的庄严之感。

凝瑞居前院的建筑规格更高，内容也更加丰富。在建筑的坐斗、梁枋上，镂刻翼拱达60对之多，内容有“天王送子”“仙鹤庆寿”“状元游街”“封侯挂印”，以及麒麟、狮子、仙桃、石榴、佛手、夔龙等吉祥花果和瑞兽，几乎形成了翼拱木雕艺术的长廊。大厅前的垂带踏垛、抱鼓石、过门石等，也都分别雕有寓意富贵高寿的图案。檐前柱顶石束腰上，雕刻有鹌鹑、山羊、玉兔、奔鹿、寿猫、子母猴等，寓意着平安、吉祥、禄寿、封侯当官。大厅明间帘架、边框、挂落上的这些木雕，福禄寿、暗八仙、牡丹、荷花、菊花等花纹图案，简朴醇厚，严肃淡雅。这些雕刻艺术无处不在的精致，沉淀着岁月的痕迹。

凝瑞居的后院是主人的生活区，布局与敦厚宅大同小异，但不同的是正房仅三间，比哥哥的小两间，可能是因为王汝成只有一子二孙，家庭人口较少的缘故；也有人说是因为弟弟不愿意超越兄长的缘故。但这里的人文气息、艺术氛围更加浓厚，仿佛置身于三雕艺术的画廊之中。这里的石雕、砖雕、木雕，可谓百花齐放、群芳争艳，墙壁开花、庭院生辉。尤其是砌在正窑、厢窑腿上的10块青石浮雕的墙基石，是石雕中的上乘之作。从家教氛围上看，雕刻的内容既是长辈对后人教育的体现，也是王家子孙后代孝心的表达。游人重点关注的有墙基石石雕、东西绣楼的槛墙、木雕窗棂等。

凝瑞居的西跨院也设有私塾，叫“养正书塾”，既是小孩子们学习的书房，也是迎接贵宾的场所。这里有一个造型奇特的门框——竹门石雕，它是用4块青石，采用高浮雕的手法雕刻而成。据说20世纪80年代有一位南方的商人要用一辆红旗牌小汽车换这个石雕，但被住在这里的老人直接拒绝了。

凝瑞居的厨院与敦厚宅的大同小异，也分上、中、下三个等级，并规定不同等级的人走不同等级的门，在不同等级的餐厅用餐。扛粗活的长工在下院吃饭，管家、账房在中院就餐，主人在后院楼上的正厅用膳。从小小的厨院就可以体现封建制度森严的等级观念。

桂馨书院　与敦厚宅、凝瑞居并列。“桂馨”原指桂花散发出的香味，隐喻为科举及第，蟾宫折桂，唯吾德馨。桂馨书院是王氏家族成人书院，比之于敦厚宅、凝瑞居的两个小书塾，桂馨书院为王家的高级书院，在封建科举制度下，王家人为求取功名利禄在这里奋发读书。

书院从外观看，结构简洁明快，氛围淡雅恬静，布局上分主院、跨院，主院又分前、中、后三个院。进入正门后，东西两个月洞门和正门鼎立呼应，别有洞天。前院十字花径，东西沟通月洞门，南北连接凉亭和后院，从门口到后院的正房要经过三组三级台阶，象征“连升三级”。

与书院相连的是一处小巧玲珑的花园，叫“兰桂芳居”，花院内设有花房、花窖，这里长年养有上百盆四季花卉，无论春夏秋冬，均花香四溢。院内有一座四坡攒尖顶小方亭，叫“瞻月亭”，斗拱迭出，翼角腾空，台阶栏杆上雕刻有十二属相，个个栩栩如生。站在凉亭上，东可观绵山旭日，西可望苏溪夜月，俯可视静升全村，仰可见四面青山旭日，令人心旷神怡。

★ 聚族而居的红门堡

红门堡

恒贞堡因其堡门为朱红色，故又名“红门堡”，俗称“西堡院”。“恒贞”意为永久保持正道。堡门坐北朝南，高大雄伟，上面高悬“阖堡同宗”匾额，点出了聚族而居的特点。堡门东西两侧的水井是全堡人的饮用水源。外围的围墙高约10米，墙顶厚约2米，上面设有垛口和马面，厚重的堡门一旦关闭，整个堡子就成了一个森严的壁垒。红门堡是一处全封闭式的规则式的堡垒式建筑群。

红门堡建于乾隆年间（1739—1793年），前后历经54年，早于高家崖。红门堡从低到高分四层院落排列，堡内南北向有一条用大块鹅卵石铺成的龙鳞街，长133米，宽3.6米，将红门堡分为东西两大区，东西方向各有三条横巷，这样一条纵街和三条横街相交，正好组成一个巨大的“王”字，显示出当年王家的辉煌气势。

按照风水解释，红门堡是一条“卧龙”，中间的干道是“龙身”，两侧的小巷是“龙爪”，街巷的鹅卵石是“龙鳞”，南面的堡门是“龙头”，北面的大槐树是“龙尾”，堡院南端东西两口水井是“龙眼”。这样的造型与视履堡“凤”的造型结合起来，称为“龙凤呈祥”。王家大院的建筑是中国传统建筑艺术与风水理论完美结合的写照，布局独特，文化内涵丰富。

红门堡有大小院落88座，房屋776间，总面积2.5万平方米，比高家崖大了许多。全堡南北有四排宅院，从南到北分别叫底甲（一甲）、二甲、三甲、顶甲（四甲）；由一条南北向的纵街分为东、西两大区域，如绿门院、司马院、德馨轩、谦吉居、景薰院、素心院、松竹院等。大部分院落为一正两厢二进院，布局特点以前堂后室为主，也有前院后室的，还有少部分为偏正套院。堡内住有王氏几十户人家，一户一个院落，统一规划设计。各座院落依主人身份、喜好的不同在结构和装饰上呈现出不同的风格，院内门门有匾额，院院有楹联，体现了深厚的文化底蕴。

司马院　位于二甲西巷，为第15世王寅德的住宅。王寅德的官职是候选州司马，门内留有“司马第”的牌匾，故该院落称“司马院”。此院在民间叫作“妖怪院”。为什么呢？因为该院内的神龛里供奉着狐仙，传说有一年半夜，狐仙从神龛里出来，在院子里歌舞，并与主人所养的小鹿一同玩耍。有人见到此情景后，传之乡里，故而就有了“妖怪院”之说。传说归传说，也没人将其当真。

倒是这院落的布局会引起人们的极大兴趣。入门是一条狭长的通道，深处方门之上有一座古朴小巧的望月楼，西侧一前一后有两道门，门里连套着4幢院落。该院曲幽多变，开合自如，有隔有连，寓大于小，正所谓“一关辖三门，三门通四院”。特别有意思的是，四个院落分别命名为“加官”“进禄”“增福”“添寿”，这些称谓听来觉得有些俗套，但对当时的主人来说，亦是表达追求功名与美好生活的一种方式。第三进“增福”院左右墙壁上刻有“勤治生，俭养德，四时足用；忠持己，恕及物，终身可行”的箴言，意在教化子孙，不论任何时候都要遵循“律己宽物”的做人道理。第四进“添寿”院是长辈居住的地方，院内有一座高而小巧的观月楼，登上此楼可观星赏月，亦可看家护院。

绿门院 位于三甲东巷，是第16世王中极的宅院，堂名为“存厚堂”。王中极是王梦鹏之子，捐官至“布政司经历加二级”，诰授“奉直大夫”，诰封“中宪大夫”，宣武都尉。据记载，清乾隆五十年（1785年），乾隆皇帝驾临，御赐黄马褂一件和银牌一面。清嘉庆元年（1796年），其又参加了朝廷举办的千叟宴。王中极得此殊荣，可谓不辱先祖。因为其祖父王谦受在清康熙六十一年（1722年）参加过千叟宴，康熙皇帝恩赐龙头拐杖一把。如此，祖孙相继，门庭生辉，就可以按照朝规享用绿色之门。因为绿门是当时朝中一、二品官员才可使用的颜色。

绿门院的建筑格局是由东西三路、前后二进或四进大小8个方院子组成的，院内屋宇栉比，楼堂杂错，院内见厅，厅内见院，院院都有各自的功能。前院是男性的社交空间，这里的起居室全部采用单层木构建筑围合；后院是女主人的天地，围合院落的建筑均为二层，这里古香古色，生活气息浓郁。让人称奇的是，绿门院的雕刻非常讲究，房檐屋面、门里门外都有琳琅满目的三雕装饰艺术，题材广泛，形式多样，装饰华丽，雕刻讲究，是清代“纤细繁密”的集大成者，体现了中国古代北方地区民居坚固、实用、美观的建筑特点。最精美的要数木雕挂落“满床笏”、石雕“四爱图”、石雕门枕石“丝绸之路”等。

现在绿门院与同巷的松竹院、景薰院，已在修复开放之后被辟为“中华王氏博物馆”，游人可以在欣赏民居建筑艺术的同时，顺便了解天下王氏、太原王氏和静升王氏家族文化的发展历史。

顶甲花园 堡内的最高处为顶甲花园，由兰桂园、红杏园、隐翠园、童心园四个主题各异的花园组成，花园之间由3个月洞门沟通，形成既独立成章、又连环紧套的格局。这里是17世王森荣、王森椿的宅院，为别具一格的前园后院的布局。前面是花园，后院是主人的宅院，既相互通联，又独立成章。主人茶余饭后可在此园内散步赏花、吟诗对弈。

★ 旌表敕建的孝义祠

王氏族人在修建宏大宅院的同时，不惜重金建造宗祠家庙。历史上王氏宗祠原有五座，先后建于明朝末年至清朝康熙、乾隆年间。现在留下来的“孝义祠”由孝义石坊和孝义家祠两部分组成，清乾隆四十九年（1784年）十月始建，嘉庆元年（1796年）建成。它在高家崖与红门堡外坡下不远处，这里清静幽雅，气势肃穆。

孝义祠与孝义坊，是专为第15世王梦鹏建造的。王梦鹏自幼事亲至孝，冬温被而夏扇枕。不幸的是，其父四十而殁，其母数年又丧。王梦鹏念双亲养育之恩，每饭必祭，每祭必诚，其声哀哀，长使路人泪下沾襟。此外，他还经常做公益善事，办义学、立义冢、修桥梁、撰族谱、筑道路、赈灾荒、济贫困等，毫不吝惜，村人无不有口皆碑。朝廷在他谢世后，下旨命建孝义坊，嘉庆元年（1796年）又扩建为孝义祠。

孝义石坊 这是一座高大的青石牌坊，矗立于祠堂门前，牌坊高约两丈，为四柱三间三楼式，牌坊共雕刻有10头狮子、10只绣球、10面鼓，可见规格之高。左右四根石柱上，均雕有楹联，有篆有楷，古奥深沉。顶部雕有“孝义”二字，据说是清代著名书法家、内阁大学士翁方纲于乾隆五十一年（1786年）的真迹。

孝义祠在孝义坊的对面，面积为428平方米。祠堂坐北向南，分楼上楼下两院。院内一层有正窑三间，陈列“静升王氏”宗祠、王家坟茔模型以及记载王梦鹏一生孝行义举的雕塑。楼上正厅五间，为祭祖堂，是王家进行祭祀活动的场所。对面是一座坐南朝北的戏台，歇山顶，四角挑檐，平面呈“凸”字形，有元代戏台的遗风。

03 精雕细刻的三雕艺术

专家称誉晋商大院是“建筑必有图，有图必有意，有意必吉祥”“一宇之上，三雕骈美”。所以，当我们置身王家大院中，随处可见精美的砖雕、木雕、石雕艺术：抬腿迈上的踏跺、门枕石，抬眼所及的门楣、窗棂，前方所视的照壁、瓦当等，都是由石料、木材、砖等精雕细刻而成的。三雕艺术，无处不在。

三雕题材注重寓意，内容追逐吉祥，无外乎多子多福、长寿安康、富贵永久、趋利避害的心理，概括起来大致“福、禄、寿、喜、财、吉、和、安、养、全”几个字。比如蝙蝠谐音寓意为“福”、鹿谐音寓意为“禄”、鱼谐音寓意为“余”、磬谐音寓意为“庆”，葡萄象征多子、松鹤象征长寿、鸳鸯蝴蝶象征婚姻、牡丹象征富贵等，采用谐音、暗喻、象征等手法，在文人、画家、雕刻艺人的共同参与下，将花鸟鱼虫、山石水舟、典故传说、戏曲人物或雕于砖，或刻于石，或镂于木，将儒、道、佛思想与传统民俗文化融为一体。这些雕饰“集先哲之古训，采古今之名言，颂山川之壮美，铭处世之学问，咏鸿鹄之大志”，充满了浓郁的文化气息，令人叹为观止。

★ 巧夺天工的石雕艺术

石雕艺术

王家大院的石雕则主要集中于柱础、栏杆、门礅等建筑物的基础部分，和地面最为接近，用浅浮雕或用线刻雕出，使建筑有坚实、稳固、厚重之感。

“天圆地方”柱础石 位于敦厚宅正院正房屋檐下，是整个大院中最精美的柱础石。它高 0.5 米，上下分六个层次，第一层为鼓、钟的图案，鼓似天，钟似地，象征天圆地方；第二层为袱锦，象征前途似锦；第三层为蝙蝠祥云，寓意为福运来临；第四层为草龙，有镇宅避邪的含义；第五层为尊鼎底座，寓意基业盛大；第六层为回纹，寓意富贵不断。综合起来就是“天圆地方、前程似锦、福祥如意、阖家安乐”的祝福之意。此柱础石运用圆雕、半圆雕、浮雕、线刻等多种雕刻手段，创意之奇妙，雕技之精到，让人惊叹。

石雕楼梯扶手 在敦厚宅西绣楼的扶手上，雕有一系列不同造型的精美石刻：自上而下第一、三、五为狮子，狮子有镇宅辟邪、子嗣昌盛之意；第二个为南瓜，寓意为多子；第四个为童子抱鱼，寓意着年年有余；第六个为猴子背着蜂巢，寓意着辈辈封侯。

大狮小狮滚绣球 凝瑞居敬业堂前的垂带踏跺石阶上的两侧装饰，大狮和小狮分别象征朝廷官员中的太师和少师。两只大狮隔空对望，两只幼狮憨态可掬，两只绣球被游客摩挲得圆滑光亮。

青石浮雕的墙基石 凝瑞居正房院子里有10块墙基石，它们高1.6米，宽0.6米，厚0.3米，既坚固耐用，又为起居生活起到装饰作用。雕刻的内容从天赐麟儿、仙鸡送子、飞马报喜、五子登科、指日高升、吴牛喘月、海马流云，到二十四孝中的"汉江革行佣供母""唐夫人乳姑奉亲"，均是石雕中的上乘之作。略看几幅："汉江革行佣供母"图，选自《二十四孝》。东汉时兵荒马乱，江革背着母亲四处逃难，不幸路遇盗寇追杀，无奈之下江革跪下，苦苦哀求"杀了我没关系，只希望能饶我母亲一命……"如此孝举感动了盗寇，最终放了母子二人。之后江革为了生计给富裕人家做佣人，打工之余对母亲悉心照料，孝行传遍乡里乡亲，在举孝廉时被推举做了官。王家刻这幅画显然是在告诉子孙"百善孝当先"的道理，同时希望子孙把对待家庭的责任放大到对国家的忠心之上，做到"忠孝两全"。"五子登科"图，《宋史·窦仪传》记载：宋代窦禹钧的五个儿子仪、俨、侃、偁、僖相继及第，故称"五子登科"。石刻中四子分别手持桂圆、如意、画戟、花灯，另一子夺灯，"灯"与"登"谐音，又以"灯"指"魁星"，"夺灯"即"夺魁"，寄托了王家人期望子弟都能像窦家五子那样，科举及第，获取功名。"吴牛喘月"图，吴牛是江浙一带的水牛，因为它每天都在烈日当头下耕地干活，所以特别惧怕太阳。有一天晚上，好不容易睡着的它突然抬头看到空中的月亮，把月亮当成了太阳，吓得浑身哆嗦，尾巴都蜷缩起来。王家借这幅画是在告诫儿孙，在商场做人、官场做事的时候要向吴牛学习，做到谨小慎微和低调本分，只有战战兢兢、如履薄冰，才不会触犯朝廷的清规戒律。

竹门石雕 养正书塾里这个造型奇特的门框，由上、下、左、右4块青石雕刻而成，衔接处非常巧妙地设计在竹节处。门框采用高浮雕的手法雕刻而成，基石为寿石，盘根错节，寓意为学做人均得扎根坚实；两边以竹为主，是希望子孙要有竹子一样的品格——"未出土时先有节，及凌云处尚虚心"；顶部为松竹梅岁寒三友、喜鹊登梅，盼望子孙学有所成，终至喜鹊

贝叶石匾

登梅报喜。这种组合体现了王家对教育的重视、对儿孙的期待。

贝叶石匾 养正书院的门匾，这是用整块石头正反雕刻的，雕刻细腻，脉络清晰，正反分明，一波三折，给人以强烈的动感。贝叶是贝多罗树的叶子，用来写佛经的，这种贝叶匾全国只有两块，另一块珍藏在北京故宫。匾额上的“安敦”两字，出自《易经》:“安土敦乎仁，故能爱。”意思是敦行仁道，人心一旦得安，自然就心地仁厚，自然就能够用仁爱之心去敦化社会、净化人心。

石狮门枕石 桂馨书院门前，左右门枕石上分别雕刻大小六只狮子，寓意“三公三孤”。“三公”指太师、太傅、太保，是辅助国君掌握军政大权的最高官员；“三孤”是三公的副职，指少师、少傅、少保，三公三孤是辅弼天子的重臣，官高位显，而雕刻在书院则是主人希望子孙能够官运亨通，飞黄腾达。

四逸图 古人认为捕鱼、打柴、耕田、读书是人生中最快乐的四件事，被称为“四逸”。红门堡德馨轩的“四逸图”石刻，构图精美颇有品位，姜太公钓鱼渭水边、诸葛亮躬耕南阳、严子陵退隐严濑、陶渊明隐居桃花源，画面上有山、水、桥、柳、石、亭、松、鹿，人物活动其间，表现了士大夫追求渔樵耕读的平常生活。

丝绸之路门枕石 红门堡松竹院大门一侧的门枕石，其造型是两只狮子由御狮者牵引，狮子背上驮着丝绸和法螺。丝绸是中国的特产，法螺是佛教的象征。御狮者为汉人形象，须弥座下四人高鼻深目，是西域人的形象。这通门枕石记录了西汉张骞打通丝绸之路的历史，以人物为题材的门枕石本来就少，再加上记录的是历史史实，更非同一般！

海水朝日影壁 红门堡东堡门石雕影壁，画面为一轮红日冉冉升起，天空中彩云飘浮，数只蝙蝠在彩云间飞来飞去，寿山隐于海中，寓意“寿山福海”。明代官员衣谱上有“立水朝日”“卧水朝日”“仙鹤立水”等纹图，传统戏曲舞台上的大堂也有“海水朝阳”屏风。这幅石雕影壁表示的是正大光明、秉公执法、廉洁奉公的含义。

★ 朴而不凡的砖雕艺术

王家大院的砖雕大都出现在墀头、影壁、女儿墙、槛墙，以及脊兽、吻兽等构件上，使建筑空间布局层次分明、玲珑剔透。砖雕又有深雕、浅雕、

砖雕艺术

圆雕之别。匾也砖雕，字也砖雕，雕琢最多者是人物、花鸟、博古等。其整体粗犷豪放，但不乏精良细节，风格简约质朴，但也有繁复华丽之处。

狮子滚绣球照壁　敦厚宅门前的仿木结构砖雕照壁，中心是狮子，大小三头狮子在嬉戏享乐，滚绣球，旁边装饰有彩带，表示好事不断，合在一起就是“狮子滚绣球，好事不断头”。照壁背面为牡丹、荷花、秋菊、冬梅四季花卉，还分别配以公鸡、鸳鸯、鹌鹑、喜鹊，有“功名富贵、鸳鸯贵子、安居乐业、喜上眉梢”的吉祥寓意。

鹿鹤同春　凝瑞居大门两侧的外檐墙上，两幅巨幅砖雕左右相对。一侧为鹿跃松林，鹿回头，一侧为鹤唳寿石，鹤昂首，一呼一应，和谐对称。鹿鹤与“六合”谐音，意为天地上下，河清海晏，国泰民安，六合之内春光共浴。大门正门对面照壁上的砖雕图案为五只蝙蝠围着一个“寿”字，意为“五福捧寿”。

槛墙砖雕　凝瑞居正房东西绣楼的槛墙上，镶嵌着 1 米高的砖雕，上下共分四行。第一、第二层为玉兰、菊花、海棠等吉祥花草，第三层以八仙人物为主，间以骏马、猕猴、麒麟、玉兔等瑞兽及佛手、石榴等吉祥花果，第四层裙板上面雕有缠枝吉祥草，将整个裙板连接在一起，形成一个完整的组合体。这些精美的图案显示出王家门第高贵、神仙降临、万事亨通的氛围。

鹭鹭青莲　凝瑞居大门两侧的看面墙，两只白鹭鸟被几丛青莲围绕，谐音“路路清廉”，旨在教化家人无论居家还是在外，无论从事何种职业都需秉持廉洁品性，出淤泥而不染。另外，红门堡德馨轩院中的“一品清廉”牙板，以一片莲叶为主体，两面花叶依次排列，简略几笔波浪线条表示清净之水，整个画面给人以清新爽朗的感觉。

四爱图　绿门院内的砖雕，隐喻四位高士，即陶渊明爱菊、周敦颐爱莲、林和靖爱梅、黄庭坚爱兰。黄庭坚酷爱兰，他在《书幽芳亭记》中有言：乃曰“当门不得不锄”，山林之士，所以往而不返者耶？言下之意是说，贤人君子隐于山林是统治者摧残的缘故，所以黄庭坚归隐山林而不愿返回。

墀头砖雕　墀头处于山墙伸出至檐柱之外的部分，突出在两边山墙边檐，用以支撑前后出檐。本来其承担着屋顶排水和边墙挡水的双重作用，但由于它特殊的位置，远远看去，像房屋昂扬的颈部，于是主人用尽心思来装饰。王家大院的墀头的装饰繁简不一，样式各样，内容涵盖了中国传统文化中各类吉祥图案。敦厚宅的大门墀头雕刻极为精美，八幅墀头分四层排列，内容有凤戏牡丹、书卷画卷、东方神圣、西方神圣、红孩儿、哪吒等。此外还有猴子捞月墀头、燕山教子墀头、玉兔灵芝墀头、禄星墀头、团寿墀头、绣墩墀头等。

★ 古朴精致的木雕艺术

王家大院的木雕大多采用圆雕、浮雕、镂雕等多种手法，把题材各异的图案展现于挂落、窗棂、帘架、隔扇、垂花门、翼拱、梁枋等部件之上，并施以彩绘，使建筑空间绚丽多彩，富丽堂皇。彩绘则多出现在房檐底下、门楣之上，对建筑物表面进行装饰，显得雕甍画栋、色彩斑斓，增加了美感。

木雕艺术

敦厚宅乐善堂面阔三间，每间各自开门，每间门外的帘架木雕极为精美。帘架雕刻采用博古图案造型，每幅图案分成九个画面。当中的大画面里有人物和风景，像是故事中的连环画，周围的小画面是装饰性图案，包括琴棋书画、花鸟鱼虫、炉瓶三事、八仙法器等，略了解以下几幅。

八蛮进宝　乐善堂中间房屋的木雕挂落。八位胡人身着异服穿行于山林之中，它们长发卷曲、深目大鼻、络腮胡子，身着窄袖小衣，身旁有飘带，脚穿高筒靴，手捧犀角、珊瑚等中原稀有之物，神情欢悦，憨态可掬。这幅挂落反映了张骞出使西域后，丝绸之路沟通了中原和西域文化交流。外廊雀替大多雕刻着云龙纹图案，两端略有下垂，称为飞罩，上面镂空雕花板，刻有龙凤、喜鹊、花卉、葡萄，还有宝瓶和如意。东侧帘架挂心是“松梅岁寒三友”，西侧帘架挂心为“玉堂安居”，雕有海棠、鹌鹑、菊花，边框雕以瓶、鼎、彝、尊、花卉、拐子龙纹，雕刻刀法娴熟，形象逼真。

八蛮进宝挂落

盘枝花纹　凝瑞居敬业堂下的木雕挂落，采用高浮雕手法雕以拐子龙纹，刚劲有力，牡丹、荷花、菊花花纹匍匐其上，刚柔相济，严肃淡雅，简朴淳厚，繁简得当。旁门挂落为“二龙献寿”，左侧瓶中孔雀尾翎示意翎顶辉煌，加官晋爵。右侧为“宝瓶如意”，寓意平安如意，下为宝伞，法螺，琴棋书画，吉祥图案，以示风雅。

锦鸡玉兰 凝瑞居后院正窑中间的窗户上的木雕窗棂，“鸡”有文、武、仁、勇、信五德，示意主人五德俱全。两边绿色的花瓶中插有莲花，“一瓶青莲”取谐音“一品清廉”，希望子孙做官清正廉明，蓝色花瓶中插有月季，表示“四季平安”，旁边的香炉里冒出一缕青烟，是希望王家能够香火不断，人丁兴旺。西窑的高窗上还雕有“燕戏杏枝”的图案，杏苑乃新科进士游宴之所，而“燕”与“宴”谐音，且每逢春天便现于枝头，故而此处的“杏林春宴”包含了对进士及第的良好祝愿。

满床笏 红门堡绿门院的正房屋檐之下的木雕挂落，它表现的是唐代大将郭子仪六十寿辰时，七子八婿皆为显贵，笏堆满床的盛况。此挂落采用了镂空木雕技法，花纹繁密，技法娴熟，通过层层叠叠、往往复复的透雕，烘托着中间“满床笏”的吉祥主题，表达了主人对于家族福禄寿考、富贵昌盛的向往之情。

麻姑献寿 绿门院中厅的左边帘架木雕，麻姑是传说中的女仙，曾在三月三日西王母寿辰之日，于绛珠河畔以灵芝酿酒而祝寿。王母大喜，封麻姑为虚寂冲应真人。麻姑既为仙女，又有献寿之举，后世民俗遂将麻姑与祝寿相联系。此图雕刻着麻姑手捧寿桃，脚踏祥云前来祝寿。旁边有一童子，童子手执长柄仪仗扇，为麻姑障风蔽日；梅花鹿背上驮着酒坛，远处有亭堂，周围为佛手、石榴、仙桃、海棠等，一派祥和瑞气跃然其上。

鱼穿莲 王家大院的木雕中，有许多表现两性结合的艺术小品，如鱼穿莲、鱼穿荷叶、莲蓬生子、荷叶生子、鸳鸯贵子等。鱼穿莲的窗棂图案，造型独特，一般位于儿孙们居住的东西厢房。它通过对自然界的鱼、莲形象的借用，隐喻两性结合、夫妻和好。在当地的民俗，结婚时洞房内窗花剪纸有鱼戏莲内容，闹洞房时，又常有“鱼戏莲，十七、十八儿女全”“鱼儿戏莲花，两口子遇上好缘法”的谚语。这些民俗都代表了人们祝夫妇和好，早生贵子的美好愿望。

04 寓意深长的楹联匾额

行走在王家大院中，除了欣赏精致的三雕艺术品之外，还有大量的楹联、匾额点缀其中，成为画龙点睛之笔。王家大院凡堂必有楹联，凡门户必有匾额。楹联和匾额是先人的教化和束己的箴言，大多因渊源深远而耐人寻味，成为大院文化品位的象征。据统计，大院的楹联多达 80 副，匾额有 120 多块，题材丰富、雅俗共赏、种类繁多、意蕴深长。这不仅增添了宅院的儒雅之气，还赋予了每幢院落不可言的精魂神韵，值得细细品味。

★ 敦厚宅楹联匾额

敦厚宅东堡门上的“寅宾”二字楷书巨匾，高 1.3 米，宽 1.62 米，功力深厚，气势雄伟。寅宾意译为恭恭敬敬导引日出，其实意思很简单，堡门入口为东，取意紫气东来。堡门内的匾额为行草“视履”，出自“视履考祥，其旋元吉”。楼阁上有匾额“履中蹈和”，本意是处世之道，这里的意思应该是希望王家子孙“躬行中庸中和之道”。楼阁两柱上的楹为“根植悬瓮山下桂荣槐茂，水出晋溪园中源远流长”。上联意为先祖是出自太原悬瓮山下的王氏，荫护王氏树茂叶盛，下联意为先辈的功德像汾水一样源远流长。

敦厚宅前院的乐善堂上方的匾额“法司马训”，意思即为效法司马光故事训导后人。两边一副楹联曰：“铭先祖大恩大德恒以礼义传家风，训后辈务实务本但求清白在人间。”意思是训教子孙不忘先祖恩德，要以礼义传家，保持人格清白，也不能脱离实际，好高骛远。王家尊崇“司马训”，效法司马光的《传家集》《训俭示康》来训导后人，大院里很多地方都能看得到类似的警言。

“法司马训”匾额

敦厚宅后院正窑的楹联为：静观星月感百年沧海桑田，神思造化乐四时春华秋实。这一联说的应该是主人的人生感悟，日月星辰之永恒，世事变化之无常；天地造化之有情，喜春种秋收之规律。更有以观沧海、以感春秋的气魄。

祭祖堂的上方悬挂匾额“光前裕后”，为灵石籍当代书法家赵宝琴题写。语出宋·王应麟《三字经》：“扬名声，显父母，光于前，裕于后。”“光前”指光大前业，“裕后”指遗惠后代，合起来就

“光前裕后”匾额

是为前代人增光，为后代人造福。两边的楹联：追旧德为善最乐济乡里，修先业耕读传家望青云，意思是追念先人之美德，以行善为最快乐，帮助乡里做善事；修行先辈事业，传承耕读家风，才能平步青云，事业旺盛。

★ 凝瑞居的楹联匾额

凝瑞居大门上方悬挂匾额“凝瑞”，两边一副楹联：仰云汉，俯厚土，东西南北，游目骋怀常中意；沐烟霞，披彩虹，春夏秋冬，抚今追昔总生情。这副楹联描写王家人胸怀四海、追古抚今的气魄。

凝瑞居敬业堂客厅上方横匾为“诗礼传家”，意思是让儒家的经典和道德规范世代相传。两侧有两副楹联，一副为：六百年诗礼传家，令天下豪门望族失颜色；三千间琼楼遗世，为华夏民居宝库铸辉煌。见证了王氏家族及王家大院的辉煌。另一副为：先祖先贤，成由勤俭败由奢，岂敢相忘；后世后学，幼当教养老当敬，首在言行。意思是不要忘记先祖之所以成就一番功业都是由于勤劳节俭，败落在于奢侈淫逸，后代子孙学子，年幼的应该教育培养，年老的应该孝敬，前提是言行一致。

凝瑞居后院正窑中间的横匾书写“德高望重”，是对主人品德的褒奖。两边一副楹联：邀造化孝祖先，飞鹏起凤；枕丘山面溪水，卧虎藏龙。上联意为王家人由于敬重上天，不忘其创造化育之恩，而致飞黄腾达；下联意为王家大院头枕黄土高坡，面对清清溪流，在此风水宝地中定会出更多人杰。整副楹联暗喻大富大贵之意。

养正书塾院落中房间的匾额为“养正书塾”，“养正”取自《易经》：“蒙以养正，圣功也。”是指从童年开始，就要施以正确的教育。两侧楹联为：染成绿萼初华，好觉暗香入室；偶得古人精册，较胜春风在庭。上联是刚开的绿萼梅，似被染上一层淡绿，感觉脉脉的清香已侵入画卷；下联是偶然得到古人精美的卷册，反复把玩欣赏，其间境界，胜于在春夜庭院中观赏明月高悬。楹联旨在教育后代要读书明理，寥寥数字，意境悠远，为宅院增添了儒雅之气。

★ 桂馨书院的楹联匾额

桂鑫书院的大门悬挂有“桂馨”匾额，指桂花散发出的香味，隐喻科举及第。“桂鑫”出自《骈志》，“武帝谓东方朔曰：‘孔子颜渊道德何胜？’朔曰：‘颜渊如桂馨一山，孔子如春风至则万物生’。”东方朔对孔子师徒的赞美，未尝不是对王氏兄弟的赞美。书院内东西月洞门，东侧月洞门上为“映奎”，“奎”为金星，主文章文事，奎星映照着书香门第，寓意文事顺利科举高中；月洞门以竹节为框。楹联为：河山对平远，图史散纵横。西侧月洞门上为“探西”，二字出自《方舆胜览》，“小西山下有石穴，中有书千卷，素人避地，隐学于此。”“探西”暗示此处为子弟修学之所，月洞门旁的楹联：簌簌风敲三径竹，玲珑月照一床书，动静结合，甚为精妙。

院内有腰门，左侧有石雕匾额篆刻“笔锄”二字，激励王氏子弟勤奋苦读，孜孜不倦，精于为文之道。右侧匾额为正楷“汲古”，教育学子从古人汲取知识，经年累月，终成己学。前院大门高悬匾额“珠媚玉辉”，以珠玉的美好大放异彩，寓意谈吐或诗文美好，是书院主人美好的意愿和祝福。门柱上有长卷楹联：万卷诗书四时苦读一朝悟，十年寒窗三鼓灯火五更鸡。

桂馨书院主院倒座有一副木雕楹联：束身以圭观物以镜，种德若树养心若鱼。意思是：用极其严格细微的要求来约束自己，以圣洁之心观察万物之变化；树人如树木，培养造就人才是终身之计，不可忽视，修养身心要善于寡欲，静心修养，这样你的人生才会有所收获。

桂馨书院跨院中的亭南匾额为“静远”，出自《淮南子·主术训》：非澹薄无以明德，非宁静无以致远，即“宁静致远”。亭西瞻月台，两边一副楹联曰：静以修身俭以养性；入则笃行出则友贤。这一联是教导子孙静心来提高自身修养，节俭来培养高尚情操，在家要勤于精进努力学习，在外要结交贤良的人做朋友，与“静远”匾额呼应，饶有趣味。

想当年，王家子弟就是在这个书院读经论史，吟珠诵玉，穷尽苦读日，一朝入科举。如今置身这书香馥郁的桂馨书院，不觉耳聪目明，唇齿生香，身心得到洗礼。

★ 红门堡的楹联匾额

司马院是第15世王寅德的宅院，楹联匾额数量众多，极具特色。大门上悬挂匾额“燕翼”，燕翼出自成语“燕翼贻谋”，指长辈善为子孙后代谋划，以期待他们能够顺利成长，有所作为。两边一副楹联：传家一篇司马训，克己数卷邺侯书。“司马训”指的是司马光留给子孙后代的家训，“邺侯”指的是唐中期的四朝元老宰相李毅，少时因精研诗书而官至宰相。整副楹联的大意是：以司马光为楷模，训导子孙崇尚节俭，戒奢侈之风；同时也以李毅为榜样，敦促后人潜心诗书、精研学问。

司马院里的一个小门上有“三省四勿”四个金字，出自朱熹的《斋居感兴》诗句：颜生躬四勿，曾子日三省。“四勿”即“非礼勿视，非礼勿听，非礼勿言，非礼勿动”。司马院里的一间厢房的楹联：憨然一笑，思量锦上添花客；辗转三更，感激雪中送炭人。大意是：面对别人的“锦上添花”可以换来“憨然一笑”的“思量”，而“雪中送炭”则可让人半夜三更“辗转反侧”，甚至彻夜难眠地“感激”。这就是告诫人们，能在他人非常困难、急需帮助时伸出诚挚友谊之手帮他一把，与其锦上添花不如雪中送炭，这才是最有价值的！

树德院是第16世中宪大夫王中辉的院子。门前两根大旗杆上刻有楹联：万丈虹文辉斗极，九天鹏翼展春云。大门匾额是“树德”二字，意思是树立美德，施行德政。两侧楹联：圣道高深，敦诗说礼功无尽；皇恩浩荡，凿井耕田乐有余。意思是：圣人之道既高且深，只要笃信孔孟之道成效是无穷无尽的，由于皇帝的圣明，百姓们安心地种田也是很快乐的。

绿门院是第16世王中极的庭院。大门外门额是“平为福”三个金字，外门楹联是：寡欲清心，能受苦方为志士；宽宏大量，肯吃亏不是痴人。中厅正面门楣上方悬挂“存厚堂”匾额，“厚”是个错别字，在厚上加了一点，这是告诫王家后人，做人待事要厚道一点、豁达一点。两边一副楹联：观幽兰佳菊，常守节，目光清净；喜淡饭布衣，不欺天，心地泰然。中厅的背后有匾额“腾宝蜚英”，有楹联：万古传贤，安石经纶新建学；千秋称圣，辋川山水右军书。中厅后门上方悬挂匾额“克己复礼”，指克制自己的言行，使其符合周礼的规范要求。据说，此联原是湖南邵阳王氏宗祠联，被引至王家大院绿门院内。两侧楹联：辅国有先声，宋相元藩明督抚；传家无别业，唐诗晋字汉文章。上联说的是王氏族人中历代有治国安邦的人才；下联指王氏族人中历代文化精英，同时激励国人诗礼传家，注重教育和文化学习。

“规圆矩方”匾额

存厚堂书院第四院屏风门上有一块蓝底金字的“规圆矩方”匾额。“矩”是个错别字，“矩”上多了一个点。该匾的文字节选于嘉庆朝内阁大学士翁方纲给王家大院的题词。据传，嘉庆十七年（1812 年），内阁大学士翁方纲亲临王家大院，向王汝成祝贺乔迁之喜。翁学士对王氏家族传承几百年的治家理念、宅院文化表示高度赞赏。他说："规矩多一点，家运久一点。"他为王汝成题写了"规圆矩方，准平绳直，祥云甘雨，丽日和风"十六个字，并特意在"矩"字上多加了一点，以示对王氏家风的由衷赞美。

红门堡东二甲五福门，门额上刻有"荷天休"三字。"荷"是承受、接受的意思，"天休"即天官赐福，"荷天休"即上天的庇护眷顾，出自唐肃宗李亨《延英殿玉灵芝诗》中有"神惟不爱，道亦无求。端拱思惟，永荷天休"之句。两边楹联为：树滋讵必陶潜柳，燕翼端凭韦氏经。意思是：实施德政不要有陶渊明那种逃避现实的隐士思想，造福子孙要像韦贤父子那样为国出力，担当重任。

"澡身浴德"匾额

缥缃居中厅门上方悬挂"澡身浴德"匾额。"澡身"能洁身自好；"浴德"沐浴于德，出淤泥而不染。"澡身浴德"形容磨炼意志品行，使身心纯洁，出自《礼记·儒行》：儒有澡身而浴德。这是儒家倡导的修养方法。前院屋子的楹联：栋宇辉连，谢草郑兰窦桂；乾坤春满，祥云瑞日调风。上联的意思是：堂内有谢朓草书，郑思肖、郑板桥的兰草图，以及五子登科的吉兆，放射光彩。下联的意思是：春满天地，云彩和太阳都带着吉祥的气氛，调风吹拂，六合之内春光共浴大地。

红门堡南堡门楼内有"阖堡同宗"匾额，点出了红门堡聚族而居的特点。清朝末年，王氏家族衰败后，红门堡内以家族将祖屋出卖，外姓新人不满于堡门楼上的"阖堡同宗"匾额，执意要改，王家人不得已改为"阖堡同德"暂存，如今又使用原匾额内容。城门顶上嵌有"恒贞"二字，恒贞是永远忠于朝廷的意思。门洞两边镶嵌砖雕对联：南浦绕璇澜，襟带静深，云涌三山凝百福；西椒环翠霭，林皋雄秀，风培五桂茂千秋，描绘了王家大院周围的风光景致。

★ 孝义祠的楹联匾额

孝义祠的石雕牌坊，正中门楣上刻有"孝义"二字，为翁方纲所题，左右两框架上各有一幅匾，分别刻"言坊""行表"。牌坊的中间两柱刻有楹联：清芬克绍，先声品重，竹林孝义，敦而厚俗；丹纾式褒，顾德挥绵，槐砌子孙，念以承家。次间两柱上刻有篆书楹联：克笃行谊超流俗，载锡丝纶启后昆。上联意在称颂王梦鹏出类拔萃的品行，下联意指王梦鹏受朝廷旌表之功堪为后世的榜样，此联充满了对朝廷旌表王梦鹏的赞誉。

孝义祠堂有一副楹联：绵子姓于继继绳绳，蔓延邈矣周京兆；溯宗支之源源本本，儒雅依然晋永和。此联为王氏 17 世族人所献，上联“周京兆”指明了静升王氏与京兆王氏的关联，此句实指王姓之源远流长。下联之“晋永和”典出东晋王羲的《兰亭序》法帖，此句在赞誉族人文学修养的同时，也映射出王氏宗族中最为著名的琅琊王氏。

献亭前石坊有楹联：禴祀蒸尝忠孝典型思蜀郡，牲牢酒醴桑槐世泽报江东。其中“禴祀蒸尝”即四时追祭，“牲牢酒醴”即祭祀所用的牲畜和美酒。“蜀郡之忠孝”与“江东之桑槐”均为有关王氏的典故。这句楹联也是称颂王氏家族的，从而达到敬祖收宗、弘扬祖志的目的。

牌坊、祠堂内还有众多匾额，“奉旨恤赠太仆寺卿”匾额，是为在金川战役中阵亡的 17 世王如玉所立。“积德累功”匾是吏部尚书梁诗正题，“奕叶相承”匾是光禄大夫梅珏成题，“尊祖合族”匾是光禄大夫孙嘉淦题。“流泽孔长”匾是 18 世资政大夫三肯任题，“孝思不匮”匾是 18 世中宪大夫王肯为题。众多大人物的题字，为规模不大的宗祠平添了一份威压的气势。

踪迹八　九曲黄河第一镇　水旱码头小都会

【引言】

吴冠中笔下的李家山

中国著名画家吴冠中先生，说他一生有三大发现：一个“名珠”——湖南武陵源张家界，一个“汉墓”——山西临县碛口李家山村，一个“金矿”——横亘在山西、陕西、内蒙古等省的黄土高原。

1976年和1989年，吴冠中先生先后两次来到碛口的李家山村，住在村中埋头采风作画。1989年10月，吴冠中先生以70岁的高龄从碛口徒步出发，涉过了湫水河，当他翻越南山之后，立即被出现在眼前的小山村惊呆了。他评价道：“我在山西有一个重要发现——临县碛口李家山村。这里从外面看像一座荒凉的汉墓，一进去是很古老很讲究的窑洞，古村相对封闭，像与世隔绝的桃花源。这样的村庄，这样的房子，走遍全世界都难再找到！”

正是吴冠中先生的一幅“窑洞人家”，让不为人知的李家山声名大噪，吴冠中也俨然成为李家山村无价的形象代言人。从此，才不断有写生、摄影爱好者到碛口采风，也不断有媒体记者到碛口体验并向外界宣传，碛口走进了人们的视野。

01　千年古镇的历史变迁

要说这个古镇，先要认识一个字：碛（qì），《说文》这样解释：“碛，水渚有石者。”认识了这个字，就知道碛口古镇的由来了。碛口古镇不大，是个弹丸之地，位于吕梁市临县城南50千米处的黄河边上，隔黄河与陕西省的吴堡县相望。碛口古为军事要冲，在明清至民国年间凭黄河水运一跃成为我国北方著名商贸重镇，被称为“九曲黄河第一镇”“水旱码头小都会”。

★ 一碛一滩，形成碛口镇

碛口古镇位于湫水河与黄河交汇处，湫水河携来了大量泥沙，挤占黄河水道，黄河河床在碛口由500米猛然缩到80米，黄河水就形成一段近500米长的暗礁，落差达10米，平日里缓缓而流的黄河水突然被束缚起来，黄河水只能在狭窄的河道里穿行，激起千层巨浪，咆哮声震耳欲聋。

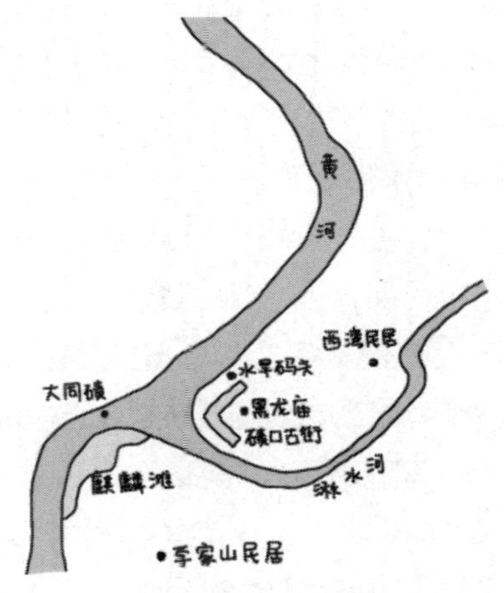

碛口古镇示意图

按照当地人的说法，“碛”是指黄河上因地形起伏而形成的一段段激流浅滩，于是天然形成“一碛一滩”，即大同碛和麒麟滩，“碛口”的名字也因此而来。大同碛被称为“天下黄河第二碛”，仅次于“黄河第一碛”的壶口瀑布。麒麟滩位于李家山山脚下，是大同碛左边河床中一块1000多亩的乱石沙滩，因当地流传着一个“麒麟送子”的传说而得名。

九曲黄河第一镇

★ 明清晋商，使古镇兴盛

碛口古镇的历史源远流长，早在战国时期这里就是赵国蔺邑很重要的一个兵事要冲；南北朝后期，五胡猖獗，碛口成为抗击胡人的前哨；从元代开始，碛口又成为“州、县”共管的军事战略要地。明清时期，晋商的辉煌给碛口带来兴盛的契机，康乾盛世边疆稳定，碛口成为连接我国东西部地区的交通枢纽，这种兴盛的局面一直延续到民国、“抗战”结束。但是在民国初年，大部分晋商大势已去，但碛口因得益于阎锡山的“保境安民”政策，依然保持繁荣兴盛直到抗日战争爆发。碛口古镇前后绵延2000多年，探究碛口的繁盛，主要有以下两大原因。

一是自然原因——大同碛 在古代，旱路交通工具不是很发达，主要靠的是黄河水运。因此，黄河水道十分繁忙，黄河因大同碛而受阻，碛口却因大同碛而受益。大同碛水急浪高，船筏难以通行，每每行至此地，船只必须靠岸卸货，久而久之，碛口遂成为黄河北干流上水运航道的中转站了。正所谓“九曲黄河第一镇，水旱码头小都会”。中华人民共和国成立后，为了让黄河河道通航顺畅，国家曾经炸过大同碛，如今大同碛的威风比原来减少了许多，但依然是浊浪排空、磅礴豪迈。

二是社会原因——开中法 明初朱元璋为了防御蒙古族的南下，在长城沿线设立九边重镇，屯兵近百万，为了解决军饷问题，开始实行“开中法”，即朝廷招商，让商人把粮食等军饷运到边镇，朝廷就给商人颁发“盐引”——买盐的凭证。要知道当时的盐是被国家垄断的，民间不能私自贩盐。而“开中法”的实施，商人换到“盐引”之后就可以到河东、长芦、两淮等盐场领盐了，领上盐就可以卖了，卖了盐就可以赚钱。正是这一改革，使黄河漕运变得利益丰厚。运盐销盐本小利大，不少商人靠销盐权几年内便发家致富，碛口也成为晋商崛起的一个平台。

作为水旱转运码头，碛口的生意向西做到兰州、吴忠，向北做到包头、五原，向南做到邯郸、郑州，向东做到太原、北京、天津。以致很多货物统称为“碛口货”，比如“碛口碱”“碛口油”“碛口烟”等，但它们并非产于碛口，而是从碛口贩运而来。

“碛口因河而兴，因铁路而衰”，20世纪二三十年代，由于京包铁路、同蒲铁路相继建成通车，货物都走了既快又便宜的铁路，碛口的水陆码头地位一落千丈，从此被人遗忘在荒凉贫瘠的黄河沟壑中，在贫困的岁月中苦苦守望。

★ 碛口被发现，古镇获新生

直到1989年10月，著名画家吴冠中先生到碛口采风，惊呼碛口李家山村像活着的“汉墓”，并与湖南武陵源、黄土高原一道列为他一生的三大发现后，碛口以其原生态的风光、淳朴的民风逐渐走进了人们的视野。

1999年9月，碛口被公布为山西省风景名胜区。2001年9月，碛口被确定为山西省第一个旅游扶贫试验区。2003年1月，碛口被命名为山西省第二个地质公园。2003年11月，碛口镇西湾村被公布为首批“中国历史文化名村”。2005年9月，碛口镇被公布为第二批“中国历史文化名镇”。2006年5月，碛口古建筑群被国务院公布为“第六批全国重点文物保护单位”。2008年10月，李家山村被公布为第四批“中国历史文化名村”。2012年10月，碛口被国务院公布为第八批“国家级风景名胜区”。此外，碛口还被北京《京华时报》评选为“全国最具年味的八个目的地”之一，被网友评为“人生必去的十个小镇之一”。

至此，碛口完成了漫漫时空的跨越，终于从“深闺”中走出吕梁山，走向全国，走向世界。

02　仍然“活着”的古镇

碛口古镇现存大量类型丰富且保存完好的明清建筑，主要有货栈、票号、当铺、码头等商业性建筑和庙宇、民居等具有祭祀、居住功能的建筑，几乎包括了封建制度下民间典型的漕运商贸集镇的全部类型。由于古镇至今还是原始质朴的居民生活形态，所以又有“活着”的古镇之称。

碛口古镇坐落在卧虎山下，湫河与黄河交汇之处。古镇整体呈“L”形走向，分布着3条主街27条小巷，共有大小商家1084家。碛口古街位于古镇的核心地带，是商贸繁盛的历史见证。据记载，碛口的店铺大规模修建是从清乾隆年间开始的，到民国年间，正式注册的商家字号就有380多家，形成药材、皮毛、麻油、盐碱、粮食和钱庄六大行业。碛口古街长达五华里，顺着卧虎山坡有13条排洪兼通行的巷道，连接着数以百计的院落。美国威斯康星大学环境设计终身教授董伟先生两次来碛口考察，对碛口街连街、巷连巷、巷巷相通、院院相连的建筑深感震惊，称这种立体交融式的乡土建筑，具有世界独特的建筑风格。

令人称奇的是，当时的碛口镇已有非常合理的城建规划布局，它依照功能划分为三大区，分别是西市街、中市街、东市街。西市街又叫“后街”，是以码头、大型粮油货栈为主的一条街，用当地人的话说“后街上做的都是大买卖”。中

繁华的碛口古街

市街，主要有当铺、票号等金融机构，是当时最繁华的高档商业区。东市街又叫“前街”，当地人称“食巷店”，主要从事饭店、酒馆、大车店等各类服务行业，是骆驼、骡马等运输货物的牲口集中地段。

★ 西市街

西市街是碛口古街的起点，以码头、大型粮油货栈为主，如水旱码头、荣光店、天聚永、四十眼窑院、十义镖局、广生源等。这些大货栈一般都是大型四合院，依山就势，沿坡而上，层层叠叠，从两层到三、四层不等。在大货栈之间有小山巷，共有 13 条，这些垂直排列的小山巷，既为各商号大院提供了便捷的交通，又有利于泄洪，可以想象当初碛口商人的智慧。

水旱码头 在碛口镇兴盛时期，每年仅从内蒙古河套的磴口出发来碛口的船便有四千艘，再加上五原、包头、托克托、府谷的木船和皮筏子，每天都有几十艘船和筏子从上游下来，且这里总停泊着上百艘，并列五六排，绵延好几里。现在看到的码头，在当时的情景是：每天有几百个苦力忙忙碌碌，“哼哟哼哟”的号子响成一片，身强体健的船夫把从水上运来的各种货物卸到驳船上，泊到岸上，跳过踏板，把货物扛到古镇的货栈里；然后，再把货栈里的货物运到驳船上。如此往复来回，一片繁荣和兴盛。当时从上游的陕、甘、宁、绥、蒙运来的货物主要有粮油、皮毛、麻油、碱、药材等，回程时，再把从中原运来的棉布、绸缎、茶叶、陶瓷等物品运送过去，转销于西北。在京包铁路建设通车前的 170 多年间，每日有 50 多只木船往来于碛口码头，民间有“驮不尽的碛口，填不满的吴城”的古谚，“驼铃叮当响，船家日夜忙”的民谣，还有一首竹枝词写道：“驼铃整天响，船筏日夜忙，商贾满客栈，碛口赛苏杭。”这些正是碛口当年繁盛贸易的真实写照。船筏在黄河里穿行，驼铃在山谷间回荡，镇里镇外商贾云集，店铺林立，一街灯火，昼夜辉煌，是名副其实的“水旱码头小都会”。

荣光店 当时最著名的大型粮油货栈，临街而建，院内是依山崖而建造起的层层叠叠的石窑，上下共 5 层，是典型的黄土高原的民居。全院共有 40 孔窑洞，33 间房屋。荣光店创立于清道光年间，主人姓王，王家凭靠“天时、地利、人和”的有利条件，一直经营麻油、粮食等货物，鼎盛时期，“窗泊百舟、门走千驼”。

关于荣光店，还有一个有趣的故事：荣光店的创始人是临县人王佩珩。

道光初年，王佩珩的父亲王居仲有一天到碛口做生意，看到碛口车水马龙，十分繁华，也想在这里经商，然而当时碛口的好地段都被别的商家建满了，找来找去，只有后街的一段乱石山坡上有一块空地。然而主人开价要 500 两银子，王居仲觉得太贵，没有买。过了几天他再次来到碛口时，已经涨到了 800 两银子，他仍然犹豫不决没有买。这时候，在包头做生意的长子王佩珩回来，听了父亲的讲述，第二天就来到碛口，看了这块地后，二话没说，以 1200 两银子的价格买下来。后来荣光店因为靠近黄河码头，且王家经营有方，生意越做越兴隆，到咸丰年间时，王家的资产达到 30 万两白银，上千亩水地。后来的荣光店几易其主，1947 年"土改"后充公，先后由招贤瓷厂、碛口供销社占用。1999 年碛口人刘有福买下来，开辟为"黄河宾馆"，每年接待大量来自全国各地的游客、专家学者，已成为碛口旅游业的一块招牌。

官盐局　官盐局在清末民初是专门管理食盐的运销机构。从春秋战国开始，历代都设有盐官，管理盐的开采权和运销权，商人贩盐要领取盐引，严禁偷贩私盐，盐的高度垄断使其赋税成为国家的可观收入。碛口码头是盐的集散地，产于陕北、宁夏、青海的池盐，通过黄金水道运来碛口，再销往各地，官盐局则收取苛刻的赋税。

天聚永　当时碛口最大的油店，经营西北盛产的胡麻油。天聚永创建于清道光年间，由四个股东共同出资开设，因此得名"四和堂"。民国年间，由平遥人购买，改为"天聚永"，继续经营粮油。1940 年，八路军 120 师在四和堂原址投资开办了"新华商行"，经营来往货物的转运，有效地支援和繁荣了边区经济。中华人民共和国成立后，四和堂成为碛口粮站。20 世纪 80 年代粮站迁走后，四和堂闲置，原有房屋损坏严重。后来由本县张庆德集资买下来，开辟为现在的"碛口客栈"，它和"黄河宾馆"一样也成为碛口旅游业的一块金字招牌。

天聚永的院子十分宽敞，分里外两进院，上下两层窑，都是用大块的石头垒砌而成，具有浓郁的山西民居特色。储存油篓的小窑洞并排有 20 多孔，如今已然改成了一间间客房，住着来自五湖四海的宾朋。小窑洞一层屋顶上原来都有小孔，是"气眼"，为当时储存粮食所需，现在经过改建已经看不到了。另外，在油店的大门上、窗台上、明柱上、地面上，有一些黑乎乎的东西，那就是厚厚的一层油渍，这是当年搬运工人搬运完油篓后顺便擦手时留下的，现在已成为见证碛口繁荣的“油化石”。油是当时碛口的大宗买卖，每天要卸几万斤。有两句民谣为证：“碛口街上尽是油，一天不驮满街流”“碛口三天不发油，汾州府上点灯愁。”

四十眼窑院 其实叫“裕后泉”，是因为它前后共有40孔窑洞，所以当地人叫四十眼窑院。这个院落中，现在还居住生活着人家，它曾经是晋西首富陈晋之家的祖产。民国五年，陈晋之兄弟三人在此开办专营粮食的裕后泉，并酿造裕后泉白酒。古语云：千里不运粮，百里不运菜。然而，陈家就凭着碛口这条黄金水道，将西北的小米、黄米、豆类等杂粮源源不断地运到碛口，又将自家产的裕后泉白酒运往西北，成为晋西首富。

广生源 位于碛口正街，是民国年间晋西首富陈晋之兄弟在碛口的主要商号之一，这是一家京广杂货店，当地人也称京广杂货为“洋板货”，主要有洋市布、洋瓷盆子、洋烟袋、洋火、洋胰子等。广生源也是碛口街上很讲究的店铺，有三层，要知道当时的离石与临县县城都还没有三层楼。它的建筑很有特点，一层面临二道街的三孔座底窑洞，当时是屏门敞开式店铺，窑内又有四孔相通的黑窑。二层主体建筑向东面临正街，靠街为屏门式铺面，中间大门进去是四合院，正窑加楼房，左右有厢房，其设计高雅殊异，建筑工艺精湛。三层可存货或居住。

★ 中市街

中市街是碛口重要的商业区，160米长的街道由黄河卵石铺成，街道两侧，店门对店门，窗户挨窗户，密密实实地沿街布列着明清时期的各色老店铺、老字号、老民居，店铺林立，排列紧凑，风格各异，其中有北方特有的三开间一门两窗式铺面，也有南方常见的活动板门式。这里是当时高档繁华的商业区，保留下来的这些建筑，基本完整地反映了碛口当时的建筑风格。

十义镖局 随着碛口的商业繁荣应运而生出了镖局，最早的镖局是乾隆年间山西人张黑五在北京开设的兴隆镖局。十义镖局是由碛口西头村人王泰勇与马明贵等10位结拜兄弟开设的，这十位兄弟个个身怀绝技，武艺高强。据说在一次押镖途中，马明贵一人独战十名悍匪，毫无惧色，直至匪徒全部逃走。此后，只要插上十义镖局的镖旗，方圆几百里内，匪徒闻风而逃，无人敢打劫货物。十义镖局建有类似于今天防盗窗的安防设施，只不过它是用木头建的，估计是特别贵重的东西在此存放。

利元通 是汉口人于民国年间开设的，主要出售虾米、虾酱、海参、鱿鱼、海带等海产品。当时碛口南来北往的商贾甚多，官府与商号用海味招待贵宾，显得稀罕而高雅。当时永宁州、柳林镇还有人专程来碛口购买。一开始，当地人不习惯吃海味，后来有钱人家过时节买点儿尝鲜，于是吃的人就越来越多，利元通的生意也就越做越兴隆。据说，海参还有解表作用，孩子们患天花、麻疹时，都要买二三两当药物煎吃。

画市巷 位于碛口镇的闹区，穿巷过院即可达黑龙庙。从清末到“抗战”前夕，每逢旧历年底，这里便是年画的天地。跑生意的人从天津、北京、上海贩回洋画，悬挂在这宽敞又背光的墙壁上出售。画市巷的墙上有很多小孔，这就是当年卖画人挂画时钉钉子留下的。年画有“胖娃娃”“洋姑娘”，也有戏剧中的人物等，那时候年画是稀罕东西，店铺和有钱人家买画，穷苦人家看画，然后买点窗花、春联之类的，因而每年腊月这里年画满街，人流如潮，热闹非凡。

大德通钱庄 祁县乔家大德通票号的分号。乔家早在道光年间就在碛口经商，当时在碛口开有两家大油店和一家皮毛店。有一年夏天，宁夏回人满载皮毛的九只船从上游到碛口后，要继续下游，却恐惧二碛天险，要让利销售，乔家很看重这笔生意，却一时筹不起万两白银，只能“望毛兴叹”。后来，宁夏人重金聘请当时碛口著名的李艄公，用少载货物的轻船下二碛，再返回，再下，周而复始，把货物安全运到下游。这件事以后，乔家认识到碛口的重要性，迅速在碛口开设票号分号，并做存贷生意，大大方便了客商的经济往来，对进一步繁荣碛口商业起到了极大的推动作用。

火柴专卖店 碛口人至今仍称火柴为“洋火”。洋火大约在清末民初传入碛口，这里曾是火柴专卖店，既批发又零售，但价格较贵，一般平民买不起，仍然采用传统的“劈石取火”，俗称用“煤钵子”，这种办法是将未完全燃烧的老来红秆、高粱秆放在一个钵子里，取火时用生铁劈打“马牙石”，溅在钵内的火花即可慢慢地点燃柴灰。1931 年，该店失火，店铺倒闭。

义记美孚煤油公司 1928 年，孔祥熙的祥孚公司在碛口开设义记美孚煤油公司，从此碛口人也点起了洋灯。据说，公司来碛口，就赠送每家大商号一盏洋灯，即玻璃罩子灯，大家觉得比麻油灯亮得多，且又花钱不多，便都使用起来。公司运来的煤油装在很薄的方形铁皮桶内，桶上压有美孚“亚细亚”的凸形汉字，据说是美国货。“抗战”爆发后，公司搬走，碛口人又回到了昔日点麻油灯的时代。

当铺 旧社会专门收取抵押品、放高利贷的场所。碛口镇的当铺，传说为西湾村财主陈三锡建立于清乾隆年间，历经几代，生意一直兴隆。此当铺院落设计奇巧，处处设机关，防盗设施齐全。四周是高大的围墙，中间只开一扇小门，在门内侧的走道上，设有活动的陷阱踏板，晚上将踏板上的插销打开，如果有小偷撬门而入，踩上踏板便会掉入陷阱。院内四周屋檐前还拉起了铁丝网，并在网上系有铃铛，如果盗贼翻屋进来，落到网上便铃声大作。这种上置铁丝网，下置陷阱的做法称为“天罗地网”。

商会 清朝末年，受西方资本主义思潮影响，中国城市县镇纷纷建立商会组织，碛口商会于民国四年应运而生。当时主要作用是收集商场情报，调解处理工商业内部纠纷，代表商人向政府陈述意见、争取利益以及出面组织一些修路、修桥、唱戏之类的公益性事业。商会院内设有镖局，承揽押送货物任务。商会还会雇用有武功的更夫二人，负责晚上巡逻，按时打二、三、四更，保一方平安。

★ 东市街

东市街是碛口东去的旱路起点，当地人叫“前街”，这里有许多骡马、骆驼店和零售业，主要服务对象是贫苦的人，也是密集的居民区。沿街的房屋都比较简陋，又因为所处的地势较低，历史上曾多次被洪水浸入，所以这里街面的房子都造有高台基，当地人叫“高圪台”，每逢集市时，高圪台上又成了展示物品的好地方。这里的街面比起中市街宽敞了许多，店铺门洞也比较高大，这样方便骆驼等大牲畜进出。当时东市街有大大小小十七八家骆驼店，生意兴隆的时候每天有 4000 多头骆驼和骡马来往，由于骆驼不宜在高温下行走，所以一般骡马在白天行走，骆驼在夜间行走。

福顺德骆驼店 碛口保存最为完整、规模最大的一家骆驼店，2011 年改造为“福顺德客栈”。现在的院子已经被硬化，原先一半铺石板，一半为黄土地。原来裸露黄土的这一半是骆驼的“卧室”，为的是使它们免受石板的冰凉和生硬。还有骆驼的“餐厅”，一排排石槽就是它们的“餐具”。骆驼店很宽阔，有许多房间，主要是因为当时运输生意十分繁忙，拉骆驼的、喂骆驼的、修骡马大车的老板和伙计们，都住在这里。所以在碛口有好多处这样规模的骆驼店也就不足为奇了。

03 与世隔绝的桃花源

碛口的繁荣辐射到周边广大地区，带动了一大批村落的崛起。这些村落的商人依托碛口发家，为后人留下了西湾村、李家山、寨子山、白家山、高家坪等保存相对完好的明清建筑群，这些古建筑群共同展示着碛口曾经的辉煌。著名画家吴冠中先生于 1989 年发现李家山后，写下“像与世隔绝的桃花源。这样的村庄，这样的房子，走遍全世界都难再找到！”

★ 李家山村

位于碛口古镇南 3 公里处，是明清时期李氏家族所建，隐于大山深处，空灵幽雅。李家山原名“陈家湾”，根据《李氏宗谱簿》记载，明成化年间，临县下西坡村的李氏迁入，逐步兴盛而改为“李家山”。李氏家族之所以能够兴旺发达并超过村里原有的陈、崔二姓，最重要的原因是抓住了碛口水旱码头的商业机遇。李家山山坡陡峻，耕地稀少，依靠农业显然难以获得大发展。但当时的碛口镇却是繁荣的水旱码头，李氏利用此条件，在碛口镇上开店铺、养骆驼、跑旱路运输，日渐发达，到清中叶已成大户。当时李家山有东西两大财主，东财主李登祥，在碛口开的德合店、万盛永；西财主李德峰，在碛口开的三和厚。这两家财路亨通、日进斗银，在碛口可以与西湾村的陈氏比富。

李氏在碛口赚钱后就回李家山大兴土木，他们请来风水先生观看，风水师认为李家山地形似凤，所以又名“凤凰山”。东财主家在“凤身”上修建，西财主家在凤的“右翼”上修建，凤的“左翼”是陈、崔二姓的旧村。东西财主精心设计，精心施工，在几百米约 40° 的黄土高坡上，依山就势，从沟到顶，一气呵成，陆陆续续，凤凰山上就有大大小小近百座院落，400 多孔（间）房屋，形成了上下重叠、错落有致、多达九层的令今人迷恋的“立体村落”。

李家山村的住宅以窑洞式建筑为主，因为黄土高原的土层结构是垂直节理发育，容易崩塌，所以李家山村修有大小石排水沟，最高的落差有 30~40 米。村内窑院多为四合院，正房用于住人，厢房则可住人也可存放粮食，倒座房一般用作牲口棚和柴草房。院内挖有地窖，用于储藏土豆、萝卜、红薯等。窑院内的碾和磨分别在院左侧和右侧，印证了“左青龙、右白虎”的风水习俗。如果窑院是两层，正房和厢房窑洞的屋顶则是二层窑洞的院落。

李氏在李家山修建的住宅有东财主院、后地院、新窑院、桂兰轩等。东财主院是两层窑院，为李登祥在同治五年（1866 年）建造的，窑院大门上的匾额为“堂构增辉”；两侧大门对联为“书为天下英雄业，善是人间富贵根”；大门墀头砖雕“麒麟献瑞”，细腻逼真。东财主院是李家山村建造水平最高、装饰最豪华的院落。后地院是西财主李德峰在东财主没落后修建的，比东财主院的规模要大，由主院和两个小跨院组成。新窑院，位于后地院南，据说是李德峰出资帮助其侄子李子寿于 1916 年修建的，尽管该院占地只有一层，却是非常宽敞，建筑质量很高，保存也很完整，水磨青砖对缝砌筑，做工精细。桂兰轩，位于上街东面一段，坐西朝东，由一个两层的主院和一个跨院组成，根据《李氏族谱》记载，推算其建筑年代可能与东财主院大致相同，甚至更早。

这些建在沟壑纵横的黄土高原上的民居，质量很高，可见李氏家族当年雄厚的财力。李家山村是黄土高坡与人居建筑的完美结合，其丰厚的民俗风情和黄河文化已逐渐吸引越来越多的游客到此一游。

【知识链接】黄土高原上的窑洞

窑洞是黄土高原上居民的古老居住形式，这一“穴居式”民居的历史可以追溯到 4000 多年前。窑洞广泛分布于黄土高原的山西、陕西、河南、河北、内蒙古、甘肃以及宁夏等省。窑洞一般分为三类。一是靠崖窑，是在天然土壁内开凿横洞，往往数洞相连，或上下数层，有的在洞内加砌砖券或石券，以防止泥土崩溃。二是地窨院，是在地面上挖出方形或长方形深坑，深 7 米余，再沿坑面开凿窑洞，有人称它是“地下的北京四合院”。三是锢窑，在地面之上，仿窑洞的空间形态，用土坯、砖或石等建筑材料，建造出独立的窑洞。

★ 西湾村

位于碛口镇北约 1 公里，是全国历史文化名村。西湾村临河而建，是一个单姓村，村里的人家几乎都姓陈。他们的始祖是明朝末年陈师范，陈师范看中碛口有利的商贸条件，从搬运工起家，有了一定的积累之后，开店经商，

西湾村

从而走向致富之路。成为富商的陈师范，在湫水河边建起了村落，把家眷们安置在这里，世世代代、繁衍生息，经过200余年的苦心经营、房屋扩建，终于把西湾村建成了一个层层叠叠的城堡式建筑群，人称“陈家大院”。

西湾村以明清古建筑群闻名，当年选址是依据传统风水学来进行的，背山面水，背风向阳，整个村落的主体部分位于两座石山之间，中为30°斜坡，民居建筑群坐落其上，层层叠置，空间和平面布局丰富多彩，最高处可达六层。

西湾民居整体设计奇特，整个村落由五条南北走向的竖巷——“金、木、水、火、土”分隔开来，这五行代表陈氏家族的五个支系。各个支系的人分别依这五条巷子聚居，既便于管理，又易于日后村落向左右扩展。村里两横五纵七条小巷把各处院落串联起来，院院相通，户户相连，走进一院即可走遍全村，可谓村是一座院，院是一山村。整个外围有约2米高的村墙，村墙将这四十多座宅院加以围护，形成了一个庞大的封闭式空间，仅在南向留有寓意着天、地、人的三座大门。这样的设计，不仅仅是为了解决村内的横向交通，更有利于突发情况下的快速防御，居安思危。显然，西湾村对外部世界是封闭的、内向的，而对于大家庭的生活方式而言，则是开放的、外向的，折射出对外防御、对内聚合的传统心态。

在木巷的西面，是西湾保存最完整的一处院落，也即陈氏先祖陈师范和他的子孙居住的地方，可以集中代表西湾民居的风格。这是一座精巧的四层楼院，大约建于明清年间，院落每一层的屋顶是上一层的院子，层层叠叠，错落有致。

进入陈师范的家时，会发现大门非常简陋，以为是寻常人家，其实是陈家体现“藏富不露”的思想。一层的外院不大，是掌柜和伙计们的住处，还有练功房和监视孔、独立的厕所。二道门是考究的大门，有精美的砖雕、木雕、石雕，从这道门进去就是陈家主人们居住的地方。二层上面共有两个院子，院内正房窑洞为长辈居住的地方，两边卷棚式厢房为晚辈的住处；为家族管理的便利，二层第一个院子正房窑上有一座木结构的砖瓦房，叫议事厅，家族重大事情都聚在此厅商议讨论；议事厅外有矮墙，视野十分开阔。三层是望河楼，是长辈望月、品茶、休闲的地方。四层是绣楼，没有正房，东房是陈家小姐的住房，西房是丫鬟的住房。

在西湾村漫步，除了能观赏西湾村的石山、石路、石墙、石房之外，还能了解西湾村的生活方式和文化信息，感受明清时期晋商的骄傲和富裕。

★ 黑龙庙

碛口是商贸重镇，但人们也需要精神祭拜，于是就有了供拜神灵的黑龙庙。黑龙庙位于卧虎山的最高点，总面积 4800 平方米，倚廊俯视，黄河滔滔，湫水潺潺，古老的碛口古镇尽收眼底，成为古镇的标志性建筑。

黑龙庙的历史可以追溯到明朝，最初是为祭祀黑龙而建。传说，黑龙是黄河的守护神。很久以前，碛口古镇经常遭受黄河水患的侵袭，有一天，一位名叫黑龙的神仙路过此地，看到百姓生活的惨状，决定帮助他们。黑龙施展法力，将黄河的河道改道，让河水不再侵袭古镇。当地百姓为了感谢黑龙的帮助，便修建了一座庙宇，供奉黑龙神像，并将其命名为“黑龙庙”。黑龙庙建成后，碛口古镇再也没有遭受过黄河水患的侵袭，百姓们的生活也逐渐富裕起来。他们将黑龙视为守护神，每年都会举行盛大的祭祀活动，祈求黑龙保佑他们风调雨顺、五谷丰登。

黑龙庙采用了明清时期的建筑风格，整个建筑群气势恢宏，错落有致。庙内主要建筑有山门、乐楼、正殿、东西配殿、钟鼓楼、厢房及耳殿等，里面供奉龙王、河伯、风伯、关圣帝，意在保佑往来船只平安，商家诚实守信、生意兴隆，人人健康。黑龙庙整体以单进四合院布局，其中，正殿是主体建筑，它高达 15 米，进深 13 米，殿内供奉着黑龙神像，正殿的建筑风格严谨，雕刻精美，具有很高的艺术价值。清代雍正年间增建的乐楼，就是戏台，它三面为空，使更多的人能看到戏台上的演出，最神奇的是它的音响效果，据说不用扩音设备，在黄河东岸唱戏，黄河西岸都能听得清楚，山下居民也听得明白，故有“黄河共鸣，湫水助唱”和“山西唱戏陕西听”的说法，原因是戏台底下的三个窑洞形成了扩音器，在山上就能将声音传递到很远的地方。

黑龙庙除建筑有特色外，黑龙庙里最高处供奉着关圣帝，忠义神勇的关羽既是晋商的财神、保护神，也是维系晋商这一群体的精神纽带。

04　风光无限的自然景观

碛口不仅是一处充满历史韵味的古镇，还是一处自然风光秀美的地方，黄河在这里拐了一个弯，形成了独特的景观，如二碛冲浪、麒麟沙滩、水蚀浮雕、黄河土林、红枣园林等。自然景观与古镇的建筑相得益彰，让人感受到自然与人文的和谐统一。

★ 麒麟沙滩

在李家山村山脚下的黄河中，有一片大大的沙滩——麒麟滩，是因为当地流传的“麒麟送子”的传说，因此而得名。麒麟滩占地 200 余亩，全部为水浇地，沙滩上有沙子、石头、黄土堆积，历经黄河之水无数次的冲刷，已是纯净无比。麒麟滩还有一大片怪石嶙峋的黄河彩石，人称“七彩石”，这些彩石色彩艳丽、晶莹剔透，运气好的话还能捡到传说中的罗锅石、乾隆石等。

【拓展阅读】麒麟沙滩的传说

清朝雍正元年六月初一下午，李家山村李廷芝家，一头怀孕一年半的母牛生下一怪胎，鹿身、狮尾、牛蹄、龙角，遍体鳞伤，村民认为是不祥之物。此时，李廷芝在怀胎十二个月后也突然分娩，生下一胖小子。但当村民将怪物打死后，发现新生儿也断气了。李家大悲，将新生儿与怪物一起埋到山脚下的黄河滩。不料当天夜里，电闪雷鸣，大雨倾盆，黄河暴涨。第二天，人们发现黄河在山脚下淤出二百多亩水地。不久，村里来了一位老者，听闻此事，遗憾地说：“那定是千年不遇的麒麟送子，牛生麒麟猪生象，骆驼生的四不像。麒麟送子，黄河淤滩，这本是大吉大利的事呀！”从此，李家山人为了纪念此事，就把那多出来的二百亩水地叫“麒麟滩”。

★ 水蚀浮雕

顺着碛口古镇北上到克虎镇之间，延绵 60 多公里的黄河岸边，就是有名的黄河水蚀浮雕，被誉为“黄河画廊”。这段区域是山西省地质公园，黄河在晋陕峡谷河段下切深度大，谷地基岩裸露，常形成陡直河岸，有的河段在构造作用下抬升为基座阶地，有的地段下切基岩深达百米。

这些岩石形成于距今 2.4 亿年前的三叠纪时期的灰绿色砂岩，呈楔状交错层理发育，从河面附近到山坡顶部均有出露。黄河画廊是由黄河水蚀与风蚀共同作用形成，其中又以风蚀为主。大自然鬼斧神工的精雕细刻形成千姿百态、千变万化的艺术珍品。水蚀浮雕以浮雕、镂雕为主，兼有平面线刻，以透雕、圆雕为辅，图像千姿百态，手法千变万化。图案造型千变万化，栩栩如生，有游龙，有跳蛙，有皎鲨，一个个生龙活虎；有波涛，有险峰，有奇林，一个个气吞山河；或私语，或缠绵，或恢宏，或婉约，如暮雨山居，又如故园之梦，是极具水墨写意及抽象浮雕意味的画廊长卷。黄河水蚀浮雕堪称黄河一绝，世间精品，是游客打卡之地。

★ 红枣园林

碛口红枣长于黄河两岸，其特点是肉厚核小，糖分大，色泽鲜，而且是红枣深加工的首选品种。碛口栽培红枣已有 2000 多年的历史，平日里是农家司空见惯的农作物，如今随着乡村振兴战略的深入，这里成为全国最大的集中连片枣树栽培区之一，成为当地经济收入的主要来源。秋天一到，集中连片的红枣树形成一片片红枣林，红彤彤的皮薄肉厚的红枣看得直让人流口水，故而成为一道亮丽的风景。

踪迹九　蒙汉互市进斗金　边关要塞杀虎口

【引言】

山西民歌《走西口》

在晋北、陕北、河北以及内蒙古西部有一首流传很广的民歌——《走西口》。

哥哥你走西口，小妹妹我实在难留，
手拉着哥哥的手，送哥送到大门口。
哥哥你出村口，小妹妹我有句话儿留，
走路走那大路的口，人马多来解忧愁。
紧紧地拉着哥哥的袖，汪汪的泪水肚里流，
只恨妹妹我不能跟你一起走，只盼哥哥你早回家门口。
……

这首流传广泛、家喻户晓的山西民歌《走西口》，道出了山西大旱灾后，家住太原的一对新婚夫妇——太春和玉莲，为生计所迫，忍痛分离时的无限悲苦和山西人外出谋生的艰辛，它的背后有着深刻的社会、历史、自然、地理原因。民歌悲怆、缠绵、高亢、真切，脍炙人口，其朴实的语言、细腻的风格和荡气回肠的唱腔，把山西人“走西口”的无奈与艰辛、家中妻儿老小的牵挂与期盼，用无限凄楚的音调，唱了出来，并让那些远走塞外的商人带到了陕西、内蒙古、甘肃、宁夏、青海等地，使当地人也学会了这首民歌。

01　杀虎口　军事贸易双职能

晋商外出经商在开拓万里茶道的过程中，也伴随着“走口外”的大移民。当年山西人“走口外”出雁门关后有两条路：一条是从右玉杀虎口出关，人称“走西口”，一条是由张家口出关，人称“出东口”。无论东口、西口，出关目的地大多是到蒙古诸部，且“走西口”人数较多，因此人们习惯将“走口外”统称为“走西口”。

★ 一代雄关，杀虎口位置险要

杀虎口位于山西朔州市右玉县境内晋蒙两省区的交界处，作为一代雄关，闻名遐迩，已有2000多年的历史。杀虎口的地势十分险要，东、西两山之间形成一条3300米长的狭长走廊，自成天然关口。清《朔平府志》云:“杀虎口乃直北之要冲也，扼三关而控五原，自古称为险要”，历来是兵家必争之地。史书记载“周征猃狁，秦汉伐匈奴、隋唐击突厥、宋讨契丹、明平鞑靼、清康熙皇帝讨伐蒙古叛匪噶尔丹，均经由此地”。康熙帝还特意命令勋戚重臣，统禁军精锐数千，驻扎右玉城，与直隶宣化、陕西、宁夏相为犄角。

杀虎口的名称历代屡有变更，先秦两汉时称“参合口”，隋唐时称“白狼关”，宋改“牙狼关”，明正统十四年（1449年）改称“杀胡口”，清康熙三十五年（1696年）又改“杀虎口”，原因是清朝统治者为了缓和民族矛盾，对蒙古贵族采取怀柔政策，促进中原地区与塞外的贸易，将“胡”字改为“虎”字，遂正式改名为“杀虎口”，并一直沿用至今。

明朝初年，为了防止蒙古骑兵南犯，在北部延长城一带，明政府先后设置了辽东镇、蓟州镇、宣府镇、大同镇、山西镇、延绥镇、宁夏镇、固原镇、甘肃镇，合称“九边重镇”。其中，大同镇在明代的边防中处于重中之重的地位，一直是京师藩屏，是防御蒙古人南下的前沿重地。而杀虎口属于大同镇右玉卫下边的一个重要边防关卡，明朝的大部分年间，特别是“土木堡之变”前后和嘉靖年间，明蒙之间的战争大不隔年、小不逾月，几乎每次战争杀虎口都首当其冲。这样汉族与北方少数民族的经济联系就中断了。

今日杀虎口

★ 开设马市，向商贸重镇转移

但是汉族与北方少数民族属于不同的经济区域，蒙古族属游牧民族，他们需要和汉族地区交换布匹、茶叶、食盐、铁器等生活用品；东北的女真族生产力落后，需要用马匹、人参、貂皮等与汉族交换铁锅、农具、食盐、布匹等生活生产用品；西域各少数民族喜欢喝茶，也需要汉族地区供给。而汉族地区所需的牛、马、羊、皮毛等则依赖北方少数民族供给。

因此，明王朝依据少数民族的需求，东设马市，西设茶市，维系汉族和北方少数民族的贸易往来。明初，政府先在辽东设马市，之后又在大同、宣府等地设马市，大同马市包括杀胡堡、镇羌堡、得胜堡、弘赐堡、新平堡5处，宣府马市包括张家口堡等5处。明中期以前，由于明朝和北方少数民族的战争，马市时设时停，明中期之后才逐渐稳定下来。

★ 封贡互市，“云中第一要冲”

杀虎口马市设立后，由于军事方面和贸易方面需求旺盛，发展势头不错。嘉靖二十三年（1544年）进一步扩大规模，在杀胡口内东侧约200余米处修建城堡，城周长2里，高3丈5尺，名为“杀胡堡”。隆庆四年（1570年），蒙古俺答汗的孙子把汉那吉因其内部矛盾愤然出走，前来降明，当时的宣大总督是山西人王崇古，他提出了“封俺答，定朝贡，通互市”的“朝贡八议”，最终得到朝廷的认可，汉族和蒙古族之间广泛地开展了贸易活动。

“封贡互市”实施后，杀虎口市场繁荣，购销两旺，成为云中五座边堡市场中第一繁盛要地，并且很快在万历后期步入第一次发展高峰。万历四十三年（1615年）明政府在杀胡堡南百米处又建了一座新堡，名“平集堡”，周长2里，高仍是3丈5尺，与杀虎堡的规制相同。后来新旧两堡之间增筑东西墙，合二为一，连成一体。前后左右开门，东西南北四通，成为周长540丈的云中第一大市场。这样出入杀虎堡关口的货物激增，到万历后期，杀胡堡市场贸易量跃居山西首位，号称“云中第一要冲”。

清代杀胡堡平面图

【拓展阅读】繁荣的杀胡堡“马市”

当时的杀胡堡市场分为官市、私市两类。官市又分大市和小市两种，大市每年一次，小市每月一次。开市的日子，市场贾店鳞比，按行业交易，价格随行就市，店铺长达四五里。蒙古族人民以金银、牛羊、骡马、皮张、毛绒之类畜产品换晋商贩运来的绸缎、食盐、布匹、铁锅、茶叶、瓷器、糖料、碱面等生活日用品。后来，官市交易无法满足蒙汉人民的需求，又产生了各种形式的私市，这是一种不定期的、无固定铺面的、方便灵活的地摊式的民间交易，蒙汉人民通过这种灵便的方式能更多地交换各自所需的生产、生活用品。从此，明蒙双方基本保持着和平互市的友好关系，很快出现了“九边生齿日繁，守备日固，田野日辟，商贾日通”的繁荣安定景象。

★ 设关征税，“日进斗金斗银”

到了清代，内地与口外的经济贸易更加繁荣，顺治七年（1650 年），杀虎口开始设立清政府的税务监督机构——户部抽分署，负责征收边口出入税。从此时一直到乾隆中期的 100 多年间，市场日益兴盛，关税不断增长，杀虎口进入了自明万里以来的第二次发展高峰，极盛时期，杀虎口有“日进斗金斗银”之称。抽分署的职能类似于税务局和海关，在清代属于“油水丰厚的肥差”，据记载，清代在杀虎口直接“吃税费”的抽分署有 100 多家，成千上万人，间接“吃税饭”。乾隆时期极盛时住户达 3600 多户，48000 多人。当时杀虎口堡城内大多数是山西商人，他们大多摆摊设点，有商店、旅店、邮政，有采购、加工、贩运的店铺作坊，可谓店铺林立，集市繁荣，商贾云集，各种衙署、庙宇、学堂、牌楼遍布堡内外，其繁华远近闻名，杀虎口就此逐渐形成北方最大的贸易集散地。

★ 民国衰败，难逃兴衰之势

乾隆中期以后，杀虎口逐渐走向衰落。原因之一是关税锐减，大部分关税被分流到归化、张家口等地，到 1929 年废止。原因之二是京包铁路修通，许多货物通过火车运输，杀虎口逐渐失去了地理位置的优越性。原因之三是苏联十月社会主义革命，使山西的旅蒙商受到沉重打击，迅速破产衰败。作为贸易要地的杀虎口存在了 280 多年，民国年间渐渐衰落下来。

边关互市杀虎口

02　张家口　互市之所国际港

当年山西人“走口外”，出雁门关后，兵分两路，一条往左前方，走到右玉杀虎口出关，另一条往右前方，走到张家口出关，张家口也是山西人走西口的必经之路。

★ 蒙汉民族互市之所

张家口市，位于河北省西北部，是北京的北大门，也是历史上兵家必争之地。它是一座具有 600 年历史的古城，其地名及其商业的繁盛与晋商和明清军事防务有着密切的联系。

在今天张家口的大境门东、西太平山中间原有一道关口，明初只称“隘口”或“隘口关”。明洪武二十六年（1393 年），这一带因“民户不足，调山西诸处余丁充之”，其中有张姓人家迁来在隘口附近定居，于是称作“张家隘口”，后来又简化为“张家口”。宣德四年（1429 年），边将山西人张文修在此修建城堡，命名为“张家口堡”，成为与蒙古通商互市的重要城镇，这个时期较为荒凉。1551 年开设马市，由官方以布釜之类的生活物品换取蒙古鞑靼（dá dá）的马匹、皮张，张家口的商贸由此开始。

隆庆四年（1570 年），鞑靼首领俺答臣服受封，张家口辟为蒙汉“互市之所”，开设有张家口、大同、辽东 3 处马市，到后来开设到 13 个马市，出现兴盛的局面。1613 年，在张家口堡之侧筑“来远堡”，此后以张家口堡和来远堡为基础，张家口逐渐发展成为蒙汉民族贸易交往的中心。当时摊铺栉比，商贾云集，来远堡外“穹庐千帐”，民族商业贸易十分兴盛。

到了明末清初，张家口的贸易相当可观，据万历《宣府镇志》记载：“大市中，贾店鳞次栉比，各有名称。如云：南京罗缎铺，苏杭绸缎铺、潞州编由铺、泽州帕铺、临清布帛铺、绒线铺、杂货铺。各行交易铺，沿长四五里许，贾皆争居之。”

★ 顺治亲封“八大皇商”

张家口市场繁荣的过程，也是各地商人间竞争的过程，优胜劣汰的规律在发生着作用。明末，在张家口做生意实力强大的有 8 位来自山西的商人，他们是：王登库、靳良玉、范永斗、王大宇、梁喜宾、田生兰、翟堂、黄云发。

张家口还是通向东北的一条主要通道，这里的商人主要与满族人做生意。而东北的努尔哈赤在明朝末年建立了后金政权，后金国库空虚。虽然明朝政府明令禁止与满族的贸易往来，但是努尔哈赤开出高额利息，还出具“龙票”（盖有龙玺的借票），丰厚的利润，让晋商们甘愿冒着危险将后金需要的军用物资和情报运往后金。因此说张家口的晋商对后金的经济兴盛起到了重要作用。

后来，清王朝入主中原后，顺治皇帝马上在紫禁城召见这八位商人，“宴便殿，赐服饰”，并将他们编进了由内务府管理的“御用皇商”行列，“八大皇商”成为显赫一时的商人群体。其中尤以范永斗家族最为典型，通过与后金政权的交易，范家积累了大量的财富，俨然成为晋商领袖。

★ 陆路商埠“塞外皮都”

雍正五年（1727 年），中俄恰克图贸易开通以来，张家口成为山西商人去库伦、恰克图进行国际贸易的基地，当时的张家口成为中、蒙、俄商人“南北交易所”。1860 年，俄国商人开始在张家口出现。1884 年，英、美、法等国商人纷纷到张家口收购皮张和羊毛。1900 年，随着八国联军的入侵，外国商人派人到张家口，肆意掠夺我国的皮毛资源。1902 年，随着清政府在《中俄条约》上签字，大境门外元宝山辟为“陆路大商埠”，北京、天津、山西等地纷纷来张家口经商，蒙汉贸易日趋兴盛，张家口逐渐成为陆路大商埠，“百货之所灌输，商旅之所归途。”清末，张库通商后，最高年贸易额白银达 15000 万两。

1925—1929 年是张家口皮毛贸易和皮毛加工业的鼎盛时期，每年输入张家口市的皮子约 800 万张，毛绒 1000 多万斤，张家口的皮毛在国内外影响日益扩大，“天下皮裘，经此输入海内，四方皮市经此定价而后交易”，成了誉满中外的“皮都”。由于货优物美，享有盛誉，“口羔”“口皮”驰名国际市场。

03　走西口　辛酸悲壮讨生活

清代是中国人口发展史上的一个重要时期。清初通过康雍乾三世的恢复发展，到乾隆朝全国人口突破三亿大关。人地矛盾尖锐，大量内地贫民迫于生活压力，“走西口”“闯关东”或“下南洋”，形成近代三股大的移民浪潮。

走西口与移民

★“走西口”的现象

“走西口”的解释是多种多样的。“口”指的是杀虎口、张家口、喜峰口、古北口等长城沿线的关口。“西口”有广义与狭义之分：广义上的“西口”指的是长城以北的各个关口；狭义的“西口”特指杀虎口。当时的晋商把大同东边的张家口称为“东口”，大同西边右玉县的杀虎口称为“西口”。所以“走西口”是指山西、陕西、河北等地的人向长城以北的口外地区迁徙、谋生的一种现象。

据史学家考证，走西口现象大约从明朝中叶开始，清末民初成为高峰，一直延续到20世纪40年代末。走西口前后持续了400多年。而且，不只是山西人走西口，陕西、河北都有流民涌入走西口的大潮。由于“走西口”的人群极为庞大而繁杂，对于不同地域的人群而言，各自心目中“西口”的确切所指其实并不相同，概言之，“西口”实际上也泛指秦晋各地至内蒙古的各个通道隘口。

★“走西口”的原因

走西口的过程中人们传唱着这样一首民谣：“河曲保德州，十年九不收。男人走口外，女人挖苦菜。”这首民谣直接道出了当年那些背井离乡走西口的人心底的辛酸无奈。那么是什么原因导致大规模的“走西口”呢？

一是山西的自然条件太恶劣。清朝时曾有人这样评价山西：“无平地沃土之饶，无水泉灌溉之益，无舟车渔米之利，乡民惟以垦种上岭下坂，汗牛痛仆，仰天续命。”“汗牛痛仆”的意思就是说牛已经累得浑身大汗了，主人仍要使劲抽赶。清代有一个叫任启运的人曾说：“江南二百四十步为亩，山西千步为亩，而田之岁入，不及江南十一。”大同的地方志甚至说大同地区“岁丰，亩不满斗。”这些都说明山西粮食的产量实在太低，低到没有办法活下去。

二是山西自然灾害频繁。在清朝200多年的时间里，山西全省性的灾害就达100多次，平均3年一次，其中最长的一次旱灾长达11年。清光绪三—五年，山西等省大旱三年，出现了被称为“丁戊奇荒”的近代最严重的旱灾，部分地区甚至寸雨未下。

【拓展阅读】丁戊奇荒

清光绪三—五年（1877—1879 年），中国华北地区发生了一场罕见的特大旱灾饥荒。1877 年为丁丑年，1878 年为戊寅年，因此史称“丁戊奇荒”。时任山西巡抚的曾国荃称之为“二百余年未有之灾”。这场连续三年的大旱波及山西、直隶、陕西、河南、山东等省，造成1000 余万人饿死，另有2000 余万灾民逃荒到外地。受灾最为严重的是山西省，有学者统计在 1877 年这一年，山西省受灾率高达 71.9%，灾荒期间山西省1600 万居民中，死亡 500 万人，另有几百万人逃荒或被贩卖到外地。52 集电视连续剧《走西口》前几集就描述了“丁戊奇荒”时发生的故事。

当一方水土不足以养活一方人时，就只能走出去，所以贫穷的山西人只好走西口了。他们用脚一步步地丈量着中国北部的土地，用辛苦、汗水、坚韧凝聚出了晋商的辉煌。那走西口的山西人一般会去哪里呢？绝大多数人会前往内蒙古草原，因为内蒙古草原的自然条件非常好，能够种粮食、长庄稼；还有就是草原的阿拉坦汗蒙古民族对山西等地的灾民非常欢迎，因为可以帮助他们开荒种地、发展经济，由此也实现了草原文化与农耕文化在河套地区的有机融合。

还有一种情况是，清朝康熙、雍正、乾隆年间，为了稳固疆土，先后出兵平定西北叛乱，这里驻扎了大批军队，杀虎口成了供应大军粮草的后勤基地。所以这一带来往的客商很多，最终促使这个地方的商业繁荣。如此一来，西口外反倒成了晋商的发祥地。

★“走西口”的辛酸

山西人要走西口了，但是前途如何，能否成功？谁也不知道。出雁门关往北不到 100 公里，有个村子叫歧道地。在村子边上有两条大路，一条通往杀虎口，一条通往张家口。据当地的老人回忆：走西口的年月里，有的人走到这里，往往都不知道该走哪一条路，于是把鞋子一脱一扔，鞋子指向哪个岔口就走哪条路。并且登上附近的黄花梁，回首家乡的方向，无限悲苦地唱道：“上一个黄花梁啊，两眼泪汪汪，先想我老婆，后想我的娘呀。”

走西口是无可奈何的事，再舍不得走也还是走了，后来，他们中的一些成功者真的回来了，如乔家大院的始祖乔贵发一怒之下走西口，到包头创办复盛公司；常氏家族的第 8 代常威张家口创业，开辟万里茶道；曹家大院的先祖曹三喜闯东北，在朝阳县开创基业；大盛魁的创始人王相卿、张杰和史大学，开创“草原第一商号”，等等。这些声名显赫的商人，在当初走西口时，大多还是一些小商小贩或者穷苦人，在历尽千难万险之后，通过不懈的努力，依靠经商发家致富，走向了成功，创造了一代晋商的伟业。

但是，并不是所有的走西口的人都像他们一样幸运，其中的一部分人，为了能在春天到达草原，他们选择在数九寒天开始漫长的跋涉，最后可能倒在了走西口的路上。因为在走西口的路上，不仅会遇上恶劣的环境，如气候寒冷、迷失道路等，还会遇上土匪的劫持。在包头附近有一个叫“黑土崖”的地方，这里是土匪出没的地方，许多人在这里被土匪劫持后，不是丢了钱财，就是被抛尸荒野。最终那些能够成功地到达口外的人，要么经商，要么务农，再就是手艺人。据考证，1875—1945 年，仅河曲县到内蒙古定居的人数就将近 10 万，清代山西省前往口外的人口数字则更为庞大，外出移民总数达 1300 万人。据统计，现在在呼和浩特，80% 的汉人都是山西人走西口留下的移民后代。

★“走西口”与民族融合

人口的流动，带动了文化的传播，走西口大大促进了内蒙古中西部地区与内地的交流。

首先，从经济角度看，走西口的大批人潮来到蒙古地区创业发展，带来了内地先进的农耕技术，逐渐形成了农牧并举、蒙汉共居之乡。大批经商务工者的到来，则刺激了内蒙古地区商业的繁荣和城镇的兴盛。“先有复盛公，后有包头城”中的“复盛公”是祁县乔家的商号，乔家的到来，成就了包头城的形成和发展。另外，像归化城、绥化城、托克托城等类似城市雏形的出现与形成，也与走西口的移民关系巨大。

其次，从文化角度看，走西口促进了汉蒙文化的交融与发展。比如，走在今天的呼和浩特、包头等城市，仍然能听到满满的“山西味”的口音。呼和浩特的部分街道的名称，如“定襄巷”“大同巷”“忻州巷”等均与山西有密切关联。饮食上，蒙古族以前只有白食和红食，后来，谷子、小麦、玉米也成了他们常用的食物，并且开始吃山西风味的酸菜和醋。岁时节日习俗中，最典型的就是七月十五的中元节，内蒙古河套地区也沿袭了晋西北人“放河灯”的习俗。这些都是受到山西人的影响。而广泛流传于晋北、陕北、河北以及内蒙古西部的地方小戏“二人台”，就是内地文化与草原文化相互交流和融合的产物。

【拓展阅读】二人台

“二人台”顾名思义，即二人一台戏，两个演员扮演一丑一旦，表演生动活泼，唱腔洒脱奔放、委婉流畅，剧情个性显著，为群众喜闻乐见。二人台最具代表性的曲目就是《走西口》了，百余年来，《走西口》久唱不衰，家喻户晓。原版《走西口》创作于咸丰五年（1855 年），反映山西大旱灾后，家住太原的太春和玉莲这对新婚夫妇，为生计所迫，忍痛分离时的无限悲苦。新婚不久的太春出去借粮，没有借上，就与伙伴相约走西口谋生。当他把走西口的消息告诉妻子时，通过一唱一和的对话，表达了夫妻情深意浓、恋恋不舍的心情。丈夫去口外谋生，妻子多方叮咛，一方语重心长、一方声声相应，娓娓动听，情意绵长。

第三，从民族融合角度看，走西口促进了民族认同感，对国家统一稳定产生了积极影响。口内口外人口的相互流动，冲破了明长城的重重阻隔，拉近了地区间的距离，实现了汉族与蒙古族的大融合，增强了民族认同感。走西口这一移民浪潮，大大促进了蒙古地区与内地的交流，进一步增进了蒙汉之间的民族感情，对国家繁荣稳定产生了积极影响，是中华民族大团结的一个见证。

记住历史，是为了更好珍惜当下。走西口的故事虽然远去，但他们身上那种不畏艰难、勇敢闯荡的精神，却会一代代流传下去，带给我们不断前进的动力。

04　大盛魁　草原第一商号

大盛魁，是一个响当当的名号，它被誉为“草原第一商号”。与其他晋商商号不同，它不是坐商，是草原上的行商；它不是家族商号，而是三个是异姓兄弟的商号；它拥有 260 年历史，“一个大盛魁，半座归化城”，缔造了数个商业史的创举。

草原第一商号——大盛魁

★ 三兄弟创业，雄踞塞外三百载

大盛魁的创始人并非商贾巨富，而是三个名不见经传的游商小贩。康熙年间，清政府在平定准噶尔部噶尔丹的叛乱中，由于军队深入漠北，“其地不毛，间或无水，至瀚海等砂碛地方，运粮尤苦”，因而准许商人随军贸易。在随军贸易的大部队中，有三个肩挑货郎担的小贩，即太谷的王相卿、祁县的史大学、张杰。他们三人虽本小利微，但是买卖公道，待人忠厚，生意十分兴隆。并且三人各有特点，王相卿天生对商业敏锐，史大学精打细算，张杰则能言巧辩。

清兵击溃噶尔丹后，主力部队移驻大青山，部队供应由山西右玉杀虎口往来运送，杀虎口因此商贾云集、经济繁荣。三人合力在杀虎口开办了商号“吉盛堂”，据推算，时间大约在清康熙三十二年（1693 年）。后几经波折，艰难创业，约于雍正二年（1724 年），“吉盛堂”改名为“大盛魁”。

最初大盛魁的总号设于乌里雅苏台和科布多，归化城（今呼和浩特）是大盛魁一处重要分庄，光绪后期，大盛魁又在库伦（今乌兰巴托）开设分庄。19 世纪初，大盛魁的总号迁到了归化城，从此大盛魁成为归化城市场的操纵者。由于其规模宏大，被赞为“一个大盛魁，半座归化城”。除了广袤的蒙古草原之外，大盛魁在京、津、沪、杭、晋、冀、鲁、豫等省区都有分支机构、小号和坐庄人员。其鼎盛之时，拥有包括汉、蒙古、回、满等各族员工六七千人，国内外分号 82 家，骆驼 2 万多峰，经商足迹遍及全国各省及俄罗斯和中亚诸国，雄踞塞外而傲视天下，资产超过 1 亿两白银。大盛魁极盛时几乎垄断了蒙古牧区市场，蒙古的王公贵族及牧民大多是它的债务人。大盛魁三年分红一次，鼎盛期每股分红可达一万余两白银。真可谓“雄踞塞外三百载，横跨欧亚九千里”。

★ 货通天下，“集二十二省之奇货”

大盛魁经营的基本地区是乌里雅苏台和科布多。乌、科两地柜上的店员，在柜上住过三年，学会蒙语以后，就组成若干小组到草原各帐篷售货。基本上是一个店员，再雇一个蒙民，两个人骑两只骆驼，另用两只骆驼驮货，走串蒙古包，送货上门。夏天卖了货，换成羊马；冬天卖了货，换成皮张。同治时，大盛魁看到茶、烟销路好，为了适应蒙民的口味和运输上的便利，与茶商、烟商一起制出名牌“三九砖茶”和“祥生烟”，而且越做越精细，越做越定型，颇受蒙民欢迎。

大盛魁经营的商品种类繁多，上至绸缎，下至葱蒜，无所不包。其经营范围包括：金融业、日用百货、牲畜及皮毛、电灯公司、印票业务、办理清廷委托的税收事务、运输业等。与蒙古的商贸产品主要有：粮食、布匹、绸缎、茶叶、生烟、烟叶、糖果、调味、蒙古靴、马鞍、麻绳、哈达、笼、萝、铁货、铜器、瓷器、药材、成药、马毡、木碗、木桶、炒米、白酒等上百种。商品除归化城能解决少量外，大部分得从各省市采购，所以大盛魁商号的分支机构几乎遍布全国各地。在购货、运输、销售、资金周转、货物调拨、银两汇兑等方面都是依靠自己的力量来完成的，号称“一条龙”运销体制。

大盛魁从蒙古贩运到内地的牲畜主要是羊和马，据说每年贩运羊最少有10万只，最多可达20万只，每年贩运的马匹最少有5000匹，最多2万匹。正如其总号大门的对联：“集二十二省之奇货裕国通商，牢记诚信为本，取财有道；步千里之云程披星戴月，方能以其所有，易其所无。”

【拓展阅读】大盛魁经营的主要物品

驼头酒：骆驼商队的头领是由训练有素的驼人率领，这就是“驼头”。每次商队安全到达终点时，掌柜总会备好窖藏8年以上的好汾酒犒赏驼头，以示敬重，这汾酒就被称为“驼头酒”，并流传至今。砖茶：大盛魁在湖南把茶叶加工成砖茶，根据装砖茶箱子的大小不同，砖茶的名称也不同。每箱装36块的叫“三六茶”，销往张家口；每箱装24块的叫“二四茶”，销往归化、包头等地；每箱装39块的叫“三九砖茶”，这是大盛魁的名牌产品，需求量最大。冻羊肉：为了解决冬季北京等地吃羊肉的问题，大盛魁发明了贩运冻羊肉的做法。他们把羊宰杀、处理干净后卷成肉卷，放在席子上冷冻一夜，就成为冻羊肉了；再把冻羊肉放在冰房里待用，“冰房”就是四周和顶子用木板搭起的简易房，房内的地上及四周泼上冷水，放上冰块，从而形成冰房；运输时将冻羊肉从冰房里取出包好，然后用车辆、骆驼等运往各地销售。

★ 商业创举，创办股份制企业

大盛魁传下来最关键的“商业经”，是创建了公司制、股份制、合伙制等企业制度以及最早的跨国贸易雏形。从最初的王相卿、史大学、张杰三个人合伙做买卖开始，就形成了股东制雏形，后又形成了股东大会制度，可以说是我国最早出现的股份制企业，比国外早了200多年，堪称亚洲股份制的鼻祖，是中国商业史上最早实现“二权分离”的股份制，也是当时最具现代意义的股份制。

大盛魁是股份制，但它的股本很特殊，商号的资本分成四部分。第一份为“财东股”，归三个创始人，但大盛魁的财东与其他财东不同，它的财东只享分红利的权利，却不负亏损负债的责任，三大创始人的后代不能当掌柜，不具体参与经营，但通过分红，保证了后代衣食无忧，实现了富过三代，这反而让大盛魁传承更久。第二份是“财神股”，为公积金雏形，作为公共股，与红利滚存作为资本公积金，任何人不得据为私有。第三份是“顶身股”，是为商号给那些出了力的员工的奖励股。第四份是特殊的“狗股”，因为当时狗为大盛魁的驼队行商做出了重大贡献，大盛魁不准杀狗，还有专人饲养，给狗顶一股生意，反映了晋商的宽厚仁心。总之，在大盛魁工作不分高低贵贱，人人都有出头的机会。这也是现代企业里的“员工股份制”，类似华为的股权结构，华为的股权模式在华为的基本法保护下稳定运行，使员工们都有对公司发展的共同责任感。为公司的持续发展提供了稳定的动力和支持。

【知识链接】大盛魁的掌柜

王相卿、张杰、史大学年老时，大盛魁对掌柜的任用制定了三条原则：一是掌柜必须从本号从业人员的佼佼者中选拔；二是三位东家的后代不能当掌柜；三是接班人必须是有“己”字的掌柜，核心团队成员。他们开拓了外姓人继承商号的先河，当他们三人相继离世时，大盛魁不是姓王、史、张，而是姓“大”。

历史上，大盛魁的大掌柜都是商业奇才。右玉杀虎口人秦钺接管大掌柜时，救灾牧民，给他们提供干草，为大盛魁的组织、制度、经营、管理等各方面做出巨大贡献。他信守承诺，为三位创始人设立永久身股，后又照顾基层员工顶身股分配，改财股，使企业制度更加完善。由于大盛魁一直强调人力合伙的性质，所以商号的一切权力都集中在了历届经理的手里。所有的人权与财权全部集中在总号大掌柜的手里，大掌柜不仅在任期内有号事的处置权，而且对继任大掌柜的任用也有着决定权。

大盛魁的员工分两种：从业人员和雇佣人员。

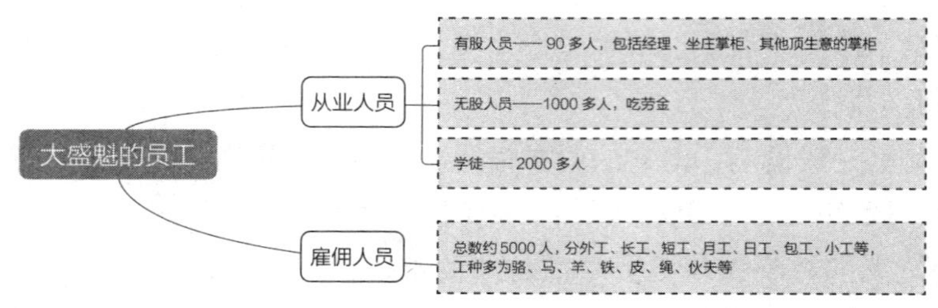

由此可见，大盛魁是一家典型的股份有限公司，并在管理上最早实现了经营权和所有权的分离，这不能不说是一个伟大的商业创举。

★ 成功秘诀，长盛不衰的经营之道

大盛魁之所以能雄踞塞外 300 载而长盛不衰，缔造伟大的商业奇迹，与它灵活的经营策略密切相关。

顽强的创业精神 王、张、史三人结成兄弟，抱团取暖，以义待人。他们不惧风险，冒着风雪，跨过沙漠，终于走出了一条以山西、河北为枢纽，北越长城至西伯利亚，东过大海至日本，南到东南亚的国际商路。后人为了纪念和继承他们的创业精神，在大盛魁的祠堂里供奉了四样传家宝：一条扁担、两个货箱、一块石头、一碗稀饭。扁担是纪念三人以肩挑贸易起家；货箱是三人用过的装财物的大木箱；石头是创业时作为秤砣用来称银子的衡器；稀饭是在当年创业最艰苦的时期的一个除夕，三人因极度贫苦，只好煮一锅小米粥当年夜饭。

灵活的经营策略 大盛魁按照蒙古牧民的生活习惯来定制商品，砖茶、斜纹布、蒙古靴、马毡、木桶、木碗、奶茶等极受牧民喜欢。蒙古牧民过着游牧生活，居住分散，大盛魁就采取流动贸易的方式，组织骆驼商队，把货物运到牧民居住的帐篷里。蒙古牧区因经济不发达，牧民手中很少有货币，大盛魁就采取以物易物或赊销的方式进行交易。对于手工业品订货，凡选中的手工业户，世代相传。当手工业户资金短缺、周转困难时，便借垫银两，予以扶持。正是由于大盛魁采取这些极其灵活的经营策略，才使其大获成功。

大盛魁与骆驼“房子”　大盛魁每年由归化运往北路和西路的货物，通常是以骆驼“房子”来计算的。大盛魁的骆驼“房子”有大、中、小之分。由归化城总号派出去的是“大房子”，一般一顶房子包括14“把子”骆驼，每“把子”由14峰骆驼连为一串，由1个驼夫牵引，这样14串为196峰骆驼，再加3个领房子押货人的3峰骆驼和1个引路寻水人的1匹马，就有200个牲畜了。每顶大房子都有7~10只巨獒跟着，为宿营守夜之用。中房子和小房子一般由大盛魁的分庄小号派出，每顶中房子约有180峰（匹）驼马；小房子约有140峰（匹）驼马。每一顶房子所运的货物，本来就很多，而大盛魁每年派出去和返回来的房子，至少也有七八十顶，骆驼就是15000峰左右了。到了外蒙以后，大盛魁就把大房子改组为小房子，分别到各旗进行流动贸易。规模大小完全以销售货物的情况来决定。大盛魁就是用这些“沙漠旱船”把成千上万斤各种货物驮来运往，驼背上承载了大盛魁近两个半世纪的旅蒙贸易！

大盛魁的小号　大盛魁在长期的经营活动中，产生了类似西方母子公司的分号制。起初，大盛魁销售的各种货物是从归化城购买的，以后随着业务的发展和扩大，它就投资开设了各行各业的小号，依靠这些小号，从产地来进货，从而获得相应的利润。再后来它又投资开设了钱庄和票号，把这部分利润也纳在自己的系统之内了。大盛魁主要的小号有：大盛川票号，三玉川茶庄，天顺泰绸缎庄，东盛昌发货店，德亨魁牲畜店，盛记毛庄，协盛昌、协盛公、协盛裕京羊庄，它们分别承担着大盛魁的金融、茶叶、绸缎、牙记、牲畜等业务。大盛魁的这些小号对大盛魁的扩大和发展，起到极大的作用。特别是三玉川和大盛川，是大盛魁系统中个根有力的支柱。据说，大盛魁有几家小号都分配过巨额的红利，它们最盛时期的资本总额，甚至超过了原资本的数十倍。

★ 折戟沉沙，并未走远的商业航母

19世纪中叶后，由于俄国经济势力的侵入以及英美等外国商品的倾销，大盛魁受到一定程度的排挤，营业区域日渐缩小。1911年辛亥革命之后，蒙俄订立库伦通商协定，俄国人取得了在外蒙古无税自由贸易的特权，使大盛魁在蒙古的市场进一步缩小。1917年俄国十月革命胜利后，大盛魁在俄国境内的商业资本被没收，使其雪上加霜。1921年外蒙宣布独立，1924年建立了蒙古人民共和国，实行公有制，大盛魁在外蒙古的资产全部丧失。至此，大盛魁的商贸活动只剩下了内蒙古和新疆，从而使总号资产负债难以平衡，不得不向外举债，各种小号也先后折价处理。再从自身来看，大盛魁后期用人不当，制度不健全，一些掌柜挥霍浪费惊人，侵吞号款事件屡有发生。1929 年，大盛魁宣告歇业，1947 年，彻底倒闭。纵横草原的商业航母大盛魁终于走完了 200 多年的辉煌历程。

大盛魁这个独领风骚近 300 年的华夏巨商，随着它的驼队走完了自己的历程，但大盛魁顽强拼搏的创业精神、诚信为本的经商之道、为国分忧的爱国情怀将永远流传。

踪迹十 精神家园慰乡愁 晋商会馆联乡谊

【引言】

《抱愧山西》里的晋商会馆

著名学者余秋雨先生在其《抱愧山西》一文中写道:"现在苏州有一个规模不小的'中国戏曲博物馆',我多次陪外国艺术家去参观,几乎每次都让客人们惊叹不已。尤其是那个精妙绝伦的戏台和演出场所,连贝聿铭这样的国际建筑大师都视为奇迹,但整个博物馆的原址却是'三晋会馆',即山西人到苏州来做生意时的一个聚会场所。说起来苏州也算富庶繁华的了,没想到山西人轻轻松松来盖了一个会馆就把风光占尽。"余秋雨先生在文中提到的"苏州戏曲博物馆"是中国第一座戏曲专业博物馆,位于苏州市张家港全晋会馆内。其建筑融北方粗犷豪放的风格和江南玲珑典雅的特色于一体。金碧辉煌的古典戏台龙凤雕椽,飞檐翔丹,层台高耸,气势巍峨,是全馆建筑之精华,为苏州现存古典戏台中最为精美的一座。

而这个博物馆的前身确是山西人在清代开设的晋商会馆。目前全国留存的晋商会馆有 50 多处,保存完好的约有 30 处,占到全国现存商帮会馆的 1/3。遍及全国的晋商会馆,是山西商人创造辉煌商业奇迹的缩影,是晋商 500 年辉煌的历史见证,它承载着自强不息、诚实守信的晋商精神,也是了解中国商业史的百科全书。

01 晋商会馆的历史

明清是晋商的辉煌时期,他们走南闯北,千里走沙漠,横波万里浪,经营盐业、票号、丝绸、茶叶等国内、国际的商贸活动,年复一年奔波于漫漫商途之中。在外经商、赶考的山西人需要一个落脚之处,晋商会馆便应运而生。

会馆是同乡人在异地建立的一种社会组织。最初的会馆，主要为客籍异地的同乡人的聚会场所。山西人在异地建立会馆，最早始于明朝隆万时代。据《藤荫杂记》(卷六)《东城》记载:“尚书贾公，治第崇文门外东偏，作客舍以馆曲沃之人，回乔山书院，又割宅南为三晋会馆，且先于都第有燕劳之馆，慈仁寺有饯别之亭。”这里的“贾公”为贾仁元，山西祁县人，嘉靖四十一年（1562 年）进士，他当时住在北京崇文门外，把自己的宅院南辟为会馆，供在京的山西籍人士聚会，规模较小，但这还不是真正意义上的会馆。

根据明清时期的社会情况，当时的会馆一般被划分为士子会馆、商人会馆、移民会馆三种，这三种会馆因其省籍的不同而具有不同的特征。山西会馆就是以商人会馆为主体，因此真正意义上的山西会馆是商人会馆，大约出现在明万历年间。比如，最早有山西颜料商人在北京建立的颜料会馆，临汾人在北京建立的山西会馆。之后，随着晋商规模在全国各地的扩张，晋商意识到要在省外发展，与同行竞争，“无论日识新知，莫不休戚与共，痛痒相关”，必须团结同乡仕商，利用传统的地域观念，把商埠中同乡之人联合起来，共同与异域商人竞争，于是专门服务于商业的晋商会馆便应运而生。

进入清代，商业竞争越来越激烈，晋商为了巩固已获得的商业阵地和对某些行业的垄断，在明代会馆的基础上，先后在国内各重要城市建立了团结同乡商人的会馆。例如，北京是各商帮云集之地，据不完全统计，晋商在北京建立的会馆至少有 40 多处；康熙年间，晋商在汉口建立了山陕会馆；乾隆三十五年（1765 年），在苏州建立了全晋会馆；乾隆四十五年（1780 年），在广东佛山建立了山陕会馆。同时，随着商业的发展，还出现了专业性会馆，如雍正五年（1727 年），在北京的山西烟商建立了河东烟行会馆。可以说，清代山西会馆遍布全国各工商业城镇，尤其在北京最多。

据专家考证，1656—1888 年，晋商建在全国各地的会馆有 500 处之多。这些会馆的设立，与当地的商业、交通、经济的发展有着很大关系。据不完全统计，晋商在京师，天津，山东聊城、恩县、东阿、济南，上海，江苏扬州、南京、苏州、盛泽大馆圩、盛泽西杨圩、镇江，湖北汉口、钟祥、当阳、郧西、随州、江陵、公安、沙市，浙江杭州，河南淅川、舜阳、洛阳、开封、赊旗，广东佛山、广州，湖南长沙、湘潭，广西南宁，青海西宁，新疆巴里坤，安徽芜湖、涡阳，吉林，沈阳，重庆，四川成都、灌县，福建福州，内蒙古多伦诺尔等地设有会馆，清代晋商会馆几乎遍布全国各行省、商埠。

国内现存的国宝级晋商会馆，有河南社旗县山陕会馆、洛阳山陕会馆、潞泽会馆、开封山陕会馆、周口山陕会馆、郏县山陕会馆、安徽亳州花戏楼，江苏苏州全晋会馆，山东聊城山陕会馆、泰安山西会馆，甘肃张掖山西会馆，内蒙古多伦山西会馆等。

02 晋商会馆的特点

★ 星罗棋布，分布广泛

晋商会馆星罗棋布，从大都市到小商镇，凡有山西商人的地方就有晋商会馆，覆盖了全国各地，如北京、天津、上海、山东、江苏、浙江、湖北、湖南、河南、河北、安徽、四川、福建、广东、广西、辽宁、吉林、内蒙古、甘肃、新疆等，几乎所有省区的大都会、大商埠和重要商镇码头都建有晋商会馆。但呈现出北多南少、东多西少的分布格局，这与山西商人的足迹分布有密切的关系。其中，河南的山西会馆或山陕会馆就有 84 处，北京有 40 多处。

★ 商业性质，行业性强

晋商会馆作为商人自己的活动场，商业性质明显。这些商人会馆是以同业为基础组成的，部分晋商从同业利益出发，以行业划分帮伙，各立门户，各有势力范围。北京的晋商会馆中，明代已有平遥颜料商的颜料会馆，临汾、襄陵两县的油盐粮商的临襄会馆，临汾纸张、干果、颜料、杂货、烟叶商的临汾东馆，潞安铜、铁、锡、炭、烟行的潞安会馆。清代又有山西烟商的河东会馆，布商的晋冀会馆，氆氇商的盂县会馆，雨衣、钱庄、染坊商的平定会馆等。

★ 关帝尊奉，神祇供奉

晋商会馆有一个共同的特点，就是以关帝庙为主体建筑，把关羽作为拜祀的主神，一般在山门上的题额即标明关帝庙，同时标明是晋商会馆。会馆除按时举行祭祀关帝的仪式外，其重大集会、议事都在拜殿，即在关公神像前举行；既娱神又娱人的演戏在乐楼举办；会馆的日常事务则在关帝庙的附属建筑如廊房、偏院中进行。这样就形成了一种会馆即关庙，关庙即会馆的特殊形式，在关公信仰中独树一帜。

【拓展阅读】中国人的关公崇拜

关羽（160—220年），运城解州常平村人，三国时期蜀汉名将。在其近60年的一生中，策马横刀，驰骋疆场，征战群雄，辅佐刘备完成鼎立三分大业。关羽一生忠义仁勇，诚信名冠天下，是中华民族的道德楷模。关羽去世后，逐渐被神化。被民间尊为“关公”；“汉封侯、宋封王、明封大帝”，历代皇帝对其封赐有加；“儒称圣、释称佛、道称尊”，三大宗教争相称颂。关公成了“圆融儒释道，护佑全华人”的历史巨人，成了全球华人推崇的“万能之神”。

会馆除供奉关羽外，还按行业的不同各有崇奉的神祇：钱行供奉财神；纸行供奉蔡伦；肉行供奉张飞；洗皮行供奉河神；牲畜行供奉马王；木器行供奉鲁班；修鞋行供奉孙膑；医药行供奉药王；裱糊行供奉吴道子；颜料行供奉葛仙翁；酒饭行供奉李白、杜康、吕祖等。

★ 规模宏大，雕梁画栋

由于晋商财力雄厚，会馆建筑大都布局严谨、建造考究、装饰华丽、气势宏伟。如洛阳的山陕会馆，占地3330多平方米，建筑有“正殿5间……拜殿5间，殿前牌坊1座，对面舞楼5间，照壁1座，东西门楼4间，配殿东西各3楹，官厅各3间，山门3间，修廊20间”。馆中照壁人称“九龙壁”，中心为二龙戏珠，两侧为八仙护卫，可谓精致华丽，风格独特。河南社旗的山陕会馆，南北长154米，东西宽60米，面积7758.5平方米。整个建筑分前、中、后三进院落。照壁、悬鉴楼、石碑坊、大拜殿、春秋楼位于中轴线上；木旗杆、铁旗杆、石狮、辕门、马厩、钟楼、鼓楼、厢房、腰楼、药王殿、马王殿、配殿、道房院等分列两侧。会馆的主体建筑大拜殿长达40米，宽至20米，高为34米。会馆中心的戏台院，全用一尺见方的青石铺地，中建甬路，左右庭院及两边厢房分别为男女观众场地，席地而坐，可容万人看戏，由此足见其规模之大。

★ 组织规范，约束力强

会馆组织一般比较松散，对入会者的约束力较弱，但晋商会馆大多有明文规定，要求入会商人重视商业信誉，买卖公平，戥秤准确，取信于民，违者处罚。例如，社旗县山陕会馆《公议杂货行规碑记》记载："卖货不得包用，必要实落三分，违者罚银 50 两。""买货不得论堆，必要逐宗过称，违者罚银 50 两。""落下货本月内不得跌价，违者罚银 50 两。""不得在门口拦路会客、任客投至，违者罚银 50 两。""不得假冒名姓留客，违者罚银 50 两"，等等。经营规范，以信取人，这是晋商的经营特色，也是他们成功的重要原因。

03 晋商会馆的作用

★ 联络感情，凝聚同乡情谊

山西商人分布于全国各大商埠，在异地他乡，人地两生，难免有思亲怀旧之感，而"会馆之设，所以答神庥，睦乡谊也"。由于共同的语言、风俗，趋近的心理、文化，"同乡偕来于斯馆也，联乡语，叙乡情，畅然荡然。不独逆旅之况赖以消释，抑且相任相恤""无去国怀乡之悲。"会馆因此成为同乡人在外活动的场所和精神家园。

★ 团结同乡，维护行业利益

随着商品经济的发展，商业竞争日趋激烈，同乡商人若"无一区托足，则期群涣"，群涣必然削弱竞争力量。因此，以地域为基础建立会馆，则可以合法的形式团结同籍商人，与其他商帮竞争，抵制各种侵扰。例如，嘉庆十九年（1814 年），洛阳税收部门擅自提高对潞泽梭布商人的税收，引起晋商的不满。潞泽会馆以商团名义告至官府，历时一年，几经周折，终于胜诉，不仅减免了税收，维护了权益，而且使山西商人在洛阳的声势大振，买卖倍加红火。

★ 聚会议事，沟通行业信息

会馆是晋商的中心社团，也是其社会活动的重要阵地，凡"通商之事，咸于会馆中是议"，同业各家执事时相聚议，定期"坐论一堂，以谋商业之公益”，如公定时价，议定条规，了解商情，沟通信息。他们信义相孚，通力合作，各抒已见，集思广益，共谋商业发展。例如，北京的山西票号在章程中阐述并规定：“一人智慧无多，纵能争利亦无几何，不务其大者而为之。若能时相聚议，各抒所见，必能得巧机关，以获厚利。……兹定于每月初一、十五两日为大会之期，准于上午十一钟聚会，下午一钟散会，同业各家执事齐集到会。”

★ 购置冢地，弘扬行善义举

山西在外经商人数多，规模大，时间长，终生异域、客死他乡者甚多。当时又交通落后，邮递不便，甚至有的地方自然环境恶劣。于是，会馆便担当起购置冢地，办理善举的义务。会馆“专寄同乡、同业旅榇，不取寄资，俟购得冢地，再行代为掩埋，以成其善”。许多会馆，都购有义地，专门安葬同籍商人。会馆还常常办理扶危解患、济贫救困等善举。到后期还开办义学，供同籍商人子弟入学读书。

★ 祭祀神灵，传承乡土文化

商路即戏路，戏以商远播，商借戏繁荣。晋商会馆中的戏楼上，常常有家乡的戏班前来唱戏，祭祀关圣，敬神娱人，宴请宾朋，慰藉乡愁。它把举办戏剧演出的“庙会”作为重要的活动，以其强大的经济实力和商业的需要，有力地推动了秦腔、晋剧、豫剧、昆剧、花腔等许多剧种的成熟和繁荣，对我国传统的戏剧文化发展做出了重要贡献。

04　晋商会馆的风采

遍及全国的晋商会馆，是山西商人创造辉煌商业奇迹的缩影。其壮丽的建筑、华丽的牌坊、精巧的戏台、寓意深刻的楹联门匾随处可见，细腻灵动的三雕艺术精美绝伦。其中的人物、山水、花卉、鸟兽、算盘、账簿，显露出会馆浓郁的商业气氛，都是集建筑、雕刻、绘画、陶瓷工艺为一体的宫殿式建筑物。最辉煌时期，晋商在全国各地留下了 500 多处会馆，现在全国尚存的晋商会馆有近 50 处，而保存完好的大约有 30 处。时过境迁，各地幸存下来的晋商会馆，已然成为晋商文化符号中的历史残片，在建筑艺术、园林建设、书法石刻、诗文楹联等方面，为我们留下了丰富的遗产。值得一看的现存比较著名的会馆有如下几个。

★ 河南社旗的山陕会馆

位于河南省南阳市的社旗县，是一座历史文化名镇，原名“赊旗”店，清代康乾年间最为繁盛，民间有“天下店，数赊店”之称。位于镇中心的山陕会馆又名山陕庙、关公祠，是一座巍峨壮观，金碧辉煌的宫殿式古建筑群，是清代山西、陕西旅居赊旗镇的富商大贾接客迎仕、联谊集会和焚香祭奠的场所。

会馆坐北向南，始建于清乾隆二十一年（1756 年），至光绪十八年（1892 年）落成，共经六帝 137 年，占地面积 10800 多平方米，建筑面积 6200 多平方米。主体建筑沿中轴线依次有：琉璃照壁、悬鉴楼、大拜殿和春秋楼，左右陪衬建筑相互对称。院内各类建筑物共 152 间，室内外全用青白色大理石铺砌，建筑物采用石雕、木刻、火铸或陶瓷塑精美图案作装饰。据碑文记载“运巨材于楚北，访名匠于天下”，整个会馆耗白银数百万两。

琉璃照壁是仿照北京故宫的九龙壁建起的。悬鉴楼是会馆的戏楼，分上中下三层，“悬鉴”两字是明末清初书法家傅山所写，戏台上下有精美的木雕、石雕图案。大拜殿是会馆的主体建筑，殿前两侧立两块石室式石雕，左侧刻“十八学士登瀛洲”，右侧刻“渔、樵、耕、读”图，大殿檐下两侧墙壁上嵌有慈禧太后书写的“龙”“虎”二字刻石，拜殿内塑关羽巨型。春秋楼据说在 100 多年前被捻军焚毁，2005 年在春秋楼遗址上重建了关公读春秋铜像。

山陕会馆是河南省古建筑中一个比较完整的建筑群，特别是其装饰艺术，如木雕、石雕、砖雕、琉璃、彩画、宫灯、刺绣品等，其镂雕之精巧、内容之丰富、色彩之华丽，堪称绝品，被誉为“中国第一会馆”。

★ 江苏苏州的全晋会馆

全晋会馆位于江苏省苏州市旧城平江路张家巷。清乾隆三十年（1765 年）山西钱业商人创建，咸丰十年（1860 年）毁于兵火，光绪五年（1879 年）至民国初年又建新馆。全晋会馆占地面积约 6000 平方米，坐北朝南，分东、中、西三路，中路依次为头门、戏楼、正殿等。

全晋会馆的精华在戏楼，戏楼由戏台及东西厢看楼组成。戏台分两层，歇山顶，双戗飞翘，檐下上额枋雕饰戏文、龙凤、花卉，斗拱木雕贴金，光彩夺目。正面悬木雕花篮、狮子各一对。戏楼绝妙之处，当数其舞台顶部的“鸡笼”式藻井。藻井直径约 3 米，高 2 米余，由 632 个木雕构件榫卯组成旋转放射纹饰，金碧辉煌，绚丽多彩，且有聚音作用。藻井四周由曲木拱搭成架，环旋而上，状如编织之鸡笼，鬼斧神工。藻井顶部正中，置有铜镜，熠熠生辉。藻井通体华美靓丽，既给人以无比美感，又增强了音响效果。我国建筑大师贝聿铭与著名园林学家陈从周先生，称此戏楼构建当出高人之手。此台是苏州现存古典舞台中最精美的一座，是当年晋商们举行庆典和娱乐活动的场所，现在成为江苏省戏曲博物馆。

余秋雨先生感叹“在苏州这样富庶繁华之地，没想到山西人轻轻松松盖了个会馆就把风光占尽，要找一个南方戏曲演出的最佳舞台作为文物永久保存，找来找去，竟在人家山西人的一个临时俱乐部里找到了”。

★ 河南开封的山陕甘会馆

山陕甘会馆位于开封市中心偏北，坐落在明代中山王徐达后裔的府第旧址上。会馆建于清乾隆年间，起初是山陕两省的富商为扩大经营，保护自身利益筹结同乡会，后又加入甘肃籍商人，遂名“山陕甘会馆”。山陕甘会馆为四合院式布局，面积为 3870 平方米，主体建筑置于中轴线上，由南向北依次为照壁、戏楼、牌楼、正殿，附属建筑位于东西两侧，包含左右掖门、垂花门、钟楼、鼓楼、厢房、东西跨院等。

山西、陕西的商人历经数百年在开封经商创业，积累了雄厚的财富，山陕甘会馆也建得奢华富丽、典雅大气，是砖雕、木雕、石雕“三绝”技艺的展览馆，被誉为河南省明清时期建筑艺术的代表作。尤其是会馆前的砖雕照壁上那一对小巧玲珑的算盘和账簿，显露出会馆的商业气氛。此外，会馆的标志性建筑是一座奇巧的牌坊，是为纪念关羽而建的“大义参天”坊，该牌坊为三间六柱五楼不出头式，因六根柱子形似鸡爪状，俗称“鸡爪牌坊”，该牌坊气势雄伟、工艺精妙，在国内实属罕见。

★ 安徽亳州山陕会馆

位于安徽省亳州市的山陕会馆，又称大关帝庙、花戏楼，始建于清顺治十三年（1656年），由山西商人王璧、陕西商人朱孔领发起筹建，后经康熙、乾隆两朝共百余年多次扩建而成。整个会馆建筑面积3163.1平方米，院内以大殿为主体建筑，戏楼辅衬，坐楼建于两侧，供看戏饮宴用。大殿两侧各有一深径小院，西为禅堂。1988年被公布为第三批全国重点文物保护单位。

由于戏楼的砖雕、木雕、彩绘多以地方戏曲折子戏为主要内容，所以俗称花戏楼。花戏楼有“三绝”，一绝是正门前的两根铁旗杆，每根重12000斤，旗杆高16米多，直插碧空白云间。二绝是山门，花戏楼山门是一座仿木结构的三层牌坊式建筑，上面镶嵌着闻名天下的立体水磨砖雕，玲珑剔透，琳琅满目。三绝是木雕，与山门紧紧相连的戏台上镶满大杨木透雕，共刻有十八出三国戏文题材的木雕作品，里里外外六百多个人物，雕工十分精湛。

★ 山东聊城的山陕会馆

山东聊城的山陕会馆，位于聊城城区的南部，是清代聊城商业繁荣的缩影和见证。会馆始建于清乾隆八年（1743年），是山西、陕西的商人为“祀神明而联桑梓”集资兴建的，从开始到建成共历时66年，耗银9.2万多两。会馆占地3311平方米，包括山门、过楼、戏楼、夹楼、钟鼓二楼、南北看楼、关帝大殿、春秋阁等部分，共有亭台楼阁160多间。整个建筑布局紧凑，错落有致，装饰华丽，堪称中国古代建筑的杰作。在全国现存的会馆中，聊城山陕会馆的建筑面积不算很大，但是其精妙绝伦的建筑雕刻和绘画艺术却是国内罕见。今天的太原晋商博物馆就是仿建聊城山陕会馆的整个建筑形制，博物馆的山门、戏台、牌楼按照原样1:1复制过来的。

★ 太原晋商博物馆

太原市政府为了弘扬晋商精神，打造晋商之都，建设特色文化名城，于2010年5月8日建成并免费对外开放了太原晋商博物馆。太原晋商博物馆位于迎泽公园东门，是我国第一个立体展示晋商文化的大型博物馆，总占地面积7850平方米。

太原晋商博物馆坐西朝东，依次为牌楼、山门、一进院、二进院，二进院内建有戏台、碑亭、石牌楼、献殿及大殿等建筑物。博物馆建设的最大亮点在于吸取了全国各地晋商会馆传统建筑的精华，仿建山东聊城晋商会馆的整个建筑形制，按照原样 1:1 复制山门、戏台、牌楼等，将立体的、穿越时空的精美建筑展现在世人眼前。同时采用了具有山西特色的砖雕、石雕、木雕等工艺，成为富有独特人文内涵、商业文化和建筑艺术魅力的精品会馆建筑。

太原晋商博物馆是以晋商历史及晋商创造的商业文化为主要展示内容的专题博物馆，馆内的基本陈列以“晋商溯源、晋商历史、晋商金融、晋商精神、晋商文化”5 个历史文化专题构成。馆内文物及展品共 300 多组、500 余件，展线长度 400 米。通过声、光、电等现代展示手法，展现了晋商从崛起到称雄四海、名扬域外的历史进程，是一部反映晋商 500 年来社会、经济、文化、民俗等诸多层面的立体画卷。

太原晋商博物馆

太原晋商博物馆

参考文献

[1] 高春平 . 晋商学 [M]. 太原：山西经济出版社，2009.

[2] 张正明，张舒 . 晋商兴衰史 [M]. 太原：山西经济出版社，2010.

[3] 黄鉴晖 . 晋商经营之道 [M]. 太原：山西经济出版社，2009.

[4] 黄鉴晖 . 山西票号史 [M]. 太原：山西经济出版社，2002.

[5] 范志萍，贾雪梅，曹晓玲 . 晋商文化 [M]. 北京：北京理工大学出版社，2024.

[6] 郑孝时，孔阳 . 明清晋商老字号 [M]. 太原：山西经济出版社，2006.

[7] 曹昌智 . 平遥古城 [M]. 太原：山西经济出版社，2012.

[8] 张昕、陈捷 . 乔家大院 [M]. 太原：山西经济出版社，2012.

[9] 刘立本，范维令 . 渠家大院 [M]. 太原：山西经济出版社，2012.

[10] 陈捷，张昕 . 王家大院 [M]. 太原：山西经济出版社，2012.

[11] 王夷典 . 日昇昌票号 [M]. 太原：山西经济出版社，2012.

[12] 三晋览胜丛书编委会 . 三多堂 [M]. 太原：山西人民出版社，2002.

[13] 三晋览胜丛书编委会 . 常家庄园 [M]. 太原：山西人民出版社，2002.

[14]《世纪动脉——万里茶道今昔》编写委员会 . 世纪动脉—万里茶道今昔［M］. 太原：山西经济出版社，2017.

[15] 程光，梅生 . 儒商常家 [M]. 太原：山西经济出版社，2004.

[16] 介子平 . 雕刻王家大院 [M]. 太原：山西经济出版社，2013.

[17] 刘阳 . 走西口 [M]. 太原：山西教育出版社，2014.

[18] 刘建生 . 晋商五百年——会馆浮沉 [M]. 太原：山西教育出版社，2021.

[19] 郑孝时 . 明清晋商老宅院 [M]. 太原：山西经济出版社，2006.

[20] 郑孝时，孔阳 . 明清晋商老字号 [M]. 太原：山西经济出版社，2006.

项目策划：段向民
责任编辑：武　洋
责任印制：钱　宬
封面设计：武爱听

图书在版编目（CIP）数据

晋商寻踪：山西的晋商文化 / 范志萍主编；贾雪梅等副主编. -- 北京：中国旅游出版社，2024.10
（校企“双元”合作开发丛书. “游山西·读历史·品文化”地方特色丛书）
山西省“双高”项目建设成果
ISBN 978-7-5032-7338-4

Ⅰ. ①晋… Ⅱ. ①范… ②贾… Ⅲ. ①晋商－商业文化 Ⅳ. ①F729

中国国家版本馆 CIP 数据核字 (2024) 第 104114 号

书　　名：晋商寻踪——山西的晋商文化

主　　编：范志萍
副 主 编：贾雪梅　裴　炜　魏莉霞　张　焱
参　　编：常敬忠　李　瑛　崔勇前
出版发行：中国旅游出版社
（北京静安东里 6 号　邮编：100028）
https：//www.cttp.net.cn　E-mail：cttp@mct.gov.cn
营销中心电话：010-57377103，010-57377106
读者服务部电话：010-57377107
排　　版：小武工作室
经　　销：全国各地新华书店
印　　刷：三河市灵山芝兰印刷有限公司
版　　次：2024 年 10 月第 1 版　2024 年 10 月第 1 次印刷
开　　本：710 毫米 × 1000 毫米　1/16
印　　张：14
字　　数：226 千
定　　价：49.80 元
ISBN　978-7-5032-7338-4